Ulla Janascheck

Krisengeschenke

vom kreativen Umgang
mit Wegkreuzung, Loslösung
und Neuorientierung

mit Beiträgen
von Petra Niehaus

Arun

Copyright © 2005 by Arun-Verlag.
Arun-Verlag, Engerda 28, 07407 Uhlstädt-Kirchhasel.
Tel: 036743-2330; Fax: 036743-23317.
Email: info@arun-verlag.de; Homepage: www.arun-verlag.de.
Titelbild © 2005 by Bärenfalke.
Herstellung: Hubert & Co., Göttingen.
Lektorat/Gestaltung: Frances Hoffmann.
Alle überarbeiteten im Buch enthaltenen Erfahrungsberichte und weitere
finden sich auch in der Zeitschrift Meridian, Jehle & Garms oHG, Lenzkirchen,
veröffentlicht, in loser Abfolge im Zeitraum November 2001-2005.
Die Reihe wird zukünftig fortgesetzt.

Alle Rechte der Verbreitung in deutscher Sprache und der Übersetzung,
auch durch Film, Funk und Fernsehen, fotomechanische Wiedergabe,
Ton- und Datenträger jeder Art und auszugsweisen Nachdrucks sind vorbehalten.

ISBN 3-935581-92-0

Für die inneren Kinder in uns

Inhalt

Einleitung - 11
Krisengeschenke

Teil I Saturn - 15
Wegkreuzung – Entscheidungsfindung

Die Skelettfrau – 17
Saturntransite
Wegkreuzung – Entscheidungsfindung – 21

Saturn in Mythen und Märchen - 21

Vorarbeit zur Entscheidungsfindung– 23

Transit Saturn Konjunktion Sonne – 28
Der Übervater und die weibliche Kreativität

Rückkehr nach Hause
Anerkennung persönlicher Werte – 32

Tod und Wandlung der gesetzgebenden kritischen Instanz – 32

Ressourcen finden und dabei die Sichtweise ändern – 34

Saturnaler Missbrauch – 35
Unterdrückung des authentischen Ausdrucks

Dabeibleiben, alte Gewohnheiten durch neue ersetzen – 36

Die Grenzen verschieben - 36

Häufige Schritte während eines Saturntransites – 36

Lösung – 37

Die Arbeit mit verkrusteten Strukturen – wenn die Zeit heranreift – 37

Saturn und die Ahnen – 38

Den Ahnen danken – 43

Saturn und die Einsamkeit im Mythos – 43

Das Ritual der Wegkreuzung – 44

Geduld – 44

Tragende Strukturen – 45

Der Saturn-Zyklus – 46

Saturntransite zu Mond/Pluto – 50

Saturnvisionen – 54

Unterstützende begleitende Hilfsmittel – 58

Die Farbe Weiß – 58

Homöopathische Hilfe in schweren und Krisensituationen
... und bei Saturntransiten? – 58

Erlebnisberichte – 60

Saturn Konjunktion MC/Sonne in den Zwillingen – 60

Saturn Opposition Sonne-Neptun-Konjunktion im Skorpion – 66

Saturn Konjunktion Venus – 73

Saturn Konjunktion Stiersonne – 78

Saturn Quadrat Merkur in der Jungfrau im zwölften Haus – 83

Teil II Pluto - 89
Loslösung – Verwandlung

Das Seehundfell – 91

Plutotransite – den Glanz in den Augen
der Robbenfrau wieder finden – 93

Verlassen sein und Sehnsucht – 93

Faszination und Haben wollen – 93

Einen Pakt eingehen – 94

Einweihung des Seelenkindes – 94

Kräfteverlust aufgrund der beschränkten Rolle – 94

Das gebrochene Versprechen – Festhalten, wenn Loslassen gefragt ist – 95

Dem Schicksal seinen Lauf lassen – 95

Regeneration durch die Heimkehr – Abschied vom Seelenkind – 96

Leben in Berührung – 97

Magie – Schwellen – Übergänge – Schwellenhüter – 98

Türschwellen-Magie – 101

Andere Leben – 102

Schattenanteile – 103

Erlösen – 103

Wahrheitsfindung – 108

Hass – 108

Manipulation – 109

Plutonische Begegnungen – 110

Plutonischer Missbrauch
Abhängigkeiten und Ohnmacht – 113

Zuflucht finden – 114

Willkommen am Weisheitsort des Mutterwissens – 114

Plutos Rhythmus – 116

Plutotransite
Zeiten der Heimkehr und der seelischen Erneuerung – 117

Erlebnisberichte – 117

Die Traumreise der Merkurwesen – 117

Pluto Trigon Pluto im siebten Haus – 120

Pluto Opposition Merkur im siebten Haus – 127

Pluto Konjunktion Mars – Opposition Jupiter – 134

Pluto Opposition Jupiter Quadrat Pluto – 141

Pluto in Konjunktion zu MC im Schützen – 146

Literaturhinweise – 153

Kontaktadressen – 154

Dank – 155

Einleitung

*„Was vor uns liegt und was hinter uns liegt
sind Kleinigkeiten im Vergleich zu dem,
was in uns liegt.
Und wenn wir das,
was in uns liegt, nach Außen tragen,
in die Welt,
geschehen Wunder."*

—Henry David Thoreau

Krisengeschenke

Krisen haben auffallend häufig mit der Wanderung Plutos und Saturns zu tun. Während diese beiden Planeten sich Bahnen ziehend am Himmel bewegen, berühren sie früher oder später Geburtsplaneten, stehen in Winkeln, Oppositionen oder Konjunktionen zu den Planetenenergien des Geburtsbildes. Ihre Position spiegelt, wie bestimmte Lebensthemen angesprochen und einer Wandlung unterzogen werden. Dies wird in der Astrologie Transit genannt. In diesem Buch geht es um die innerliche Verarbeitung und möglichst kreative Umsetzung von Pluto- und Saturntransiten: Die Thematik des Loslassens, der Löslösung und der Wegkreuzung, der Entscheidungsfindung. Es ist ein Versuch, das, was während Pluto- und Saturntransiten geschieht, zu verdeutlichen sowie Übungen vorzustellen, die Innenräume öffnen und das innere Erleben begleiten.

Phasenweise verläuft das Leben nicht so wie geplant oder wie wir es gerne hätten. Unsicherheit und Angst begleiten wichtige Übergänge. Häufig beinhalten „Krisen" Herausforderungen für innerliche Wachstumsprozesse oder das „Erwachsenwerden". Wir sind aufgefordert, unvorhersehbar zu reagieren und uns auf die Unsicherheit einzulassen. Es gilt, Neues auszuprobieren, zu improvisieren und vorhandene Stärken zu entfalten. Krisen werden zu wertvollen Lebensereignissen, sobald es gelingt, ihre Inhalte zu bearbeiten und neue Fähigkeiten zu entwickeln. So kommen wir zu einer Neubewertung der Lebenssituation und darüber hinaus zu einer Neu-Entscheidung. Krisengeschenke lassen sich erwerben, nachdem ein tiefer seelischer Verwandlungsprozess bewusst durchwandert und abgeschlossen ist.

Sind wir mitten im Geschehen, in Depression oder Verzweiflung, erscheint es oft so, als würde das, was uns da gerade quält, stört oder beschäftigt, *nie wieder* vergehen - und die Angst ist entsprechend groß. Mit Hilfe der Astrologie können wir jedoch erkennen, dass wir Zyklen und Bewegungen - Transiten - unterworfen sind, welche sehr wohl kommen, bleiben, aber auch wieder gehen. Die Planetenrhythmen verraten, dass nichts ewig anhält - egal wie scheußlich, aber auch egal wie schön es ist.

Die erste frohe Botschaft ist also, dass nichts bleibt, wie es ist, und dass wir den Verlauf der Transite oder auch „Planetenbesuche" in unserem Leben nachvollziehen können. Wir können erspüren, dass alles seine Zeit hat und braucht. Wir können erkennen, welche Planeten bzw. inneren Anteile im Transit berührt werden. Der „besuchte" Planet braucht eine Klärungshilfe, eine Veränderung, eine Wandlung, einen Neubeginn, und der Besucher oder die Besucherin wirkt dann halt auf seine oder ihre Weise.

Da alle Lebensläufe individuell und nicht übertragbar sind, liegt in diesem Buch der Schwerpunkt auf persönlicher Erfahrung. Es ist kein Nachschlagewerk, sondern versteht sich als Anregung, genau dieses Eigene aufzuspüren und sich von den Geschichten der anderen und den angebotenen Übungen inspirieren zu lassen. Es soll helfen, eine passende Bewältigungsform für die Veränderungsanforderungen zu finden, die uns in schwierigen Zeiten abverlangt werden.

Im Buch wird auch klar, dass manche Prozesse sehr lange dauern. Du findest hier keine Instant-Übungen, sondern allenfalls eine Hilfe, deinen eigenen inneren Erlebensraum mit den in ihm tobenden oder lähmenden Erfahrungen aufzusuchen. Dort kannst du Bilder und Hilfe aus dem Innen aufspüren.

Die zweite frohe Botschaft ist, dass wir Zeit haben. Saturntransite dauern meist ein Jahr und Plutotransite zurzeit ungefähr zwei Jahre. Wir brauchen für anstehende Fragen nicht sofort eine Lösung zu finden - was ja auch, selbst wenn wir es wollen, oft nicht klappt -, sondern wir haben Zeit: Zeit zu spüren, zu fragen, zu forschen, zu sprechen, Zeit für Bilanzen und Zeit für Konsequenzen. Manche Krise führt uns in die Therapie, in eine Selbsthilfe- oder Selbsterfahrungsgruppe - und auch diese braucht ihre Zeit, um zu wirken.

Die dritte frohe Botschaft, die sich hieran anschließt, ist: Wir sind nicht allein. Andere - und auch das mögen die Erfahrungsberichte in diesem Buch zeigen - gehen durch ähnliche Prozesse. Es gibt KrisenbegleiterInnen, BeraterInnen und FreundInnen, die sich gerade in Krisenzeiten als FreundInnen bewähren können, weil wir ihnen je nach Transit ganz schön viele Zustände zumuten müssen.

Auch wenn es uns im akuten Moment der Krise nicht möglich ist, den Prozess, in dem wir stecken, zu begrüßen, passiert es doch immer wieder, dass wir nach Jahren zurückschauen und feststellen: Es war genau diese schlimme Zeit, die das Leben maßgeblich verändert hat. Etwas konnte sich nur deswegen zum Besseren, Stimmigeren und Förderlichen wenden, weil der gewohnte Lebensfaden unterbrochen oder verloren wurde. Insofern erleben wir in der Rückschau Krisen so manches Mal als Geschenke.

Das wäre die vierte frohe Botschaft.

Astrologisch gesehen können wir auch Transite, die in der Vergangenheit stattgefunden haben, nachvollziehen. Wir können Reaktionsmuster erkennen und sehen, wie sich unser Weg im Leben entfaltet hat und wie wir - vielleicht im Laufe von vielen Jahren - von bestimmten Belastungen frei und freier geworden sind. Wir können auch anhand überstandener Transite nachspüren, was uns damals geholfen hat, welche Ressourcen in uns sind, die wir aktivieren können, und wie eins zum anderen geführt hat.

Am wichtigsten aber ist das Vertrauen in die eigene Kraft. Vielleicht kann dieses Buch dazu anregen, sich an diese hier und da mehr anzuschließen.

Zum Aufbau: Wir haben persönliche Erfahrungen von verschiedenen Menschen zusammengetragen, um Theorie und Anleitungen zu veranschaulichen, wobei alle in der Ich-Form geschrieben sind. Dies ist, um den Lesefluss nicht zu stören.

Es finden sich Bezüge zur Mythologie und zum Märchen, da diese auf anschauliche Weise durch ihren Bilderreichtum seelische Prozesse darstellen können, so dass man leicht daran teilnehmen kann. Es ist, als ob man in eine Geschichte eintaucht und dabei selbst zu ihr wird. Die Übungen, Traumreisen, Gruppenerfahrungen und Einzelerfahrungen wurden in Einzelsitzungen und Seminaren entwickelt. Alle entspringen der Praxis. Es schließen sich Berichte an, kommentierte Erfahrungsberichte über durchlebte Krisensituationen, die von verschiedenen Personen zu den entsprechenden Transiten durchlitten und durchschritten wurden. Einige Namen wurden zum Schutz der Personen geändert. Wichtig ist uns, dass rein begleitende Prozesse beschrieben sind, wobei die Seele oder das Unbewusste der Betroffenen dabei unterstützt wird, ihre Wege und Lösungen möglichst selbst zu finden. Wir haben uns bemüht, uns von Interpretationen und allzu viel Theorie frei zu halten, da im Leben besonders die Erfahrung des von innen berührten Erlebens zählt. Insbesondere Lebensphasen, da innere Schwellen überschritten werden wollen, machen es erforderlich, sich auf das persönliche innere Erleben einzulassen. Es genügt nicht, die Situation intellektuell zu klären. Eine Interpretation kann zwar Ausblicke geben und eine gewisse heilsame Distanz zur zu engen Sichtweise schaffen, die in die „Krise" geführt hat, aber wenn wir damit konfrontiert sind, unsere Struktur zu verändern, brauchen wir Methoden, die uns in das innere Erleben hineinführen.

Möge dieses Buch dazu beitragen, dass sich den LeserInnen ihr Innenraum eröffnet und eine spannende Reise ins innere Erleben Unterstützung findet. Möge es AstrologInnen ein inspirierender Begleiter sein und vielleicht auch weniger Astrologie Interessierten etwas Neugier bescheren. Denn vieles kann leichter gehen, tolerierbarer werden oder die Annahme von scheinbar widrigen Umständen unterstützen, wenn wir lernen, uns der Rhythmik des Zeitgeschehens zu öffnen. Durch das astrologische Studium wird diese Rhythmik transparent. Damit einher geht eine gewisse Erweiterung des Bewusstseins ebenso wie ein freieres Fließen der Seelenenergie oder auch Psyche, während wir lernen, uns auf die Erfahrungen, die das Leben an uns stellt, differenziert einzulassen. Wir wünschen uns viele begeisterte Erlebnis orientierte AstrologInnen, die bereit sind, sich von der reinen Interpretation zu lösen, um eigene kreative Wege zu gehen. Das Studium der Astrologie ist für uns nicht weniger als der Versuch, das Lebensrad bewusst zu durchleben und dabei die Intuition zu schulen…

Möge dieses Buch eine Einladung für uns alle sein, uns mutig, wachsam und bewusst auf uns selbst einzulassen. Das größte Geschenk an die Welt sind tatsächlich wir selbst in unserem authentischen und unverfälschten Ausdruck.

Teil I

Saturn

Wegkreuzung
Entscheidungsfindung

Die Skelettfrau

Keiner konnte sich mehr daran erinnern, gegen welches Gesetz das arme Mädchen ursprünglich verstoßen hatte. Sie war von ihrem Vater zur Strafe von einem Felsvorsprung gestoßen worden und dabei ertrunken. Viele Jahre lang lag sie fast vergessen auf dem Meeresboden. Die Fische hatten genüsslich das Fleisch und die Augen abgenagt. Das blicklose Gerippe schwebte unter den Eisschollen, von der Strömung umhergetrieben.

Die Fischer aus der Gegend fürchteten und mieden die Bucht aus Angst vor dem Geist der Skelettfrau. Doch eines Tages ruderte ein neu zugezogener Fischer hinaus, dem die Geschichte unbekannt war, um dort sein Anglerglück zu versuchen. Freudig erwartete er den großen Fang, als sich seine Angel krümmte. Doch wie groß war sein Entsetzen, als er bemerkte, was ihm an der Schnur hing! Das Skelett bäumte sich auf und wollte sich frei kämpfen, aber verstrickte sich aber immer nur fester in die Schnur.

Dem Fischer blieb nichts anderes, als mit aller Kraft um sein Leben zu kämpfen. Endlich hatte er den gruseligen, ekligen Knochenkörper im Boot. Nun noch einmal mit dem Paddel draufgehauen und es ruhig gestellt - und er ruderte so schnell er konnte ans Ufer. Für ihn gab es kein Entkommen. Da ihm seine Angelrute kostbar war und er ohne sie nicht sein konnte, hielt er an ihr fest. Das Skelett zog er mit sich. Wie schnell er auch rannte, die rasselnden Knochen folgten ihm.

„Verschwinde", schrie der Fischer, während er über ein paar getrocknete Fische sprang, die ein anderer ausgelegt hatte. Hungrig packte sich die Skelettfrau einige dieser Fische und steckte sie sich in die Höhle des Mundes. Natürlich verschwand sie nicht.

Dann war er in seinem stockdunklen Iglu angekommen. Erschöpft sank er nieder und dankte den Göttern für seine Rettung. Als er sich wieder gefasst hatte, zündete er seine Talglampe an: Wie groß war der Schreck, als er sah, dass sich in seinem Raum auch ein durcheinander gewürfelter Knochenhaufen befand!

Doch etwas in ihm hielt inne und schaute. Dann, fast wie von selbst, begannen sich seine Hände zu bewegen, und in geduldiger Kleinarbeit ordnete er die Knochen zunächst einmal nach der Größe. Dann setzte er sie Stück für Stück wieder zusammen, und während der kommenden vielen Stunden begann er, den Knochenkörper zu mögen. Er tat ihm von Herzen leid. Als er sein Werk beendet hatte, deckte er das Skelett mit Fellen zu und schlief, am Ende seiner Kräfte, ein. Eine Träne rann ihm über die Wange, während er im Traum verarbeitete, was ihm widerfahren war.

Das fühlte die Skelettfrau und bewegte sich auf ihn zu. Sie trank die Träne und trank und trank, bis sie nicht mehr durstig war. Dann legte sie die Hände auf das ruhig klopfende Herz des Fischers, trommelte leise dazu und sang ein Lied, das seinem Rhythmus folgte. „Oh Fleisch, Fleisch, Fleisch", sang die Skelettfrau, „oh Haut, Haut, Haut, Haut." Je länger sie sang, desto mehr Fleisch legte sich auf ihre Knochen, bis sich auch gesunde Haut darüber spannte. Dann sang sie für alles, was ihr neuer Körper brauchte, Haare, Augen, Nase usw.

Als sie sich gefiel und so einen Körper geschaffen hatte, der gut zu ihr passte, sang sie die Kleider vom Leib des Fischers und kroch zu ihm und schmiegte sich an. So erwachten die beiden eng umschlungen.

Die Geschichte erzählt, dass die beiden von nun an nie mehr Mangel leiden mussten - die Geschöpfe des Wassers waren ihnen wohlgesonnen, ernährten und beschützten sie. Also lebten sie glücklich bis ans Ende ihrer Tage.

Das Märchen der Skelettfrau illustriert anschaulich die schwierigen Schritte und Aufgaben während eines Saturntransits. Wir erfahren, dass das Mädchen offensichtlich gegen ein vom Vater erlassenes Gesetz verstoßen hatte und bestraft worden war. Die Strafe ist so hart, dass sie alles, was zum Leben dazu gehört, verliert. Übrig bleibt das Gerippe, die knöcherne Essenz ihrer Lebensordnung. Das ist genug, um ihren Geist zu binden. Dieser bleibt, wenn auch blicklos, am Ort der Bestrafung gefangen und erhalten.

Das bedeutet uns, dass das Mädchen an diesem Punkt seine Sicht verloren hat. Am Grunde des Meeres wird das Skelett von der Strömung umhergetrieben, ohne jedoch aus der Bucht hinausgespült zu werden. Offensichtlich hält entweder Schuld oder das Gefühl, Unrecht erfahren zu haben, das Mädchen an dem Ort des Vergehens fest.

Anscheinend ist es für den Fortgang der Geschichte nicht wichtig, warum ihr die Strafe widerfuhr. Sie liegt so weit zurück, dass sich niemand mehr daran erinnern kann. Da sie nicht gelöst ist, wie es der Gerechtigkeit des Lebens entspricht, bleibt der Geist der Skelettfrau mit den Umständen verbunden, ohne dass eine weitere Entwicklung möglich ist. Wichtig ist für uns nur, dass er seit dem Sturz feststeckt. Die Menschen des Umfeldes meiden sogar die Bucht. Das deutet darauf hin, dass von ihnen auch keine Unterstützung zu erwarten ist, denn sie wollen sich nicht mit der Erinnerung auseinandersetzen.

So fühlen sich Betroffene eines starken Saturntransites häufig. „Etwas Unbenennbares" wird zum Hindernis, führt zur momentanen Lähmung und in die Isolation. Andere scheinen sich von der persönlichen Situation der Betroffenen fast abgestoßen zu fühlen. Diese stecken fest. Die Unterstützung von außen bleibt aus bzw. kann nicht wahrgenommen werden - denn der Blick fehlt. Zu sehr arbeitet sich eine alte Geschichte mit ihren damit verbundenen Bildern und Erinnerungen an die Oberfläche.*

---

*Aus: *Die Wolfsfrau*, Clarissa Pinkola-Estes, Heyne, 1993

Im Märchen bringt ein neuer Aspekt - der zugezogene Fischer, der noch nicht in die Gesetze des Kollektivs eingeweiht wurde - Bewegung in die Starre. Seine Unwissenheit macht ihn unvoreingenommen. Er versucht also in der gemiedenen Bucht sein Glück und hat gleich „den Fisch" an der Angel.

Der Fischer ist auch ein Teilaspekt von Saturn. Er steht symbolisch für das organische Wachstum, das ohne die Beschränkung von Altlasten stattfindet. Während der Saturnzeiten meldet sich dieses Wachstumsbewusstsein zu Wort, indem sich Gedanken oder Eingebungen formulieren, die das Bekannte in Frage stellen. Bloß haben sie zunächst einmal keine Kraft, und der Erfolg bleibt aus. Deshalb fängt der Fischer auch keinen fetten Fisch, sondern das Gerippe als Erinnerung an eine alte, längst vergessene Ungerechtigkeit. Zunächst kommt darüber wenig Freude in ihm auf, eher Abscheu und Ekel.

Jetzt ist die Zeit herangereift. Die verborgene Skelettfrau kann aus der Unsichtbarkeit an die Oberfläche kommen. In ihr ist genug Leben, um zu kämpfen. Sie ringt mit der Angelschnur und zieht den Fischer fast mit in die Tiefe. Dabei verwickelt sie sich immer mehr.

Entsteht im Bewusstsein eine kleine Ahnung darüber, dass der ganzheitlichen Lebenserfahrung etwas fehlt, wird diese zarte Ahnung zunächst einmal von den Gewohnheiten in Schach gehalten, bevor sie sich in Gewissheit verwandeln kann. In dieser Phase eines Saturntransites bricht im Inneren ein heftiger Kampf aus. Die Gedanken verwickeln sich, kreisen, zerren an dem Knäuel, so dass es immer fester und unlösbarer wird. Die berechtigte Angst entsteht, dass das Geheimnis ans Tageslicht kommen könnte, und dass sich dann alles verändert. Man glaubt zu wissen, wie „es" funktioniert, aber kann es einfach nicht umsetzen, da die Umstände dagegen zu sprechen scheinen. Der Fischer wird jetzt davon bedroht, denn er fühlt mit Schrecken, dass ihn das Problem zu übermannen scheint. Er merkt noch nicht, dass die Skelettfrau ja zu ihm gehört.

Also versucht er zu fliehen. Doch kann er der Geschichte nicht entkommen. Er verlöre sein wichtigstes Werkzeug, das ihm seinen Unterhalt verdient: die Angel. Was uns auf Saturn bezogen bedeutet, dass wir keine Wahl haben. Das, was lange im Unbewussten schlummerte, ist ein wichtiger Teil unseres Selbst, der zu uns gehört. Man kann ihn nicht loswerden.

Der Fischer schreit: „Verschwinde." Doch das Gerippe sucht nach Nahrung. Es stiehlt die getrockneten Fische anderer, um zu überleben.

An dieser Stelle der Entwicklung erwacht der Überlebenswillen des vergessenen, nicht integrierten, verurteilten, sich schuldig fühlenden Anteils. Er möchte sich erden und sucht daher nach irdischer Nahrung. Dies bedeutet uns, dass der Geist des Mädchens wieder Fuß fassen möchte. Häufig bricht zu dieser Phase eines Saturntransits wilder Aktionismus aus. Man sucht auf allen Ebenen nach Aufgaben, die einen wieder einbinden können. Viele Versuche schlagen allerdings fehl oder nähren nicht wirklich. Es ist zu früh, die vergessene Struktur hat sich noch nicht ausreichend belebt.

Als der Fischer, der unvoreingenommene, unbelastete Anteil in dieser Geschichte, endlich Zuhause ankommt, ist es dort stockfinster. Zu erschöpft, um Licht zu machen, dankt er erst einmal den Göttern für seine Rettung. Doch bald schon stellt sich heraus, dass das lästige Skelett jetzt in seinem Iglu liegt. Seine Rettung ist nicht die Flucht, sondern die Auseinandersetzung mit seinem Fang.

Immer wieder gibt es auch bei Saturntransiten Ruhephasen, in denen man fühlt, dass das Leben kostbar ist und daraus eine gewisse Dankbarkeit erwächst. Doch diese dienen eher der Stärkung, um sich mit dem Gespenst der Vergangenheit auseinandersetzen zu können. Sie bezeichnen nicht etwa das befreiende Ende der Aufgabe.

Unser Fischer hält jetzt inne und schaut. Zwar gefällt ihm nicht, was er sieht, aber er schaut auch nicht mehr weg. Dieses Innehalten gilt es, während saturnaler Lebensphasen zu kultivieren. Sehen, was ist, fällt schwer, besonders wenn, wie im Falle des Fischers, Ekel, Grusel und Abscheu damit verbunden sind. Und doch geht es nur weiter, indem die Seele die Umstände akzeptiert. Er verweilt bei seinem Fang und ist mit ihm.

Nun entsteht - wie von selbst - der Impuls, den verwirrten Knochenhaufen zu ordnen. Jetzt ist der Fischer bei sich selbst angekommen und übernimmt die Verantwortung. Er nimmt sich Zeit und beginnt, die zerfallene Struktur zusammenzusetzen. Der Skelettfrau bleibt nichts anderes, als sich ihm anzuvertrauen und zu überlassen. Die Erinnerung und das damit verbundene Lebensmuster sind durcheinander gewürfelt, haben sich überlebt, und doch bilden sie die Basis für das kommende Leben, wie wir im nächsten Abschnitt des Märchens erfahren.

Fischer und Gerippe wachsen jetzt organisch zusammen. Der Fischer entwickelt durch die geduldige Kleinarbeit eine Beziehung zu den einzelnen Teilen der in der Vergangenheit stecken gebliebenen Geschichte. Er will sie nicht mehr abwehren, sondern beginnt, sie zu mögen. Sie rührt sein Herz an, während er sie diesmal bewusst zusammenfügt, so stark, dass er eine Träne im Schlaf vergießt.

Diese Träne spendet dem Skelett die Nahrung, die es braucht, um zu neuem Leben zu erwachen. Ist eine schmerzhafte Erinnerung verarbeitet, d.h. aus der Tiefe des Unbewussten gehoben, der Schrecken bewältigt und eine neue Anteil nehmende Beziehung dazu aufgebaut, kann sie als tragender Erfahrungswert in die Gesamtpersönlichkeit integriert werden. Festgefrorene Tränen kommen ins Fließen, und Mitgefühl mit sich selbst und anderen an der ursprünglich schmerzlichen Situation Beteiligten erwächst aus der Erkenntnis. Das ist die lebendige Basis für ein integriertes Leben.

Nun hat sich der starre, körper- und blicklose Anteil gewandelt und bekommt Zauberkräfte verliehen. Die Skelettfrau, die sich vom bisher fehlenden Mitgefühl an ihrer Geschichte nähren kann, ist nicht mehr isoliert, sondern gehört dazu. Damit erwacht auch die Erinnerung an ihre das Leben unterstützenden Fähigkeiten. Sie trommelt und singt und vermag sich ihren Körper aus der Verbindung zu dem Fischer neu zu schaffen - so wie es ihr gefällt und wie es zu ihr passt, erfahren wir aus dem Märchen. Jetzt ist sie frei, sie selbst zu sein. Der unvoreingenommene Seelenaspekt, der Fischer, hat ihr dazu verholfen. Die alte gereinigte und neu belebte Erinnerung ist bereit, mit der kommenden Lebensstruktur untrennbar zusammenzuwachsen.

Daraus ergibt sich Reichtum. Denn wie wir erfahren, können die beiden nun von den Früchten der Vergangenheit, der leidenden Zeit in der Verbannung des Vergessenseins, gut leben. Die Skelettfrau hat während ihres Meeresaufenthalts Freundschaften mit den Wasserwesen geschlossen. Diese entpuppen sich nun als schützende und nährende Faktoren in der Zukunft. Fischer und Skelettfrau leben von nun an ein sicheres, reiches, glückliches Leben. Saturn beschenkt den geduldigen Auseinandersetzungsprozess mit den Gaben, die während der Leidenszeit gewonnen wurden.

Saturntransite
Wegkreuzungen - Entscheidungsfindungen

„Friede, Schritt für Schritt.
Die strahlend rote Sonne ist mein Herz.
Jede Blume lächelt mir zu.
Wie grün, wie frisch alles wächst.
Wie kühl der Wind weht.
Friede, Schritt für Schritt.
Das macht den endlosen Weg zur Freude."

—Thich Nhat Hanh
Peace is Every Step

Saturn in Mythen und Märchen

Das saturnale Prinzip lässt sich in jedem Märchen und jedem Mythos zunächst als die Prüfung finden, der der Held oder die Heldin ausgesetzt ist, um seine oder ihre Aufgabe zu erfüllen. Um das Leben auf einer höheren Ebene fortzusetzen, sollte eine richtige Heldin bereit sein, über ihre bekannten Beschränkungen hinauszuwachsen und der Wirklichkeit mit der Essenz ihres Wesens, dem kristallisierten Wesensmittelpunkt begegnen. Nicht häufig wird ein Tausch vorgeschlagen, die Heldin muss das hergeben, womit das Bewusstsein am stärksten identifiziert ist, um das Erträumte zu bekommen. Dies ist eine saturnale Forderung der höchsten Instanz.

Jeder Mensch bemüht sich im Laufe seines Lebens, für ihn stimmige Werte zu erschaffen. An diesen Werten hält man dann bis ins hohe Alter hinein fest, sie gliedern die eigene Moral und geben dem Leben eine Ausrichtung und einen vermeintlichen Sinn. Was aber geschieht mit unseren Wünschen und Hoffnungen, die wir uns nicht zu leben trauten, aufgrund der festen Bahnen, die wir errichteten, damit wir überleben können?

Um sie zu verwirklichen, benötigen wir die innere Bereitschaft, einerseits den Halt vorübergehend aufzugeben, der uns durch unsere Lebensstruktur gewährleistet wird, und andererseits müssen wir ausgerichtet bleiben auf das Ziel, das wir erreichen wollen, die Erfüllung unseres Wunsches. Wir müssen quasi bereit sein, unser Ziel ohne die bekannte Sicherheit zu erreichen. Deshalb tauscht die Heldin das Wertvollste ein, was sie bisher erreicht hat.

Saturnale Prüfungen finden häufig an entlegenen Orten statt, zu denen die Heldin häufig auf beschwerliche Weise reist und die erst gefunden werden, wenn die Reisende bestimmte Entwicklungsschritte gemacht hat. Helfer erscheinen dann, wenn die richtigen inneren Entscheidungen getroffen wurden. Die Seele lernt auf dieser Prüfungsreise durch die verschiedenen Lektionen, zu unterscheiden zwischen persönlichen Belangen und denen, die der Gesamtheit dienen, die sie letztendlich in die vermisste Vereinigung führen. Die saturnale Lehrerfigur erscheint häufig in Gestalt einer weisen, alten Person. Mann oder Frau leben abseits der Welt als Eremiten, um in Weisheit und Wahrheit zu wirken. Nicht selten verhalten sie sich zunächst abweisend, manchmal mürrisch, bisweilen auch unhöflich. Die Heldin hat häufig an dieser Stelle das Gefühl, die ganze Reise könnte umsonst gewesen sein. Denn wirkliche Weisheit empfängt nur der, der innerlich frei ist. Die Heldin muss beweisen, dass sie es ernst meint, gegebenenfalls die Offenbarung einer inneren Schwäche in Kauf nehmen, um der weisen Person zu demonstrieren: „Ich bin wirklich Suchende. Bisher hat mich meine Vorstellung vom Leben und eine darüber hinausgehende Ahnung geleitet. Jetzt aber bin ich bereit, mich zu vergessen. Meinen persönlichen Stolz überwinde ich hiermit und hoffe auf deine Unterstützung." Und siehe da, der abweisende schrullige Einsiedler verwandelt sich in ein wohlwollendes Gönnerwesen. Die Seele ist zur Reife gelangt und kann nun ihr verborgenes Potenzial unter den folgenden Anweisungen nutzen. Ein Selbst hat die Gebundenheit an die individuellen Interessen der saturnalen Lebensstruktur abgelöst. In der Seele ist jetzt der Nährboden gewachsen und Raum entstanden, um im Einklang zu handeln. Der Kampf ist vorüber.

Saturn ist im Märchen klar gestaffelt: Die äußere Ebene repräsentiert zunächst der Vater oder König, mit dem bestimmte Moralvorstellungen und gesellschaftliche Normen und Gesetze verbunden und identifiziert sind. Dann erscheint Saturn als unlösbare Frage im Inneren der Suchenden. Die Frage verlangt für ihre Antwort, dass die Suchenden bekannte Lebensstrukturen und damit verbundene Vorstellungen verlassen.

Saturnale Prüfungen schließen sich an. Sind die Suchenden bereit, ihren Wünschen gemäß zu handeln, auch wenn sich jene Handlungen von allem bisher Gelernten unterscheiden und vordergründig zum persönlichen Nachteil führen könnten?

Saturnale Entscheidungen werden an den Kreuzwegen des Lebens gefordert. Jede Entscheidung führt in eine bestimmte Richtung. Entbehrungen sind Teil des Weges, saturnale Anforderungen. Die Suchenden müssen das finden, was sie von innen her nährt und häufig auf äußere Nahrung und Komfort verzichten.

Am Rande des Waldes, in der Höhle, auf dem Berg wohnt die weise Instanz, das geläuterte saturnale Bewusstsein. Dessen Weisheit äußert sich oft in weiteren Rätseln oder in konkreten Antworten, je nach Persönlichkeit der Suchenden. Jene Weisheit unterscheidet sich von dem bekannten Wissen der Suchenden, denn sie geht darüber hinaus.

Saturnale Integration geschieht, wenn die Suchenden der weisen Person dienen. Nun wird die Antwort in den Alltag integriert.

Vorarbeit zur Entscheidungsfindung

Entscheidungen lassen sich nicht so leicht finden, wie man annimmt. Besonders zu saturnalen Zeiten ist es ratsam, erst wichtige Vorarbeit unter Einbeziehung der Mondthematik, der wirklichen Wünsche, zu leisten.

Saturnenergie entspricht den Mustern und engen Grenzen, in denen wir uns bewegen, andererseits ist sie auch der eigene Stil, der dem Lebensweg aufgrund der erlebten Erfahrungen Form gibt. Um diesen eigenen Stil zu finden und anzuerkennen, ist es notwendig, von unbewussten Mustern und Regeln loszulassen, nachdem wir uns die uns gefangen haltenden Strukturen bewusst gemacht haben. Oft tragen die festgelegten Rollen, in die wir uns zwingen, und der persönliche Stil die gleichen Charakteristika. Das Zwanghafte definiert sich, indem es Ansprüche erfüllt, von denen man glaubt, dass sie zu Wachstum führen und Erfolg versprechen. Es sind Dinge, die man glaubt, tun zu MÜSSEN, die man als seine Pflicht empfindet. Es entsteht so eine Art innerer Kritiker, der Gesetze erlässt in Form von „du musst" und „du sollst" und damit festlegt, was richtig und was falsch ist. Er beobachtet genau, was belohnt und was bestraft wird, und er entwickelt einen Vorschriftenkatalog, der uns Sicherheit garantiert. Daraus erwächst Beschränkung. Diese setzt sich aus den Gesetzen zusammen, die durch innerliche Erlaubnisse und Verbote gebildet werden, und lässt uns immer wieder an unsere vermeintlichen Grenzen stoßen.

ÜBUNGEN ZUR INNEREN KRITISCHEN GESETZGEBENDEN INSTANZ

Eine einfache Übung erleichtert die Suche nach Muss-Sätzen, die sich als Ansprüche tief im Unbewussten verankert haben:

Schreibe zunächst die jeweils zehn wichtigsten Familienregeln auf. Sie können beginnen mit „Wir Müllers sind oder tun oder tun nicht..., als Frau Müller tut man... als Herr Müller... als Kind bei Müllers..." Finde dann deinen inneren Kritiker und tritt mit ihm in Kontakt. Wann hast du begonnen, dich nicht mehr zu mögen, deine Handlungen zu kommentieren? Was hast du aufgrund von einschneidenden, schmerzlichen Ereignissen beschlossen? Welche Ansprüche sind damit verbunden und formulieren sich in dir als „du musst" oder „du solltest"?

Finde deine inneren „du musst"-Sätze, schreibe sie auf, beginne jeden mit deinem Namen. Unterstreiche die drei wichtigsten. Vergleiche sie mit der „Müller-Liste", den Familienregeln. Lasse sie dir dann von einer Freundin vorlesen, solange, bis auch der Tonfall und die Lautstärke stimmt. Höre aufmerksam zu und empfinde ihre Wirkung.

So findest du heraus, wie du dich mit diesen Sätzen selbst behandelst. Formuliere danach jeden „du musst" und „du solltest"-Satz so um, dass er in der Möglichkeitsform bestehen bleibt. Beispiel: Gaby, *du musst* ordentlich sein. Ich kann ordentlich sein, brauche es aber nicht zu sein...

Spüre die Erleichterung, die sich einstellt, wenn der Druck nachlässt und du die Wahl hast. Einige Sätze sind durchaus akzeptabel, und doch ist es leichter, sie zu erfüllen, wenn man sich erlaubt, ihnen nicht nachkommen zu müssen. Andere wiederum sind unmögliche

Forderungen an uns selbst, weil sie nicht unserem Wesen entsprechen. Sie behindern den Lebensfluss und unseren wahren Ausdruck. An ihnen kannst du arbeiten, indem du trainierst, sie zu bemerken, wenn sie sich einschleichen, um sie dann gleich wieder umzuwandeln. Bewusste Aufmerksamkeit ist hier gefragt und große Ausdauer.

Eine Gruppenübung kann darüber hinaus dazu beitragen, die saturnalen Wirkweisen der kritischen Instanz genauer unter die Lupe zu nehmen: Gaby wählt eine repräsentative Person als inneren Kritiker und eine andere als das eigene innere Kind. Der Kritiker bekommt nun die Liste der „du musst" und „du solltest"-Sätze und tritt mit ihnen dem inneren Kind gegenüber. Sie bekommen von Gaby eine Ausgangsposition zugewiesen, die ihrem inneren Gefühl entspricht. (Vielleicht steht z.B. der Kritiker auf einem Tisch und das innere Kind sitzt zusammengekauert vor ihm.) Im dynamischen Prozess nehmen die beiden intuitiv Körperpositionen ein, je nach Interaktionsverlauf, der sich aus der Wiederholung der „du musst"-Sätze und der Reaktion des inneren Kindes ergibt. Durch die Interaktion kommt Fluss ins Geschehen. Allmählich treten die beiden Teilpersönlichkeiten in einen Dialog miteinander, und die Rollen, die mit ihnen verbunden sind, verändern sich. Möglicherweise werden auch weitere Familienmitglieder oder Aspekte des Selbst hinzugezogen, damit dies möglich ist. Am Ende berichtet die Gruppe über ihre Eindrücke. Wichtig: Den Prozess nicht abbrechen, bevor die beiden Persönlichkeitsanteile nicht in einen kreativen Dialog getreten sind.

Diese einfachen Übungen (ich habe sie im Rahmen des Ausbildungsprogramms des DAF, Deutsche Ausbildungsstätte für Focusing, Würzburg kennen gelernt) sind unglaublich effektiv. Es ist hilfreich, herauszufinden, wie sich die vielen „ich muss" und „ich sollte"-Sätze formulieren, denn sie gründen sich immer auf falsche Ansichten über die eigene Person und einem damit verbundenen falschen Selbstbild, das in starrer Versteinerung festgehalten wird und rigide saturnale Strukturen ausbildet. Erhellend ist es darüber hinaus, die beinahe magische Wirkung der Verstrickung zwischen Kritiker und innerem Kind zu beobachten, die sich aus dem Gruppenspiel ergibt. Erleichternd ist, allmählich zu beobachten, wie diese nachlässt und lebendiger Raum im inneren Erleben entsteht, sobald die beiden inneren Anteile beginnen, zu kommunizieren. Über diese Kommunikation ist es möglich, innere Grenzen zu verschieben und spielerischer mit sogenannten Tabus umzugehen. In die Starre kommt Bewegung.

WEITERFÜHRENDE ÜBUNG:

Um sich Klarheit über die persönlichen Gesetzmäßigkeiten zu verschaffen, nach denen man sein Leben unbewusst ausrichtet, kann es hilfreich sein, die persönlichen Gesetze, nach denen man lebt, zu formulieren. Sie lassen sich dann umformulieren, so dass unerfüllbare in praktikable Gesetze verwandelt werden können.

Die Ausbildung der inneren kritischen gesetzgebenden Instanz - der saturnalen Struktur

Unbefreite Saturnenergie wirkt als innerer Kritiker, der sich dann ausbildete, als wir lernten, uns in schmerzlichen Situationen so und so zu verhalten, um zu gefallen und geliebt zu werden. Die Ansichten dieser meist sehr jungen Figur, die aber häufig alt und erwachsen erscheint, als eine Art Übererwachsener, den das innere Kind ausbildete, um in den ihm gegebenen Umständen zu überleben, sind häufig schon längst überholt und formen trotzdem die Struktur unseres Lebens. Denn wir haben als Kind beschlossen, dass dieses oder jenes Verhalten erwachsen ist und uns somit vor Schmerzen schützt. Also behalten wir diese Schutzstruktur bei, denn sie ist sicher - allerdings auch sehr begrenzt. Oft wurzeln nicht nur unsere moralische Auffassung, sondern auch unsere religiösen Ziele in einer falschen Ansicht über uns selbst. Dann übernimmt der innere Kritiker (der Übervater oder die Übermutter) das Kommando und setzt seine erzieherischen Maßnahmen fort, indem er sich hinter Glaubensmäntelchen, „richtiger" Moral und politischen Ansichten versteckt und von dort aus sein oft „grausames" Spiel in Form von Gut- und Böse-Definitionen fortsetzt. Folgt man also unbewusst den sich damals herausbildenden inneren „ich muss" und „ich sollte"-Sätzen, fährt man fort, sich in einer lebensfeindlichen Weise zu erziehen.

Wie aber kommt es zur Existenz eines inneren Kritikers? Diese bildet sich meist aus, wenn ein Kind im Laufe seiner Entwicklung lernt, dass es nicht genügt, es selbst zu sein. Entweder sprechen ihm die Lebensumstände seine Existenzberechtigung ab, oder aber die Eltern oder jemand anderes aus der Verwandtschaft haben andere Vorstellungen über das Verhalten des Kindes, als es die Verhaltensweisen hergeben, die es auf natürliche Art ausbilden möchte. So erfährt also das Kind die ersten, meist von außen kommenden Maßregelungen. In ihrer Moral unterscheiden sie sich deutlich von denen des Kindes. Möchte das Kind nun weiterhin akzeptiert werden, was ja eine wichtige Voraussetzung zum Überleben ist, bildet es eine innere Vorstellung über einen idealen Erwachsenen aus, den inneren Kritiker, der nun selbsterzieherische Maßnahmen einleitet. Häufig ist diese innere Stimme strenger mit dem Kind als die eigenen Eltern oder andere Vorbilder. Er ist so, wie das Kind glaubt, sein zu müssen, um der Welt der Erwachsenen standzuhalten, und vertritt imaginäre Wertvorstellungen, die das Kind „auf richtige Weise" Fuß fassen lassen - zumindest glaubt es das.

Es ist wichtig, das persönliche Alter zu finden, als sich die ersten „du musst" und „du solltest"-Sätze bildeten, denn dann hat man die Chance, diese aufzulösen und weiß andererseits wie alt das innere Kind ist, das der Befreiung und Heilung bedarf und glücklich heranwachsen möchte. Wahrscheinlich sind zu dieser Zeit ganz viele Glaubenssätze über die Welt und die eigene Person entstanden, die seitdem vom inneren Kritiker vertreten und überprüft werden. Und seine beschränkenden Reaktionen auf die Umwelt mit den verbundenen Selbsturteilen wirken bis in die heutige Zeit, da sie nicht bewusst sind.

Geläufige Sätze, die bei Saturntransiten zutage treten können, sind:

- *Ich bin wertlos.*
- *Ich bin nicht liebenswert.*
- *Ich kann mich nicht selbst (er)nähren.*
- *Es hat doch alles keinen Sinn.*
- *Ich kann sowieso nichts ändern.*
- *Das klappt nie.*
- *Ich muss alles alleine können.*
- *Mir hilft sowieso keiner.*
- *Ich bin immer an allem schuld.*
- *Ich wäre besser tot.*
- *Ich bin eine Last, u.v.m.*

Die Gesetze dahinter können sein:

- *Man muss ein wertvolles Mitglied der Gesellschaft sein.*
- *Man muss liebenswert sein.*
- *Man muss sich selbst ernähren.*
- *Man muss einen Sinn im Leben finden.*
- *Man muss handlungsfähig sein.*
- *Man muss optimistisch sein.*
- *Man muss selbständig sein.*
- *Man muss sich selbst helfen können.*
- *Man muss Verantwortung tragen.*
- *Man muss endlos belastbar sein.*

Solche Glaubenssätze mit den dahinterstehenden Gesetzen verursachen eine sich manifestierende Wirklichkeit, die starr und unbeweglich ist. Aus der von ihnen geprägten Sichtweise heraus lebt man ganz alleine, als potenzieller Dauerversager, ohne Unterstützung und ohne Verbindung nach innen und außen. Deshalb ist die eigentliche saturnale „Arbeit", diese Sichtweise so zu erweitern, dass sie sich der tatsächlichen Wirklichkeit anpassen kann - das Selbst ist in die Welt natürlich integriert.

Die Stimme des inneren Kritikers redet darüber hinaus von „immer" und „niemals", d.h. es sind Ansichten, auf deren Richtigkeit beharrt wird und die unumstößlich sind, daran kann man sie leicht erkennen. Sobald man es schafft, dass das innere Kind im entsprechenden Alter mit dem inneren Kritiker, der sich parallel dazu ausgebildet hat, in Kontakt tritt, sich austauscht usw., ist der Bann gebrochen. Der innere Kritiker gibt seine Geheimnisse in Form von Ansichten, Regeln und Glaubenssätzen preis und das innere Kind kann sich ihm gegenüber erklären. Beide Seiten finden in manchen Punkten einen Konsens oder verwerfen die eine oder andere Regel als nicht mehr stimmig. So können sich weichere, fließendere Lebensstrukturen bilden und die saturnale Struktur verliert an Härte und wird beweglich, den aktuellen Bedürfnissen angepasst. Der Kritiker wird dann allmählich zur prüfenden, tragenden Instanz, die eigentlich dazu da ist, unser Leben zu schützen und ihm eine Form zu geben, die ermöglicht, das eigene Maß zu finden.

Ausbildung des persönlichen eigenen Stils:
Das eigene Maß finden

So entsteht der persönliche eigene Stil, der sich meist nicht besonders von „ich muss" und „ich sollte" unterscheidet. Jedoch tritt eine bedeutende Komponente hinzu: Der eigene Stil entfaltet sich auf der Basis von Freiwilligkeit. Er entsteht aus der Verhandlung des inneren Kritikers mit dem inneren Kind. Er folgt bewussten Entscheidungen, die Schritt für Schritt getroffen werden. Jeder Saturntransit stellt eine Herausforderung an den inneren Kritiker dar, sich erneut mit den Bedürfnissen des inneren Kindes zu verbinden und nach einer stimmigen Lösung und passenden Maßnahmen zu suchen, die der aktuellen Lebenssituation entsprechen.

Saturntransiten gemeinsam ist im Allgemeinen ein grundlegendes Gefühl des Mangels oder auch der Unzulänglichkeit. Ein unbefriedigtes Kindheitsgefühl tritt an die Oberfläche des bewussten Erlebens. Für dieses gab es bisher noch keine Lösung. Damit einher gehen Angst, Lähmung und Erschöpfung. Eine überholte Struktur, die der innere Kritiker zum Schutz ausbildete, hat sich überlebt. Neues ist nicht in Sicht. Gelingt es, in dieser Starre bei dem Gefühl des Mangels zu bleiben, sich Klarheit zu verschaffen, indem man es formuliert, ist schon die Hauptarbeit geleistet. Die innere maßregelnde, kritische Instanz kann sich nun mit dem Bedürfnis auseinandersetzen und mit dem inneren Kind zusammenarbeiten, um eine angemessene Lösung zu finden. So verliert sich das Gefühl der isolierenden Abgespaltenheit, welches das Eingebundensein verhindert. Häufig gelingt es, während eines Saturntransites ein aus der Vergangenheit stammendes Gefühl zu integrieren, die falsche Struktur mit ihren alten Regeln, die dieses Gefühl in einem Gefängnis festhielt, zu durchbrechen und ein wenig verjüngt weiterzugehen, um in eine organische Struktur hineinzuwachsen, die sich aus der Interaktion inneres Kind-innerer Kritiker-Umwelt ergibt. Die Verjüngung geschieht durch den jetzt lebendigeren Raum, der durch die Kommunikation zwischen innerem Kind und Kritiker entsteht. Da, wo zuvor einfach nur Verhaltensmechanismen ineinander griffen, ist jetzt Raum zur Reflexion. So kann das innere Kind erwachen und sich äußern. Weil es gehört wird, wird es lebendig. Weil es in Interaktion mit der lebensprägenden Instanz tritt, die es in gewisser Weise kontrolliert, kann es heranwachsen. So verliert die kontrollierende Instanz ihre Härte und das Kind seine nicht integrierte Ohnmacht. Dies kann man auch als saturnalen Reifungsprozess bezeichnen. Es sind Zeiten, in denen sich scheinbar nichts bewegt. Brütezeiten, die den Prozess der in inneren Anbindungen stecken gebliebener Persönlichkeitsanteile bezeichnen. Welche Anteile dies sind, kennzeichnet die am Transit beteiligte persönliche Planetenenergie. Vor der Entscheidungsfindung steht die Kommunikation zwischen überholten inneren Gesetzen und Regeln und dem inneren Kindanteil. Meist ergibt sich eine Entscheidung dann wie von selbst. Zuvor kann sie eigentlich nicht getroffen werden.

Wenn sich innerer Kritiker und inneres Kind ausgesöhnt haben und zusammen arbeiten, kann man sich Freude und Freiheit erlauben, für den Lebensraum Sorge tragen und bei sich bleiben. So bekommt das Leben die Möglichkeit, auf das, was man wirklich ist, wenn man liebevolle Verantwortung für sich übernimmt, zu reagieren. Vielleicht möchte das Leben ja, das man genau das tut, was man auch annahm, tun zu *müssen*. Aber jetzt gibt es die Möglichkeit, auf Vorschläge einzugehen oder sie abzulehnen, aus einer Art innerer Freiheit heraus.

Und dann handelt man aus Liebe und vergisst sich selbst dabei nicht und auch nicht die eigene Aufgabe. Es fügt sich sozusagen alles zusammen. Dann ist man auch nicht mehr isoliert und alleine verantwortlich, muss nichts meistern oder vollbringen, sondern tut einfach nur das, was angemessen ist, weil die eigene Energie bereitgestellt werden kann - weil man sich zur Verfügung stellen kann.

Um dem Leben zuhören zu können, ist es notwendig, die innere Geschichte zu desillusionieren. Denn diese treibt einen sozusagen zwanghaft in Umstände, die auch einen gewissen vorprogrammierten Ausgang haben, und verhindert, dass man zuhören kann. Der Kritiker, der nicht in kreativem Kontakt mit dem inneren Kind steht, ist sehr beschäftigt mit dem Vorauseilen. Er plant in der Zeit voraus, entwickelt strenge Pläne für die Zukunft, pocht auf deren Verwirklichung und ist dabei nicht besonders fantasievoll. Er glaubt zu wissen, wie die Dinge funktionieren und übersieht dabei vieles. Offenheit mit ein wenig Aufmerksamkeit gewürzt genügt eigentlich, um kreativ zu sein - das zu tun, was ansteht und sich dabei wohl zu fühlen. Dafür sorgt das innere Kind, sobald es nicht mehr im Bann gehalten wird. Möglicherweise lacht einem dann das Leben freundlich ins Gesicht und streut noch ein paar Überraschungen ein, denn nun kann das Selbst wirken mit dem größeren Überblick und auch uranische Elemente mit einbringen. Weil nicht mehr unter Zwang gehandelt wird, sondern entschieden wird, dass es gar nicht anders geht, als dem Fluss zu folgen anstatt vorauszueilen, werden auch die eigenen Handlungen umsichtiger und weicher. Vertrauen in den Lebensweg entwickelt sich, der eben so ist, wie er ist. So wird man zur Gestaltenden als auch zur Nachfolgenden.

Transit Saturn Konjunktion Sonne
Der Übervater und die weibliche Kreativität

Das folgende Beispiel illustriert die Macht, welche innere kritische, gesetzgebende Instanz haben kann, aber auch, dass sich diese verwandeln lässt.

Während dieser Zeit steckte ich fest. Nichts bewegte sich, im wahrsten Sinne des Wortes. Ich hatte einen diagnostizierten Bandscheibenvorfall, und da angeblich eine Operation bevorstand, hatte ich auch gehörige Existenzangst. Bisher war ich selbstständig gewesen, ohne finanzielle Ressourcen drohte der Ruin. Meine Kreativität war vor lauter Angst und Erschöpfung völlig blockiert, und ich sah keinen Ausweg. Ich fühlte mich völlig alleine und war unfähig, Kontakt aufzunehmen. Aber etwas in mir sagte: Suche die psychische Ursache, du kommst da wieder raus. Da ich keine Wahl hatte, beschloss ich, mich meinen düsteren Gedanken zu stellen. Die folgenden Monate vergingen mit Herzrasen und Panikattacken, während ich nur noch auf allen Vieren durch das Haus kroch. Die Rückenschmerzen waren so stark, dass ich mich kaum noch aufrichten konnte. Die Angst sperrte mich in eine isolierte Glocke und besetzte meine Wahrnehmung: Ich konnte bisweilen nicht einmal mehr hören, was andere zu mir sagten. Also schrieb ich alle schwarzen Gedanken auf, die mir in den Sinn kamen, um „das Phantom" genauer zu bestimmen. Nach einigen Wochen entdeckte ich eine überkritische Instanz in mir, die das Gesicht eines „Übervaters" trug und mich anscheinend weitaus strenger be- und verurteilte, als mein tatsächlicher Vater es jemals getan hatte... Diese kritische Stimme nahm die Form eines „Unmenschen" an, der überaus lebensfeindlich eingestellt war und wenig Sinn oder Achtung vor meinen kreativen Anteilen hatte. Es gelang mir, mich von dieser kritischen Instanz ein wenig zu distanzieren, damit ich mit ihr in Kontakt treten konnte.

Daraus entstand folgende Übung:

MACHE DIR DEINE VATER-TOCHTER-BEZIEHUNGSSTRUKTUR BEWUSST

1. Male ein Bild, das dich mit deinem Vater zeigt, und zeichne eure Verbindung ein.
2. Suche nach Glaubenssätzen, die diese untermalen.
3. Suche nach Glaubenssätzen, die du aufgrund dieser Verbindung als Kind über dich gebildet hast.
4. Male erneut ein Bild mit einem dir wohlgesonnen Vater, der dich unterstützt. Wie unterscheidet er sich?

Ich habe mir dann ein Bild von meinem inneren Kind hingestellt. Das kleine Mädchen, gerade in die erste Klasse gekommen, lächelt mich an. Sie sieht sehr lieb aus. Was hat man dir angetan! Was hast du für einen schrecklichen Haarschnitt und für ein furchtbares Kleid. Ich erinnere mich an den kratzenden Stoff. Es ist selbst geschneidert von meiner Mutter. Das Mädchen wirkt zerbrechlich, klein, dünn und sehr freundlich.

Was braucht dieses Kind von mir? Ich ziehe ihm das kratzige Kleid aus und lasse ihm die Haare wachsen. Dir steht nur Gutes zu. Du brauchst Schutz. Nähe, Geborgenheit. „Ich möchte mal wieder aufatmen. Entspannt sein. Positiv", sagt sie.

Ich fand heraus, dass sie nicht kreativ sein konnte, weil ihr das Vertrauen des Vaters fehlte. Als dieser die Familie, als sie gerade sechs Jahre alt war, hatte sie sich einen Übervater geschaffen, der ihr ein Regelsystem auferlegte, das sie nun zu ersticken drohte. Also versuchte ich, mich mit diesem auseinander zu setzen, um den Geboten und Verboten auf die Schliche zu kommen - dem Phantom Angst ein Gesicht zu geben, in der Hoffnung, dass sich die Blockade dann schon lösen würde.

Ich visualisierte mir den inneren Übervater. Er war eine männliche Illusion und Institution, die mein inneres Kind auf Schritt und Tritt kontrollierte.

Übervater: *Lächelt und hält das Kind tatsächlich für dumm. Er interessiert sich sowieso nicht.*

In seiner Gegenwart äußerte es sich nur zögernd, schweigend, aus Selbstschutz auch gelangweilt, arrogant, zurückhaltend, isoliert. Aus Angst, für dumm gehalten zu werden, machte es sich besser gar nicht bemerkbar, sondern hielt sich raus. So vermied das Kind Ärger. Außerdem glaubte es, dann liebenswert zu sein. Eine gute Tochter hat keine Ansprüche und ist unsichtbar.

Übervater: *Ihm ist die Existenz des Kindes zu anstrengend, zu viel.*

Das Kind unternimmt viele Versuche, um zu beweisen, dass es nützlich ist. Es ist sogar bereit, alles zu tun, sich selbst dabei ganz aufzugeben. Jetzt zu diesem Zeitpunkt kann es allerdings nicht mehr.

Übervater: *Doch er nimmt es gar nicht wahr.*

Das Kind sucht nach seiner weiblichen Identität als Mädchen und riskiert dabei, ihn ganz zu verlieren.

Übervater: *Hat jetzt keine Verbindung mehr zu dem Kind. Zürnt. Dreht ihm den Geldhahn ab.*

Das Kind verfällt in Depressionen. *Weil es ja sowieso nichts nützt.* Es glaubt, verhungern zu müssen, wenn es kreativ ist. Glaubt, keine Zeit zu haben für seine wahren Interessen. Es hat *immer* das Gefühl, dass es Zeit stiehlt, wenn es etwas tut, was es von Herzen interessiert.

Übervater: *Hat tatsächlich kein Interesse und keine Zeit für die Seele. Er findet, Geld muss mit richtiger Arbeit verdient werden. Was ist richtige Arbeit für ihn? Die Arbeit bei der Bank, etwas verkaufen, das versteht er.*

Geld bekommt man nur vom Arbeiten, nicht vom Träumen.

Arbeit ist für ihn etwas Wirtschaftliches, hat mit Fabriken zu tun... Er hat keine Zeit für die Kunst, Musik oder zum Lesen. Er lebt davon, die Seele zu unterdrücken, er interessiert sich nicht für Gedichte oder Poesie, die Psyche oder ähnliches. Er misst alles am Wert des Geldes.

Das Kind weiß: Ich brauche mich gar nicht zu bemühen. *Es ist umsonst. Ich verschwende mein Leben.*

Erschüttert beschließe ich, erst einmal ohne Übervater nach meiner weiblichen Identität zu suchen: Ich finde heraus, dass mein wirklicher Vater kein Interesse an selbstständigen Frauen hatte, aber auch nicht an unselbstständigen Töchtern. Er sorgte nicht gerne für andere, es sei denn, es kam ihm eine besondere Anerkennung dadurch zu. Ich hatte als Kind gelernt, zu ihm aufzuschauen, und ansonsten nicht anstrengend zu sein. Tatsächlich kann ich mich nicht erinnern, wann mein Vater sich jemals für meine Kindergeschichten interessiert hätte.

Ich suche weiter nach meiner weiblichen Identität. Sie scheint mir nichts einzubringen, weil ich meinen persönlichen Weg nicht konsequent verfolge. Die Depression heißt: *Ich weiß schon jetzt, dass es ihn nicht interessieren wird. Ich bin ihm sogar peinlich!*

Ich bin also meinem eigenen Übervater peinlich. Ihm ist die Seelenarbeit peinlich, ihm ist religiöses Interesse peinlich, ihm sind meine eigenen Bücher und Worte peinlich, ihm ist die Astrologie peinlich, denn all dies ist *nichts Richtiges*, sagt der Übervater.

Wie wäre ich für ihn richtig? Ich wäre entweder ein versorgtes und verheiratetes Mädchen mit einem kleinen Beruf oder aber ein erfolgreicher Geschäftsmann, was allerdings rein biologisch schon nicht machbar ist. Er glaubt, dass meine Ansichten kämpferisch sind *und jeden Mann vergraulen*, weil ich streitsüchtig bin, wenn ich meine Meinung sage.

Mit diesem Übervater bleibe ich erfolglos, denn ich bin eine Frau, und als solche werde ich erst dann von ihm akzeptiert, wenn ich heirate. Ich kann es mir sparen, spirituellen Werten zu folgen - die zählen für ihn nicht. Er belächelt sie und weiß: *Das ist alles nur Humbug und man kann damit kein Geld verdienen.*

Das innere Kind kann sich nicht vorstellen, wie aus ihm eine erfolgreiche *Frau* werden kann, wenn es seinen persönlichen Interessen folgt. Deshalb fehlt ihm die Kraft für neue Projekte. Es macht nicht mehr mit. Es hat sich die ganze Zeit vom Übervater maßregeln lassen und folgte dessen herzlosen Ratschlägen. Zumindest ließ es sich davon unterdrücken. Weil es ihm aber beweisen wollte, dass es auch anders geht, versuchte es immer wieder, seiner Kontrolle zu entfliehen, nur um dann wieder aufzugeben, *weil es ja doch nichts nützt.* Es glaubt anscheinend im Innersten, dass seine Kreativität nichts nützen konnte. Weil da der Übervater sitzt und sich nicht interessiert. Deshalb hängt es in der Luft.

Die Lebensstruktur, die aufgrund des Übervaters errichtet wurde, bleibt für mich erfolglos, denn in ihr muss sich das innere Kind vor der Welt zurückziehen und unsichtbar, unauffällig sein. Es bleibt isoliert, weil es sich gar nicht erst bemüht, mitzumachen. Zu groß ist die Angst, dass es wieder nichts nützen könnte. Die Kontrolle lautet: *Bleibe unbemerkt, dann störst du auch nicht und bist nicht peinlich.*

„Männer wollen keine emanzipierten Frauen, schon gar keine, die denken..." - ein Spruch meines Vaters. *Wenn ich denke, verliere ich die Liebe meines Vaters.*

In mir sitzt also dieser Übervater, ein dunkler Fleck im Bewusstsein, unspirituell, die Seele vergewaltigend und rein materialistisch eingestellt. Ein Räuber, ohne Interesse an den weiblichen Anteilen: Eine Art islamischer Herrscher mit seiner verschleierten Tochter entsteht in mir als inneres Bild.

Tochter leg den Schleier ab.

Ich suche weiter nach der weiblichen Identität des Kindes. Jetzt ist mir schlecht. Ich möchte den Übervater ausspeien. Der Übervater, das sind verhärtete Gedanken in mir, die mich nicht Frau oder ich selbst sein lassen.

Sie werden immer dafür sorgen, dass ich eine zum Skelett abgemagerte, verhungerte Geliebte bleibe, ein erfolgloses Mädchen, das sich mit seinem Tun und seinem Ausdruck in der Welt nicht identifizieren kann - weil es dann Papis Zuneigung verlieren könnte.

Diese Erkenntnis befreit Wut und damit das Wissen um meine weibliche Identität: Sie ist Dichterin und Denkerin, sie ist gesellig und witzig, sie unterhält gerne mit brisanten Themen, sie ist Frauenrechtlerin, sie steht bisweilen im Dienst der Göttinnen. Sie hilft gerne anderen Frauen bei ihrer Identitätsfindung. Sie ist vielgesichtig, undurchsichtig, geheimnisvoll. Sie schreibt Romane über Befreiungswege, und sie kennt die Sterne, sie weiß, wann die Zeit reif ist... Sie liebt die Blumen und die Tiere, sie liebt die Musik und die Kunst. Sie verabscheut jeden „normalen" Beruf, denn eine fremdbestimmte Tätigkeit erscheint ihr öd und leer.

Ich gebe meinem Übervater ein Gesicht, damit ich mit ihm sprechen kann: Ich male ihn, damit ich ihm gegenüber treten kann. Jetzt befindet er sich außerhalb von mir.

Rückkehr nach Hause
Anerkennung der persönlichen Werte

Meine weibliche Identität lebt bisweilen in einer Märchenwelt. Da gibt es Drachen und Feen, Elfen und Naturgeister. Da gibt es die Wetterstimmen, und es riecht unglaublich gut. Ich kann den Wind hören, wie er ums Haus streift. Ich sehe Paare, die zusammen halten, die der Armut widerstehen und trotzdem leben, lebendig sind, lachen. Ich fühle die Freiheit, die sich aus tolerantem Miteinander ergibt. Keiner bewacht den anderen. Alle dürfen sein. Familien halten zusammen. Freunde stehen für einander ein. Ich kann mich auf die wenigen verlassen und bin es niemals.

Ich habe die Nase voll vom Übervater. Ich brauche tanzende Göttinnen in meiner Umgebung. Lachende, weinende, fühlende Frauen, die in der Gemeinschaft etwas erreichen, ihre kollektiven Kräfte mobilisieren für eine Rückkehr der Göttinnengesetze. Wer das Leben schützt, schützt auch sich selbst.

Das gemalte Bild des Übervaters muss symbolisch sterben, ich weiß es. Es handelt sich um eine hartnäckige, völlig überlebte Rolle in mir, die, eher lebensfeindlich eingestellt, den kreativen Anteil in mir zu ersticken droht. Ihre Kontrolle ist so mächtig, dass sie mich zum jetzigen Zeitpunkt meines Lebens so stark in Schach hält, dass ich mich tatsächlich körperlich nicht mehr bewegen kann. Ich entscheide mich an dieser Stelle des Prozesses *für das Leben*. Damit verbunden ist, dass ich den weiblichen Tochteraspekt befreie, indem ich ihn aus der ungesunden Beziehung erlöse. Der Tochteraspekt hat zu lange Verständnis für den Widersacher aufgebracht und sich dadurch selbst am Leben gehindert.

Tod und Wandlung
der kritischen gesetzgebenden Instanz

Es wird Zeit, ihn, d.h. das gemalte Bild mit allen verbundenen Erinnerungen, ordentlich zu begraben. Schließlich hat diese Rolle mich mindestens vierunddreißig Jahre meines Lebens begleitet und jetzt anscheinend ihre Kraft verloren. Ich trage ihn in den Garten, sein Bild, und grabe mit klopfendem Herzen ein kleines Loch. Da soll er hinein, und ich werde hübsche Blumen auf ihm ansiedeln. Ich habe schreckliche Angst, dass ich vielleicht jetzt auch sterben muss...

Übervater, du hast mich so gut du konntest beschützt, dafür danke ich dir. Dennoch war es keine Unterstützung, sondern eher die Vermeidung von Erfahrungen, die deine Art des Schutzes mit sich gebracht hat. So habe ich gelernt, wichtige Handlungen bleiben zu lassen. Du bist ein überlebter Teil von mir, der jetzt keine Wirkung mehr haben darf. Es tut mir zwar leid, dass wir uns hier an dieser Stelle trennen, ich habe auch Angst, ohne dich gar nichts mehr zu sein. Ohne dich fühle ich mich zwar schutzlos und verletzlich, aber doch freier und fröhlicher. Ich merke ohne dich, dass ich dem Leben doch vertraue und der Liebe fähig bin. Du wolltest mir Enttäuschungen ersparen, und das war nett von dir. Aber es hat mich doch sehr auf Distanz gehalten, eine Distanz, die irgendwann einmal unerträglich wurde. Ich möchte jetzt nichts Besonderes mehr sein oder werden. Mir reicht es, wenn ich jeden Moment des Tages liebe und tue, was ansteht. Du bist eine tote Struktur, du bist eine Menge falscher Entscheidungen, die in ihrer Zeit wahrscheinlich richtig waren, weil ich keine besseren kannte. Du bist ein ewig mäkelndes Gebilde von Gedankenansammlungen, die mir das Leben beschwerlich und hart gemacht haben. Ich trauere um deine innere Einsamkeit, die jeglicher Lebensfreude entbehrt hat. Ich sitze an deinem Grab, und der Abschied fällt trotz allem schwer. Was bin ich ohne dich? Werde ich mich im Leben wirklich zurechtfinden?

Da liegt er, und Erde fällt auf ihn. Hier ruht der kritische Übervater, ein Teil von mir, der mich niemals ernst nahm und das Leben misstrauisch beäugte. Hier ruhen die männlichen Anteile in mir, die steif und unnachgiebig waren und eine Existenz gründeten, die mich lehrte, auf das Leben zu verzichten, weil das wenig kostete.

Puh. Da liegt er also. Jetzt noch ein bisschen Winterjasmin draufgepflanzt, und dann lass ich ihn gehen. Los. Möge er sich verwandeln und auf höherer Ebene in einem freudvollen Land wiedergeboren werden. Ich verzeihe mir und ihm, das fällt mir jetzt sogar leicht, denn ich bin nicht mehr an ihn gebunden. Aus einer authentischeren Position heraus fühle ich mich in meiner Kraft und kann deshalb verzeihen.

Einige Tage später entsteht in einem neuen Bild ein eher partnerschaftlicher Gönner, der bereit ist, mit mir zusammen zu arbeiten. Er mag Kinder. Ich male ihn. Der Übervater, der saturnale Schutzanteil hat sich durch das Durchtrennen der alten Beziehung, durch den symbolischen Tod, das Begräbnis, die Trauer und durch das Verzeihen verwandeln können. Es fand eine Art Neugeburt statt, weil ich das Risiko eingehen konnte, einige Zeit „schutzlos" zu verbringen. Während dieser Tage habe ich mich zwar sehr verletzlich gefühlt, doch das war die Voraussetzung für die Umwandlung.

Jetzt bin ich eher bereit für das Wirken der freundlichen saturnalen Struktur. Sie spricht zu mir in Form einer Eingebung: „Gut gemacht, meine Liebe. Öffne dich der Existenz. Lerne zu unterscheiden und zu verbinden. Lerne, dem zu folgen, was du liebst. Du bist in Ordnung. Lasse diesen Satz erst einmal auf dich wirken... Es gibt nichts zu tun, aber viel zu empfangen. Handle im Moment, von Moment zu Moment, und behalte mich im Bewusstsein. Dein Alltagsbewusstsein ist der Weg. Beobachte dich ganz genau, dann erfährst du, wer du bist. Im Inneren bereit sein, heißt das Außen gestalten. Öffne dich deiner eigenen Weisheit und schaue dem, was dir begegnet, ins Auge. Sieh auf die Welt durch meine Augen. Erinnere dich an mich, so oft du kannst. Ich bin von den Erscheinungen nicht verschieden. Versuche, diese zu erkennen. Finde mich heute, morgen, im Traum und im Wachsein. Du bist vollkommen in Sicherheit, denn es kann nichts geschehen, was uns jemals trennt. Erkenne diese Wahrheit und handle danach."

Als ich erkannte, was mich bisher tatsächlich einschränkte, wurde mir leichter ums Herz. Ich verabschiedete mich in aller Entschiedenheit von der Rolle der Einzelkämpferin, die zusammen mit dem Übervater als Teilpersönlichkeit herangewachsen war und sich immer wieder unter größter Anstrengung glaubte, beweisen zu müssen (obwohl sie gleichzeitig davon „überzeugt" war, dass es nichts nützte). Ich erkannte, dass ein Großteil meiner Erschöpfung in dem Gefühl begründet lag, allein zu sein, alleine handeln zu müssen, alleine Ausdauer zu beweisen und alleine entscheiden zu müssen - ohne die Gewissheit, dass überhaupt etwas dabei herauskam. War ich eigentlich die ganzen letzten Jahre blind und hatte andere nicht wahrgenommen? Ich fand einen toten Winkel, den ich bisher übersehen hatte.

Ich rief mir die Situationen in meinem Leben ins Gedächtnis, die glücklich und leicht waren, in denen ich aufblühte und meine Lebensgeister erweckt waren. Alle diese Situationen fanden in Gemeinschaft mit anderen statt. Aus gemeinschaftlichen Projekten bezog ich meine Kraft, im Austausch und im Teilen lag sogar eine meiner Stärken. Wie konnte ich nur immer wieder erneut in diese Sackgasse der Einzelkämpferin herein geraten? Geld gesellte sich eigentlich immer mühelos zu mir, wenn ich gemeinsam mit anderen an etwas arbeitete. Es blieb aus oder wurde anstrengend, wenn ich mich zu sehr im Alleingang versuchte.

Ich beschloss jetzt, hier und heute, mich erneut anderen zu öffnen, es noch einmal zu versuchen. Da lag die Hülle des isolierten, vom Übervater unterdrückten Kindes. Wiedergeboren wird es jetzt, da er sich verwandeln konnte, inmitten seiner Spielgefährten. Ich versprach mir, mich mit den passenden Menschen zu verbinden. Schon war ich nicht mehr müde, sondern erleichtert. Ich besann mich auf fähige Menschen, die meine Interessen teilten - und merkte erstaunt, dass ich bereits eine Menge kannte - bloß hatte der Einzelkämpferinnenanteil nicht in Betracht gezogen, dass diese auch zu meiner Unterstützung bereit waren. Ich hatte es einfach auf einer tiefen blockierten Ebene gar nicht gemerkt, dass andere bereits mit mir zusammen arbeiteten. Die innere Wahrnehmung unterschied sich von der Wirklichkeit insofern, dass ich davon überzeugt war, „letztendlich doch alleine die Verantwortung zu tragen". Der Glaubenssatz: *Ich muss letztendlich doch alles alleine können* hatte sich in „*Gemeinsam geht's besser*" umgewandelt.

Die Rückenschmerzen verließen mich zu diesem Zeitpunkt fast wie von selbst. Die empfohlene Operation hat es niemals gegeben. Bis heute ist mein Rückgrat gestärkt.

Ressourcen finden und dabei die Sichtweise ändern

Ist das Ende der Sackgasse erreicht, steht man nun vor der Mauer der persönlichen Grenze. Nun gibt es zwei Möglichkeiten. Entweder ich kämpfe gegen diese Mauer an und erschöpfe mich dabei, oder ich erkenne, dass ich mich in einer Sackgasse befinde, in die mich eine falsche, nicht mehr stimmige Sichtweise geführt hat. Ich kann der Erschöpfung und Angst ins Auge blicken und mich daran erinnern, dass es auch schon einmal anders war. Die saturnale Energie ist auch das lebenserhaltende Prinzip, das uns stützt und wachsen lässt. Das Muster im Teppich, das entsteht, während sich Karma aufbaut oder abträgt. Bestimmte Verknüpfungen ergeben Bilder, die wiederum mit anderen in Resonanz treten. Ist erst einmal klar, warum man sich in die falsche Richtung bewegte, ist die Zeit reif, eine neue Entscheidung zu treffen, die sich gesünder und glücklicher anfühlt.

Saturnaler Missbrauch
Unterdrückung des authentischen Ausdrucks

Es kann passieren, wie aus dem Beispiel hervorgeht, dass man während eines Saturntransits auf eine missbräuchliche Beziehung aufmerksam wird, die zwischen innerem Kritiker und kreativem Selbstanteil oder innerem Kind besteht. Es ist dabei völlig irrelevant, warum der Übervater so geworden ist. Denn das innere Kind hat bereits ewiges Verständnis für den „Täter" aufgebracht, unter dessen Kontrolle gelitten und sich dabei immer weiter von sich selbst und seinen Bedürfnissen entfernt, indem es sich seinen Forderungen anpasste. Auf diese Weise wurde die Befreiung der persönlichen Anteile verhindert, und das innerliche Missbrauchsmuster blieb bestehen. Dass bei der Befreiung auch Wut mitbefreit wird, ist ein Zeichen von Gesundung innerhalb eines solchen Prozesses. Diese Wut integriert sich im nächsten Schritt, und SIE wird dann zur Verbündeten. Eine Neugeburt oder Verwandlung in einem solchen Fall findet nur statt, wenn das Alte restlos abgeschlossen ist. Verständnis für die Rolle des Übervaters an einem solchen Punkt wäre eher kontrainduziert. Das innere Kind hat immer Verständnis gehabt, es hat sich über seine Grenzen hinaus aufgrund seines Verständnisses quälen und einschränken lassen. Verständnis für die Situation kommt erst auf, nachdem die Befreiung stattgefunden hat - nämlich dann, wenn das innere Kind wieder gesund und lebendig geworden ist. Dazu braucht es Distanz und das Durchschneiden der misslichen Verbindung. Radikal! Erst dann geht es weiter. Und siehe da, es wächst eine neue organische Schutzstruktur heran, die bereit ist, das Leben zu unterstützen und nicht zu unterdrücken. Dies ist der wunderbare Prozess der Erneuerung, den uns die Natur lehrt. Tod gibt es nur in unserer Vorstellung, er ist keine Bruchstelle, sondern ein Übergang, der sich in der Unterwelt automatisch vollzieht, während die Seele ihren Trauer- und Loslösungsprozess durchwandert. So kann auf der Oberwelt und in der Unterwelt Wandlung geschehen - der Übervater befreit sich von seinen lebensfeindlichen Ansichten und kehrt als unterstützendes Prinzip zurück ins Bewusstsein. Für einen ungewissen Zeitraum allerdings muss man sich dem Risiko des Ungeschütztseins aussetzen...

Die mythologische Figur Saturn ist mit einer Sense ausgestattet. Diese bedeutet uns, den richtigen Zeitpunkt zu finden, nicht zu früh und nicht zu spät, um eine überholte, lebensfeindliche Ansicht zu durchtrennen. Manchmal ist es auch nötig, das Gleiche im Außen zu vollziehen. Es gibt Verhältnisse, die so ungesund sind, dass nur eine Trennung zur Befreiung führt. Während eines Saturntransits wird geprüft, ob die bestehenden Verhältnisse tatsächlich noch tragend oder unterstützend für die Gesamtpersönlichkeit sind. Sollte dies nicht der Fall sein, werden sie getrennt.

Dabeibleiben,
alte Gewohnheiten durch neue ersetzen
Die Grenzen verschieben

Durch den Kontakt mit der gesundenden inneren, kritisch gesetzgebenden Instanz und durch den stetigen Austausch mit ihr kommt die innerliche Beschränkung in Bewegung, und man lernt, über seine Grenzen hinauszuwachsen. Das ist allerdings ein sehr kontinuierlicher und langsamer Prozess. Habe ich die verknöcherten Ansichten und die daraus entstehende Enge erkannt, ist erst ein Teil der Arbeit getan. Jetzt möchten in Absprache mit dem inneren Kritiker neue Entscheidungen getroffen werden und neue, beweglichere Formen des Umgangs gefunden werden, die in noch größere Entscheidungsfreiheit führen. Dazu ist es hilfreich, den inneren Kritiker in ein Bild zu kleiden, das stimmig ist, ihm vielleicht einen neuen Namen zu geben und sich dann für eine gewisse Zeit mit ihm regelmäßig zu verabreden. So können der innere Kindanteil und die Erwachseneninstanz lernen, organisch Hand in Hand zu arbeiten und zusammenwachsen. Erhalten bleibt das Gefühl, lebendig zu sein, und das Vertrauen in die Veränderung stellt sich allmählich ein. Fehler lassen sich korrigieren! Der innere Kritiker wird nun zu einer beratenden, unterstützenden Kraft. Er ist nicht mehr in starren, rigiden, lebensfeindlichen Mustern gefangen, sondern lernt, auf die Bedürftigkeit des inneren Kindes Rücksicht zu nehmen. Der Schutz äußert sich nicht als Abwehr, sondern wirkt von innen als bedächtiges Abwägen und dient der gesunden Abgrenzung. Erst wenn ich weiß, wo ich wirklich stehe, auch mit meinen unentwickelten Anteilen, kann ich mich authentisch weiter bewegen. Dazu gehört Anerkennung und Wertschätzung gegenüber den Verletzungen.

Häufige Schritte während eines Saturntransites

Aus einem Mangelgefühl heraus entsteht zwanghafte, angestrengte Bemühung. Die Bemühung ist eine alte, überholte Verhaltensstruktur, die das Mangelgefühl verbergen will. Die Aufmerksamkeit richtet sich auf den Mangel, während die Bemühungen im Sand verlaufen. Der Mangel wird bewusst und übermächtig. Daraus ergibt sich das Gefühl „zu klein" zu sein, zu eng - unzulänglich auf verschiedenste Weise. Interaktionen werden schwierig, man ist auf sich selbst und den Mangel zurückgeworfen. Das Gefühl kommt auf: „Ich kann mich nicht bewegen, es war schon immer so und bleibt auch so." Jetzt setzen noch ein paar verzweifelte Versuche ein, die Situation zu ändern. Häufig ohne Erfolg.

Man ist auf den Mangel reduziert.
Man tritt mit ihm in Kontakt und lernt, ihn anzunehmen.
Jetzt findet sich Unterstützung in der Umwelt.
Das Leben bewegt sich auf einen zu.
Man kann es nicht glauben.
Man ist konfrontiert mit seinen Gesetzen, Wertungen und Glaubenssätzen, während man gleichzeitig die Wirklichkeit anders wahrnimmt.
Man findet einen Rageber oder eine Ratgeberin.
Man kann nichts mehr tun, als sich anzunehmen.
In der Gelöstheit ergibt sich der nächste Schritt.
Man findet seine Stärke, den inneren Diamanten.

Dieser ergibt sich als Konsens aus vergangenen Erfahrungen und der Gegenwart und wird jetzt neu bewertet. Man findet heraus, worauf man sich berufen kann, stellt erstaunt fest, dass dies schon immer da war. Das Hindernis, die überlebte, blockierende Struktur weicht, und alle Puzzleteile fallen an ihren Platz. Es entsteht eine neue, organische Verhaltensstruktur, die sich aus der Integration des Mangelgefühls ergibt.

Lösung

Obwohl es schwer fällt, steht bei allen Saturntransiten an, zu verweilen und sich der sich zeigenden Unsicherheit anzunehmen. Damit scheint häufig ein die Existenz bedrohendes Risiko einherzugehen, denn die zwar lebensfeindlichen, aber vertrauten Schutzmechanismen fallen für eine Weile weg. Die zu verabschiedende Verhaltensstruktur diente bisher der Abwehr von Gefahr, während sie andererseits das Erleben in ein zu enges Gefängnis zwang. Gelingt es, sich der Unsicherheit zu widmen, bei dieser zu bleiben, bis sie bereit ist, sich in von innen kommende Sicherheit zu verwandeln, reift das Selbst, und die Wachstumsstörung ist beseitigt, während die überholte Verhaltensstruktur abfällt. Man wird, sich selbst akzeptierend, verwundbar lebendig und „erwachsen" und sieht erstaunt, dass alles schon in einem vorhanden und bereit ist, damit der nächste Schritt geschehen kann.

Die Arbeit mit verkrusteten Strukturen
- wenn die Zeit heranreift

Saturnale Prozesse sind Reifungsprozesse. Sie spiegeln zunächst einmal Situationen, in denen wir Teile von uns aufgrund schmerzhafter Situationen abgespalten und isoliert haben. Beobachte genau, wie dein Leben zu Zeiten eines Saturntransites aufgebaut ist. Wie stark und zuverlässig sind deine Beziehungen zur Außenwelt? Wenn ich mich in einer hoffnungslosen Situation befinde, in der sich mein Verhaltensmuster verhärtet hat und enger und enger wird, bis ich nur noch rigide funktioniere, abgeschnitten von meinen wirklichen Empfindungen, dann zerschneidet die klare saturnale Schwingung sensengleich diese Struktur. „Kehr um", bedeutet dies, „trenne dich von dieser schädlichen Ansicht. Du bist nicht in Übereinstimmung mit dem Ganzen. Deine Handlungen fußen in Glaubenssätzen, die du dringend überprüfen solltest, denn sonst wird sich nichts ändern."

Eigentlich hat man Angst, den Halt der Lebensstruktur zu verlieren, die man aus Überlebensinstinkt um den überholten Glaubenssatz herum als Abwehr aufgebaut hat, um dann vor einem befremdlichen Nichts zu stehen. Aber - weit gefehlt, traut man sich doch an den Kern, dann beginnt dieser, ein wenig an Festigkeit zu verlieren. Deshalb kristallisiert ein richtiger Saturntransit zunächst eine innere unbewusste Unwahrheit heraus, nach der man lebt. Meist kommt das Erschrecken sehr heftig. Was? Solche harten Ansichten trage ich mit mir herum? Das, was ich an anderen verurteile, ist ein Teil in mir, vor dem ich die Augen schließe! Doch Saturn strahlt tiefer. Er schält die am härtesten verkrustete Schicht hervor.

Vielleicht ist es eine Ansicht eines verknöcherten alten Opas, die uns das Leben zur Hölle macht, weil wir sie noch mit uns herumtragen, oder das Liebesmuster unseres Vaters, das uns vormacht, dass es sich doch nicht lohnt, sich zu bemühen, oder die schlechte Erfahrung mit einem Onkel, der uns demütigte und nun in Gestalt eines negativen Satzes in uns abgespeichert ist. Vielleicht sind es auch die Mütter, Tanten und Großmütter, die aufgrund ihres ungelösten Schmerzes starre Regeln errichtet haben, die sich unerkannt als Ahnenprobleme fortsetzen.

Saturn und die Ahnen*

Wenn wir dem, was Saturn im Geburtsbild repräsentiert, nachspüren, landen wir sehr schnell in der Vergangenheit. Es fühlt sich an, als laste etwas auf uns. Mein Bild für Saturn ist, als trügen wir einen Rucksack, der unsere karmischen Päckchen enthält.

In östlichen Ländern, in denen der Gedanke des Karmas selbstverständlich ist, ist die Auflehnung gegen das jeweilige Gewicht des Rucksacks nicht so groß wie bei uns, wo der Gedanke, wir selbst bestimmten unser Schicksal, doch sehr verbreitet und attraktiv ist.

Saturn hat mit der Vergangenheit zu tun, wobei Vergangenheit etwas ist, was wir aus der Gegenwart heraus betrachten, konstruieren, bewerten, in diesem Sinne nichts Gewesenes, sondern etwas höchst Aktuelles. Saturn ist das Prinzip von Ursache und Wirkung, oder salopp gesagt: Von Nichts kommt nichts. Ob wir nun diese Ursachen karmisch nennen oder nicht, wir sind dennoch genetischen, historischen, familiären, gesellschaftlichen etc. Bedingungen unterworfen. Das ist Fakt. Wir sind Teil einer Tradition. Diese lässt sich z.B. in vergangenen Leben finden. Wenn uns der Gedanke an Reinkarnation aber unvertraut oder suspekt ist, können wir den Bezug zur Tradition auf jeden Fall in der Familie ausmachen, aus der wir stammen. In Ländern, in denen großer Respekt vor den Ahnen besteht, ist das Bewusstsein über Tradition wesentlich verbreiteter als bei uns, wo oft schon die eigenen Eltern abgelehnt werden und über die Groß- oder Urgroßeltern kaum noch gesprochen wird. Viele von uns wissen schlicht und ergreifend nichts über ihre Ahnen.

---

* P.N.

Aber gerade dieses Unwissen lässt die Folgen alter Dynamiken weiterleben und führt dazu, dass sich ungelöste Problematiken über Generationen hinweg wiederholen - so als ob es keinen anderen Weg gäbe.

In Königsfamilien ist ganz klar, dass die oder der Erstgeborene Anspruch auf den Thron hat, bzw. dazu ausersehen ist, ThronfolgerIn zu werden. In unseren Familien sind Aufträge oft subtiler und weniger konkret, auch wenn es heute noch Nachfolgende gibt, die den Hof erben oder die Firma... So wie es berufliche Traditionen gibt, sind wir aber auch darüber hinaus eingebunden in ein Geflecht aus Verhaltensregeln und Familiengesetzen, bei denen oft nicht klar ist, wo diese eigentlich herrühren und ob sie heute noch sinnvoll sind.

Diese Verhaltensregeln sind eingebettet in die gesellschaftliche Schicht der Herkunftsfamilie, sind abhängig vom Herkunftsort (eher Land oder Stadt, Bayern oder Hamburg...), alt einsässig, Vertriebene, Migranten, Wohlstand, Bildungsniveau, politische Ausrichtung, religiöse Anbindung, allgemeine Ansichten über das Leben, Krankheiten und Süchte und so weiter.

Die Verhaltenregeln umfassen, was man tut und was man lässt in eben dieser spezifischen Familie. Manches wird bewusst ausgesprochen, anderes wird unbewusst weitergereicht. Mit bewussten Regeln kann man sich auseinandersetzen, gegen sie kann man sich auflehnen, um sie kann man streiten und vielleicht auch akzeptieren. Je nachdem.

Schwieriger ist es mit den unbewussten Regeln, Gesetzen und Tabus, wo vielleicht niemand mehr weiß, wo sie herkommen und welche Funktion sie einst hatten. Diese lagern wie ein Schatten über den Nachfolgenden, bis sie dann beleuchtet werden. Diese Ablagerungen erleben wir als unseren Saturn.

„Die Geschichte, die Geschichten unserer Familien eingeschlossen, ist ein Teil von uns, so dass, wenn uns ein Geheimnis enthüllt wird, ein Geheimnis über einen Großvater oder einen Onkel oder ein Geheimnis über die Schlacht um Dresden im Jahre 1945, dies unser Leben plötzlich klarer macht, und die unnatürliche Schwere der unausgesprochenen Wahrheit ist aufgehoben. Denn vielleicht sind wir wie Steine - unsere eigene Geschichte und die Geschichte der Welt ist in uns eingebettet." (Susan Griffin: „A Chorus of Stones", zitiert nach Monica McGoldrick: „Wieder heimkommen" - Auf Spurensuche in Familiengeschichten, Carl-Auer-Systeme Verlag, 2003)

Wie können diese unbewussten, geheimen Regeln aufgespürt werden?
Wie können wir herausfinden, wo die Wurzelursache für die Erstellung der Regel lag?

Im nächsten Kapitel ist eine Fantasiereise (Die Saturn-Reise) beschrieben, die zu den verschütteten Wurzeln saturnaler Angst geführt hat. Solche Fantasiereisen können das Drama zu entschlüsseln helfen. Unterstützend kann aber auch noch die Arbeit am Genogramm (dem Familienstammbaum) hinzugezogen werden. (Dazu Monica McGoldrick, s.o.) Darüber hinaus kann der innere Dialog mit den Planeten uns zu den Verwandten führen, über die wir das Geheimnis entwirren können. So ging dem folgenden Beispiel eine innere Auseinandersetzung mit den Planeten voraus, in der sich Saturn im Skorpion als die beiden Großmütter zeigte.

Bei einer kreativen Forschungsübung ging es darum, jeden Verwandten (im Moment der eigenen Geburt) in Ton zu formen und ihn einen charakteristischen Satz sprechen zu lassen. Anschließend wurde dann die Figur aufgrund ihres Aussehens und des Satzes an die entsprechende Planeten-Platzierung im Geburtsbild gestellt. Die beiden Großmütter landeten also auf Saturn im Skorpion: Sie strahlten kalte Macht aus, Verbitterung über das Leben und die Verluste, die sie erlitten hatten. Beide hatten die Ausstrahlung einer „schwarzen Witwe", ohne Lebensfreude. Am Schluss der Übung blieb als Aufgabe für die Zukunft, herauszufinden, was denn nun diesen Omas passiert war, dass sie so finster und verbittert werden mussten. Auch wenn ich damals noch nicht wusste, wie ich das entschlüsseln könnte bzw. wie ich das, was ich wusste, hilfreich gewichten könnte und zwischen dieser und der folgenden Übung noch zwei Jahre lagen, sehe ich doch deutlich, wie allein schon die Fragestellung in mir gearbeitet hat und die Enthüllung des Rätsels möglich machte.

ÜBUNG: SATURN UND DIE AHNEN

In einem Astrologiekurs machten wir eine Fantasiereise zu unseren Planeten. Nach einer Entspannungsphase spüren wir nach Innen zu jedem Planeten einzeln hin. Sie wohnen in unserem Innenraum. Sie zeigen sich als innere wirklich scheinende Personen mit Namen, Aussehen, Charakter, Beruf, Beziehungen, Geschichte.

Sie treten uns aus der Tiefe des Raumes entgegen, stellen sich vor und haben Gelegenheit, uns zu sagen, wie es ihnen in uns geht. Sie suchen dann im Organismus den ihnen zusagenden bzw. den zu ihnen passenden Platz auf und lassen sich dort nieder. Vielleicht haben sie ein entsprechendes Ambiente um sich herum, ein Sofa, einen Garten, einen Schreibtisch...

Eine bunt gemischte, illustre Truppe zeigt sich mir. Die (Stier)Sonne z.B. ist klein und rund und strahlend, hat eine Wirtschaftswunderfigur, prall und drall und sehr zufrieden. Sie kommt mit weit geöffneten Armen auf mich zu und sagt: Ich heiße wie du. Ich liebe dich total! Sie platziert sich mitten ins Herz. Wunderschön. Die anderen Planeten zeigen sich, den meisten geht es ziemlich gut, sogar Pluto ist gut drauf.

Doch Saturn.

Mein Skorpion-Saturn kommt aus der Tiefe des Raumes. In dieser Fantasie ist er ein alter Mann, unrasiert und ungepflegt, mit Weinflasche in der Hand. Er schlurft auf mich zu. Sein Gesicht ist verwittert und verbittert. Er ist verbraucht. Die Augen sind müde und leer, man kann den Schmerz auf ihrem Grund aber noch erahnen. Er spricht nur ungern und zwängt sich mühevoll zwei Sätze raus. „I'm Mike and I'm from England, and I'm fucked up." Als ich ihn frage, was er denn hat und woran er leidet, sagt er: „Ich habe selbst zuviel getötet und zuviel Töten gesehen." Mike war auf diversen Kriegsschauplätzen tätig. Heute lebt er in einer grauen Arbeitersiedlung in Manchester. Er lebt allein. Seine einzige Freude ist es, als Fan von Manchester-United auf den Fußballplatz zu gehen und in der Eckkneipe zu saufen.

Er wohnt in meinem Körper hinten im oberen Rücken auf der rechten Seite, dort wo mein chronischer Rückenschmerz sitzt. Einigermaßen erschüttert spüre ich in mir nach: Dieser Anteil soll zu mir gehören, so abgefuckt? So dermaßen am Ende? Ich bin berührt, geschockt und auch befremdet. Dass es so schlimm ist, hätte ich nicht gedacht.

Kaum aber hat sich die Erschütterung etwas beruhigt, fällt mir ein, was ein tibetischer Meister einmal vor Jahren auf meine Frage, wo meine schrecklichen Angst- und Panikattacken herkommen, geantwortet hatte: „Much killing in former lives." Man hat viel getötet in früheren Leben. Damals hatte ich gleich das Gefühl, das wird wohl so gewesen sein, konnte aber diese Antwort in nichts integrieren und hatte sie auch bald wieder vergessen.

Krieg. Es geht also um Krieg und die Spuren des Krieges. Da ich selbst als Nachkriegs-kind Krieg nur aus Berichten, Büchern und Filmen kenne, muss es sich um ein Thema handeln, was über die Ahnen, über meine Familie zu mir kam.

Das führt zu einer weiteren geleiteten Fantasiereise mit Ulla:

DIE AHNENREISE

Nach einer Entspannungsphase spüre ich nach, wo ich den Schmerz, den Saturn beschreibt, in diesem Moment fühle: Er ist wie eine schwarze, teerig-suppige Masse in meinem Bauch. Gleichzeitig stelle ich mir vor, dass ich an eine Zeitschnur angebunden bin, die sowohl in die Vergangenheit als auch in die Zukunft reicht. Diese Zeitschnur ist eine Art Licht, die mich meine Geschichte durch alle Zeiten verfolgen lässt und mich mit allen Zeiten verbindet. „Spüre dann hin zu deiner Mutter und zu deinem Vater, haben die dieses Schwarze auch?"

Zunächst schaue ich auf meine Mutter, ja, sie steht tief im Schwarzen. Und auch mein Vater hat es. Es steht ihnen wie eine zweite Haut hoch bis zum Hals. Im Folgenden gehen wir dann zunächst der väterlichen Linie nach, und es stellt sich heraus, dass auch seine Mutter es hat, auch sie steht bis zum Hals im Schwarzen. Neben ihr steht ihr Mann, mein Opa, der es nicht hat, nur durch sie betroffen wird. In der Generation dahinter ist es auch. Die Mutter meiner Großmutter hat es auch. Das Schwarze ist wie ein Band um ihren Leib gewickelt, es wird gehalten von ihrem Vater, der sie mithilfe dieses Bandes schützen will. Er steht vor einem Gutshof. Er hat das Schwarze auch. Er hat es als schwarzen Ballon in sich in seinem Bauch. Plötzlich verändert sich der Vater und wird zu einem Baby, das weinend neben zwei Leichen sitzt. Im Hintergrund reiten Männer davon. Die beiden Leichen sind die Eltern des kleinen Jungen, ermordet in irgendeinem Feld- oder Raubzug. Die Reiter haben das Schwarze nicht. Es endet hier bei diesem kleinen Jungen bzw. hier fängt es an. Wenn ich richtig nachrechne, ist es der Ururgroßvater.

„Schaue dann, ob es auch einen Ort gibt, der, wenn du dich noch weiter an der Zeit-schnur zurück bewegst, eine positive Lichtquelle hinter dem Ganzen birgt." Ja, es ist ganz einfach: Ich finde diesen Ort. „Nun frage an diesem Ort des Lichtes, ob es eine Farbe gibt, die das Generationsproblem heilen kann?" Am Horizont zeigt sich ein strahlendes, gelbes Licht. „Lass dieses Licht nun von Generation zu Generation zu den Betroffenen fließen, und lass zu, dass jeder Beteiligte durch die Berührung mit der heilenden Lichtqualität in seine Mitte zurückfindet, während seine Schmerzen geheilt werden. Was ändert sich dann für ihn?" Der Ururgroßvater wird durch das strahlendgelbe Licht lebendig. Jetzt gibt er diese Lebendigkeit an die Großmutter weiter. Die Urgroßmutter wird dadurch und durch das strahlendgelbe Licht, das sie ihrerseits empfängt, stark. Die Großmutter wird durch diesen Prozess und das Licht fröhlich. Mein Vater wird gelöst. Ich werde leichter, und selbst für meinen Sohn, zu dem ich das strahlendgelbe Licht fließen lassen soll, ändert sich etwas, er wird geselliger.

„Nun spüre hin, wie es jetzt in deinem Bauchraum aussieht?" Ich fühle mich schon leichter, aber wir müssen ja noch auf der mütterlichen Seite nachspüren, wie das Schwarze dorthin kam.

Also, meine Mutter hat es auch, als schwarze Haut bis zum Hals. Ich spüre hin zur Großmutter, die es auch hat, sie hat den ganzen Bauch voll davon. Hier aber hört es bereits auf. Dahinter spüre ich es nicht mehr.

Die Großmutter verlor ihren Mann, der an einem Hirntumor starb, als sie gerade schwanger war mit dem 4. Kind. Die Trauer blieb unverarbeitet in ihr zurück als schwarze Masse. Meine Mutter verlor ihren Mann im Krieg, die kleine Tochter war gerade ein Jahr. Auch diese Trauer blieb für sie unverdaut.

Nun lasse ich auch hier das goldene Licht der Heilung und Befreiung fließen. Die Oma wird endlich glücklicher, meine Mutter entlastet, und bei mir spüre ich ein Mehr an Lebendigkeit, bei meinem Sohn ein Mehr an Freude.

Ich ruhe mich aus.

Die Begleiterin fragt: „Wenn du jetzt hinspürst, wie geht es dann deinem Saturn, personifiziert als Mike? Wie geht es Mike?" Ich hatte ihr viel von diesem inneren Anteil berichtet. Ich schaue in meinem Inneren nach Mike und kann es kaum fassen. Er ist so sehr verjüngt, dass ich ihn fast nicht erkennen kann. Er lächelt.

Ich bin sehr zufrieden.

Ein paar Tage nach der Reise besuche ich Mike/meinen Saturn in meinem Inneren mit Hilfe einer Fantasiereise und finde ihn voll bei der Arbeit: Er renoviert seine Wohnung und hat keine Zeit für mich. In den nächsten Wochen werde ich immer wieder abgewiesen, weil er keine Zeit hat. Eines Tages dann darf ich hereinkommen. Es ist wunderschön, es ist so hell und licht, so strahlend in dieser Wohnung, dass ich es kaum ertrage. Ich muss frühzeitig gehen, so sehr blendet mich das Licht.

Ich muss lächeln. Nun bin wieder ich dran! Mike ist okay. Und ich habe das Drama der Oma verstanden.*

Ahnenreisen haben sich bewährt bei der Suche nach den Hintergründen (körperlich) chronischer (saturnaler) Problematiken. Diese scheinen in engem Zusammenhang mit seit Generationen weiter gereichten ungelösten Gefühlen zu stehen. Sie transportieren sich unverarbeitet weiter und prägen auf einer sehr unbewussten Ebene das Leben - diese Konflikte sitzen fest. Fluss kommt in solch hartnäckige Geschichten, indem man Erlebensraum öffnet und die Erinnerungen gelöst werden. So entstehen auch Lösungsvorschläge aus dem Innenraum. Mit Hilfe dieser Lösungen können dann durch kontinuierliches Üben des heilsamen Vorschlags die verkrusteten Strukturen allmählich aufgelöst bzw. erweitert werden. Wandel geschieht von Innen heraus.

Wer die Ahnenreise begleitet, steht ganz im Dienst der anderen. Es geht nicht darum, diese irgendwohin zu katapultieren oder um ein Ergebnis, sondern es geht dabei darum, behilflich zu sein, ihre Prozesse selbst zu entwickeln. Ist die Heilfarbe gefunden und durch alle Generationen bis in die Zukunft transportiert, sollte diese Erfahrung noch gefestigt werden. Man kann z.B. das Unbewusste des anderen befragen, was es vorschlägt als hilfreiche Übung, um den Heilungsprozess zu stabilisieren. Häufig werden genaue Angaben gemacht, wie z.B. „Ich könnte sechs Wochen lang fünf Minuten täglich das gelbe Licht mit Hilfe einer

---

* P.N.

Imaginationsübung einatmen." Oder: „Ich könnte meinen Ahnen eine Art Gedenkstätte bereiten, mit Hilfe von Fotos, Blumen, eines Edelsteins u.a. und eine Weile bei der Erinnerung verweilen..." Oder: „Es wäre für mich gut, eine Körperübung in Form von... regelmäßig zu machen, über einen Zeitraum von zwei Monaten." Wichtig ist, dass die Antwort von der begleiteten Person kommt und wir der Weisheit ihres Unbewussten trauen und ihren Ratschlägen dann zuverlässig folgen.

Den Ahnen danken

Hat man Glück und konnte dank seiner Bemühungen eine Ahnenspur freigelegen, indem ein altes Geheimnis gelüftet wurde, bietet es sich an, den Ahnen und Ahninnen für die Preisgabe zu danken. In allen alten Kulturen waren die Ahnen in den Alltag so integriert, dass ihnen zu bestimmten Zeiten im Jahr (im Oktober und November) Opfergaben gebracht wurden und man sich an sie erinnerte. Die Ahnen und Ahninnen sind unsere Wurzeln. Gesund fühlen wir uns, wenn diese stark und unterstützend wirken. Ein Ritual kann dazu beitragen, die Wurzeln zu pflegen.

Stell dir vor, du sitzt an einem sicheren Ort, und deinen Rücken stärken auf der linken Seite deine Mutter, Großmütter und Urgroßmütter deiner Geschichte. Auf der rechten Seite hinter dir sitzen dein Vater und die (Ur-)Großväter. Spüre die Kraft, die dich durch ihr Wohlwollen trägt. Dann drehe dich um und spüre nach, welches Geschenk von dir zu den Müttern und welches von dir zu den Vätern fließen möchte. Halte einen Moment inne und warte, was dir die beiden Linien zurückgeben. Genieße den Moment der Verbundenheit. Du bist eingebettet in eine Geschichte, die lange vor dir begann und sich durch dich in die Zukunft fortsetzt. Nimm dankbar die Verantwortung an, die damit verbunden ist.

Saturn und die Einsamkeit im Mythos

Die weisen Frauen und Männer, Schamanen oder Hexen leben im Märchen oder Mythos für eine Weile als Einsiedler, um in der Abgeschiedenheit etwas in ihrem Unterbewusstsein zu finden. Tatsächlich braucht die Seele zur Gewinnung von Klarheit Phasen des Alleinseins, um sich zu reinigen, um Schmerzen nachzugehen, Wunden zu heilen und die verlorene Sicht zu finden. Sie muss sich auch einmal aus den Gewohnheiten des Umfelds lösen können, um zu erkennen, was die ihr innewohnende Allseele zu sagen hat. In jedem Märchen wohnt die oder der weise Alte an einem abgeschiedenen Ort, auf einem Berg, in einer Waldhütte, manchmal auch im Himmel oder unterirdisch, und wird durch eine oft entbehrungsreiche Reise von den Fragenden aufgesucht, um dann die entsprechende Antwort zu erhalten, die zu einer Lösung der Gesamtsituation führen kann. Übertragen wir dies auf unsere Psyche, so gibt es für bestimmte Problemlösungen den Weg, sich aufzumachen, dem gewöhnlichen vertrauten Lebensmuster für eine Weile zu entsagen, um alleine den Pfad zu beschreiten, der sicher ans Ziel führen wird, zur inneren Weisheit, die dann erscheint, wenn wir unser vertrautes Wissen, die Welt, in der wir uns auskennen und zu Hause sind, verlassen. Meist wird die oder der weise Alte im Zustand der Erschöpfung erreicht: Wenn nichts mehr geht, wenn die Suchenden nicht mehr weiter können, mit ihrem Latein am Ende sind und die bekannte Struktur zusammenbricht. Dann öffnet sich das Bewusstsein, der Kampf ist vorbei, und die Antwort kann entgegengenommen und gehört werden.

Das Ritual der Wegkreuzung

Um dieser neuen, dem Leben zugewandten Entscheidung Kraft zu geben, bietet es sich an, wieder ein Ritual durchzuführen.

Suche einen geschützten Ort in der Natur, an dem sich tatsächlich eine Wegkreuzung befindet. Auf dem Weg dorthin kannst du Gaben sammeln, die du ansprechend findest. Vielleicht sind es Steine, Blätter, Blüten, Federn. Wichtig ist, dass dir die Geschenke etwas zu sagen haben, was derzeit für dich von Bedeutung ist. Mache dir die persönliche Symbolik klar und lege diese Dinge dann als Geschenke an die Wegkreuzung. Nun kannst du dir eine weise Person, sei es eine wirkliche, eine Märchenfigur, ein mythologisches Wesen, eine Göttin oder eine göttliche Kraft ins Gedächtnis rufen. Die Gaben sind für sie bestimmt. Formuliere noch einmal in klaren Worten deine erkannte Fehlhaltung und bitte darum, eine neue, stimmige Entscheidung zu treffen, die dich besser ins Leben integrieren kann. Nun kannst du, wenn du willst, eine Spirale tanzen, linksherum, um das Alte loszulassen und rechtsherum, um das Neue herbeizurufen. Warte, bis sich in dir ein klarer Satz bildet, der die Weichen stellt. Gehe dann ein paar bewusste Schritte in die Richtung, die sich für dich anbietet. Versprich dir, bei dieser Entscheidung zu bleiben.

Geduld

In der nahen Zukunft spielt ab jetzt der Zeitfaktor eine große Rolle. Meist möchte ich, dass JETZT alles anders wird. Jetzt bin ich sauer, jetzt bin ich überdrüssig, jetzt reicht es mir und so weiter. Meist nützen diese Erkenntnisse wenig. Der saturnale Weg ist eigentlich die Bewegung in die richtige Richtung, nachdem die Fehlhaltung erkannt und eliminiert wurde - und diese Bewegung ist sehr langsam, zögerlich, geschieht unter ständigem Vergewissern, einen Fuß vor den anderen setzend. Ist der neue Weg auch wirklich im Sinne meiner Bestimmung? Folge ich der gefundenen Wahrheit, oder bin ich wieder in meinem alten Glaubensmuster gefangen? Gerade die ersten Schritte tun vielleicht sogar weh.

Wenn es der richtige Weg ist, spürt man es an dem leichten Rückenwind, der sich einstellt - plötzlich stützt der Atem des Lebens die Schritte, er zeigt sogar die Richtung, sobald sich die Achtsamkeit darauf richtet. Die richtigen Dinge gehen eigentlich immer leicht - denn das kosmische Prinzip ist uns ja wohlgesonnen und möchte, dass wir uns entwickeln. Große Meister und Meisterinnen bewegen sich mit Anmut und leichtfüßig durchs Leben, niemals schwerfällig. Ihr freier Geist fliegt den Bewegungen voraus und scheint diese mit sich zu ziehen. Der Rückenwind trägt sie voran, beflügelt ihre Schritte, denn sie haben die Gesetze der Schwerkraft in ihrem eigenen Geist überwunden.

Tragende Strukturen

Saturn bedeutet, Lebensstrukturen zu errichten, die auch wirklich nähren. Sich zusammenzuschließen und sich gegenseitig zu unterstützen. Wenn ich in meiner Geschichte gesund wurzele und mich dadurch Selbstvertrauen erfüllt, kann ich andern auf ihrem Weg helfen. Allerdings sollte ich dazu meine Position genau kennen und von dort aus handeln. Saturn hilft dabei, das zu sehen, was ist. Gesunde Lebensstrukturen verhelfen allen Beteiligten zur Fülle, zu einer Erfahrung des Vollkommenseins, auch wenn dieses mit unvollkommenen Mitteln erreicht wird. Das klare Bewusstsein entwickelt sich in der Einsamkeit und Abgeschiedenheit. Wie klar es ist, prüft das Leben und lassen die Strukturen erkennen, die wir in der Gemeinschaft eingehen.

ÜBUNG: DIE WIRKLICHKEIT ANERKENNEN

Male ein Bild mit dir in der Mitte und ordne die verschiedenen Bereiche: Freundschaften, Beziehung, Familie, Arbeit, Unterhaltung/Hobbys, Wohnraum, Geld so um dich herum, wie du es empfindest. In einer Werteskala von eins bis drei - unbefriedigend, zufrieden, toll, ordnest du nun deine Einschätzung darüber zu. Was kannst du an den unbefriedigenden ändern und wie? Erarbeite dir schrittweise ein realistisches Programm für das, was du ändern willst. Was kannst du tun, um die Struktur, in die du dich eingebunden hast, so zu verändern, dass sie dir Halt gibt?

Saturnale Fragen zur Umwelt

- *Was sind deine Werte?*
- *Wenn du die Welt so gestalten könntest, wie du willst, wie sähe sie dann aus?*
- *Was würdest du als erstes abschaffen?*
- *Entwirf die Utopie eines Staates, in dem es sich gut leben lässt.*
- *Welchen Gesetzen folgen die Staatsangehörigen?*
- *Erstelle eine Liste von politischen Themen, die dir wichtig sind.*
- *Wie lautet deiner Meinung nach die Moral der göttlichen Kraft?*
- *Wie verstehst du Spiritualität im Alltag?*
- *Wie stehst du zum Krieg?*
- *Nach welchen Gesetzen kannst du gut leben? Erstelle 12!*

Der Saturn-Zyklus*

„Es ist, wie es ist…"

Unter den Planeten sticht Saturn hervor, denn er hat die zwingende Aufgabe, uns an die Realität heranzuführen. Saturn ist Form gebend. In seiner Begleitung nehmen wir Form an. Wir erkennen uns als bedingt entstandene Wesen, die nur so sind, weil die Umstände sich gerade in dieser Weise konstellieren, die nur so sind, weil sie eine Vorgeschichte haben, weil es das Gesetz von Ursache und Wirkung (Karma) gibt. Saturn zeigt, dass wir begrenzt sind, aber frei dafür, diese Begrenztheit zu akzeptieren.

Der Saturn-Zyklus ist der einzige, der uns mit dem Erdelement konfrontiert, der uns erdet, ernüchtert, versachlicht. Unter dem Saturn-Transit haben wir die Gelegenheit zur Vernunft, die aus Abstand entsteht. Saturn-Transite bewirken oft eine Verlangsamung, als ob es nötig wäre, unseren Lebensfilm auf Slowmotion herunterzufahren, damit wir wirklich erkennen können, was im angezeigten Bereich in Ordnung ist und folglich so bleiben kann und was in Unordnung ist und einer Korrektur bedarf.

Saturn geht in ca. 29 Jahren durch den Tierkreis, braucht also 2 ½ Jahre für ein Zeichen. Alle 7 Jahre steht er in einem spannenden Aspekt zu sich selbst. Diese Begegnung zeigt uns die Abschnitte unseres Lebenswegs vom Kind zur Jugendlichen, zur Erwachsenen, zur reifen, alternden und weisen Frau. Sie zeigen den Weg der Reifung, des Erwachsenwerdens und -seins. Sie zeigen den Weg von Körperauf- und -abbau. Sie zeigen, dass alles Zeit braucht und seine Zeit hat. Sie zeigen die Vergänglichkeit von Form und Struktur, die Notwendigkeit von Strukturanpassung und -erneuerung.

Wenn wir auf die Welt kommen, zeigt uns die Saturnstellung im Geburtsbild den Bereich, der angstbesetzt ist, der begrenzt ist. Das ist auch der Bereich, in dem die Menschen in unserer Umgebung - insbesondere unsere Eltern und Großeltern - sich zurückhalten und schützen, wo sie sich behindert und unfrei fühlen. Hier ist Erfahrungswissen, was auch beengt. Bestenfalls ist das Erfahrungswissen von Saturn nüchtern und im Einklang mit den Tatsachen, meistens aber finden wie hier Verbitterung, Einsamkeit, Schuldgefühle, innere wie äußere Enge und das Gefühl, nicht verstanden werden zu können.

Es ist höchst interessant, einmal auf die Umstände der Geburt zu schauen, auf die Befindlichkeit der Familie:

- *Welcher Aspekt von Realität herrschte vor, als du auf die Welt gekommen bist? Mit welchem Aspekt der Realität waren die Menschen in deiner Umgebung befasst?*
- *Wo war die größte Enge und Angst?*
- *In welchen Bereichen hatten es deine Eltern schwer, schwer auch miteinander?*
- *Wer trug die größte Bitternis in sich, war verhärmt und vom Leben enttäuscht - und wodurch?*

---

* P.N.

- *Geh deine Familie durch und schau, ob du einen gemeinsamen Nenner für Enttäuschung finden kannst - bzw. wenn nicht, wer hat mit seiner Enttäuschung, mit seinem Frust das Familienleben beherrscht?*
- *Sieh dich nach einem Enttäuschungsmuster um, wenn du eins findest, wie hat sich dieses in dir niedergeschlagen?*
- *Was gab es bei euch zu Hause einfach nicht? Wer hat diese Regeln bestimmt?*
- *Wie wurden Regeln überhaupt eingeführt und verfolgt, wie wurden Regelbrüche bestraft?*
- *Wovon wurde die Struktur deines Lebens am meisten bestimmt? Was hat dich ihrer sicher und ihrer unsicher gemacht?*
- *Was bedeutete für dich, mit den Härten des Lebens in Berührung zu sein?*
- *Wer in deiner Familie war klar und nüchtern? Im besten Sinne desillusioniert?*
- *Für wen warst du ein Grund zur Enttäuschung? Hättest du z.B. ein Junge werden sollen? Eines/einer anderen Kind sein sollen? Anders aussehen, denken, sein sollen?*
- *Wie wurdest du gefördert, deine eigene Struktur zu finden?*
- *Gab es wohlwollende Strenge, die half, eine eigene Form zu finden?*
- *Gab es eine Familientradition des Erfolgs bzw. Misserfolgs, des Ehrgeizes und des Scheiterns?*
- *Was ist dein tiefstes Angstmuster, bei dem du vielleicht selbst spürst, dass es über dieses Leben und deine Erziehung durch deine Eltern hinausweist - entwirf ein Szenario!*

ÜBUNG: DER SATURNZYKLUS

Schaue in der Ephemeride nach, wann Saturn im Quadrat, in Opposition oder Konjunktion zu sich selbst stand. Schreibe diese Daten an den Rand deines Geburtsbildes.

Stelle dich dann in einen ausgelegten Tierkreis an die Stelle, wo dein Radix-Saturn steht. Spüre in die Energie des Zeichens hinein und verbinde dich mit ihr. Gehe dann in deiner Erinnerung zurück zur Geburt und den Umständen, unter denen du geboren wurdest.

Wie war die Situation deiner Eltern, wodurch waren sie BELASTET, woran haben sie GETRAGEN? Wie war die Realität, die reale Basis deiner Familie? Welche strukturellen Probleme gab es in der Familie? Wodurch waren deine Großeltern belastet und wie hat dies auf die Eltern GEWIRKT? Was belastete die Urgroßeltern bzw. was zog sich als Grundthema oder Grundangst durch die Linie der Ahnen. Was wurde dir vererbt? Spüre dorthin!

Mit welcher Verantwortungsbereitschaft bist du geboren? Bei welchen Themen warst du offen, die Verantwortung zu übernehmen? Nach dem Motto: Gebt mir die Last, dann müsst ihr nicht so schwer tragen.

Wende dich dann nach rechts und gehe langsam durch die folgenden sieben Jahre bis du bei der Quadratstellung landest. Wende dich dann wieder der Mitte zu. Spüre diesen Jahren nach. Wie stehst du im Leben, wie gut spürst du deine Füße auf dem Boden, wie aufrecht kannst du stehen? Was ist aus den Belastungen geworden, wo spürst du sie in deinem Körper?

Du bist 7 Jahre alt. Spüre in diese Zeit hinein (auch in die Qualität des Zeichens, in dem Saturn jetzt steht). Du bist in der Schule, wie kommst du klar? Wie fühlst du dich in deiner Familie/Umgebung? Wie kommst du mit den vorgegebenen Regeln klar?

Wende dich dann wieder nach rechts und gehe langsam den Weg bis zur Saturnopposition. Du bist ungefähr 15 Jahre alt. Hier angekommen wende dich der Mitte zu.

Nun stehst du deinem Geburtssaturn gegenüber, hast zum ersten Mal einen weiten Abstand zu deiner Herkunftsfamilie mit ihrem Auftrag. Spüre in diesen Abstand hinein. Spüre dann wieder in deinen Körper: Wie stehst du da, wie fühlen sich die Belastungen an, fühlst du die Füße im Kontakt zum Boden, kannst du aufrecht stehen? Erinnere dich an die Zeit deiner Pubertät, wie bist du auf Abstand gegangen? Wie hast du dein Eigenes gefunden, Grenzen gespürt und gezeigt? Wie bist du mit Autoritäten klar gekommen? Wie war dein Bewusstsein von dem, was recht und was unrecht sei? Wie war dein Lebensgefühl in der Schule, mit Freunden, im Sportclub...? Gab es etwas, was sich bis hierhin bereits als chronisches Phänomen zeigte, als chronisches Leiden?

Dann wende dich wieder nach rechts. Gehe langsam durch die nächsten sieben Jahre, bis du 21/22 Jahre alt wirst und bei dem 1. abnehmenden Saturnquadrat ankommst. Drehe dich zur Mitte hin. Spüre wieder hinein in dich, deinen Körper, den Familienauftrag, die Struktur-Probleme. Wie fühlst du dich mit 21? Nun, da du bereits viel mehr in einem eigenen Leben angekommen bist, wahrscheinlich in eigener Wohnung, in Ausbildung, mit Freunden, politischen und kulturellen Interessen etc... Wie sehr erlaubst du dir, du selbst zu sein, dich von deiner Familie und auch deinen Jugendverbindungen (Clique oder Club) zu lösen? Wie fühlst du die alten Lasten? Welche neuen Lasten (Verpflichtungen, Verträge) gibt es für dich in dieser Lebensphase? Was magst du eigentlich nicht, meinst aber, es aushalten zu müssen?

Gehe dann langsam bis zur Konjunktion von Saturn mit 29 Jahren. Gehe durch all die Jahre von 21 bis 29 und nimm Kontakt auf mit diesem Zeitraum. Du bist erwachsen geworden, lebst immer mehr ein eigenes Leben, hast vielleicht Familie gegründet, bist ins Berufsleben eingestiegen. Spüre dich stehen an diesem Punkt - dem so genannten Saturnreturn -, wende dich der Mitte zu. Spüre dich mit deinem Körper, deine Füße, deine Auf- und Ausrichtung. Was ist aus den alten Belastungen geworden. Wie fühlst du sie jetzt? Wie selbst-ständig bist du?

Wie fühlt sich dein Erwachsensein an? Welche Rolle hast du in der Gesellschaft übernommen, entspricht sie dir? Fühlst du dich erwachsen, wenn ja, in welchen Punkten, wenn nein, in welchen Punkten nicht? Wo fühlst du dich dem Leben nicht gewachsen? Hat das mit den alten Lasten zu tun? Was kannst du jetzt abwerfen, welche „Schulden" sind bereits bezahlt (z.B. Lehrer zu werden, weil die Mutter dies wollte und nun ein Zweitstudium anzuschließen in dem Bereich, der dich wirklich interessiert)?

Dann wende dich wieder nach rechts, gehe langsam weiter ins 2. zunehmende Quadrat mit ca. 36 Jahren.

Gehe weiter zur Opposition mit 43/44 Jahren. Wie reif fühlst du dich? Wie sehr kannst du dich verwirklichen? Hier besteht die größte Chance zu einer möglichst objektiven Betrachtung deiner selbst, der eigenen Werte und dessen, was erreicht und was bewirkt wurde

48

und was der eigene Lebenszweck ist. Wie wird mit den übernommenen Verpflichtungen in der selbst gewählten Familie und in der Arbeitswelt umgegangen, wie mit den Verpflichtungen gegenüber den älter werdenden Eltern? Vor was läufst du davon? Wo hast du resigniert? Welche Träume und Sehnsüchte aus deiner Jugend kommen wieder hoch? Wer oder was ist nun als Autorität für dich akzeptabel, und worin wirst du selbst zur Autorität?

Gehe zum zweiten abnehmenden Quadrat mit 51. Wo bist du gelandet in der Berufshierarchie? An welche Grenzen bist du gestoßen? Wo ist eine Kurskorrektur nötig? Wie gut kannst du deine Kinder loslassen? Wie gut kannst du das Thema Tod integrieren?

Bewege dich vorwärts bis zur zweiten Konjunktion mit 58. Eine zweite Gelegenheit zu einer großen Bilanz eröffnet sich mit dem zweiten Saturn-Return. Wo hat das Leben dich hingeführt? Womit bist du zufrieden? Was wurde erreicht? Was will im Berufsleben noch vollendet werden? Wie werden die Weichen für die Zeit danach gestellt? Wie frei fühlst du dich von inneren und familiären Zwängen, was betrauerst du an verpassten Gelegenheiten und wie lässt sich dies wandeln in neue Perspektiven? Wie klar bist du geworden?

Die Wegstrecke endet dort, wo der letzte Saturnkontakt war. Spüre bei der letzten Saturnstellung besonders intensiv in deinen Stand. Wie gut bist du gegründet, wie aufrecht kannst du stehen? Wo fühlst du nun die Belastungen der Vergangenheit? Hast du den Durchblick? Wie frei bist du von ihnen geworden? Wo fühlst du dich noch unfrei und gebunden, wo ist es leicht geworden? Wo fühlst du dich als bei dir selbst angekommen? Wo lebst du gemäß deinem eigenen Maß und wo noch nicht? Wofür kannst du nun die Verantwortung in deinem Leben übernehmen, und wofür kannst du sie zurückweisen, weil du inzwischen weißt, dass du sie nicht tragen kannst und musst?

Entspanne dann und schreibe deine Einsichten auf.

Alexander Ruperti überschreibt in seinem Buch „kosmische Zyklen" den Geburtssaturn mit „Vergangenheit": Bis zum ersten Saturn-Return sind wir mit unserem Ererbten befasst, mit dem, in das wir hineingeboren wurden und aus dem wir heraustreten müssen, um uns selbst zu verwirklichen. Die zweite Runde beschreibt er als „Gegenwart", die wir selbstverantwortlich gestalten können und müssen, um die zu uns passende Rolle in der Welt zu finden und das zu tun, was uns entspricht. Die dritte Runde überschreibt er mit „Zukunft". Dann es geht darum, dass wir die Essenz unseres Leben herauskristallisieren, unsere geistige Essenz. Weisheit, die aus Erfahrung gewonnen wird, verdichtet sich und prägt so manchen Bereich wie Wissenschaft, Kunst, Politik. Wir kümmern uns um das, was wir hinterlassen werden, und um unsere Zukunft nach dem Tod.*

---

* P.N.

FRAGEBOGEN ZU SATURNTRANSITEN

- *Welche Erfahrungen hast du gesammelt?*
- *Welche Entscheidungen hast du jeweils getroffen?*
- *Kannst du ein Muster erkennen?*
- *Fasse es zusammen und schreibe es auf.*
- *Wie beurteilst du dich selbst?*
- *Was waren deine größten Prüfungen im Leben?*
- *Welche Konsequenzen hast du daraus gezogen?*
- *Beschreibe dein Verhältnis zu deinem Vater als Tochter/als Frau.*

- *Rollenspiel. Stell dir vor, du wärst dein Vater und würdest über dich sprechen.*
- *Welche Position hältst du inne in der Partnerschaft - steht sie mit deinem Verhalten gegenüber deinem Vater in Verbindung?*
- *Wann bist du unnachgiebig, stur?*
- *Welche Ansichten würdest du nie ändern?*

- *Entwerfe eine positive Moral für eine Welt, in der es sich leben lässt.*
- *Verrate drei deiner Überzeugungen.*
- *Hättest du nur einen Satz, den du als letzte Mitteilung der Welt machen könntest, was würdest du sagen?*

- *Beschreibe dein Leben in einem Satz: Ich lebe, weil...*
- *Wie siehst du die Welt, die dich umgibt? Dir freundlich gesonnen, unfreundlich, unterstützend, behindernd?*
- *Wie verkehrst du mit Autoritäten? Gelingt es dir, deine Position zu wahren?*
- *Wirst du respektiert in deinem Arbeitsfeld?*
- *Arbeitest du so, dass es dir Freude macht?*
- *Wie viel Geld verdienst du?*
- *Was für ein Verhältnis hast du zum Geld?*
- *Wirst du in angemessener Weise zu deinem inneren Wert bezahlt? Gibt es eine Kluft?*
- *Wirst du von der männlichen Welt unterstützt? Behindert? Neutrales Verhältnis?*

Saturntransite zu Mond/Pluto*

Als Mond/Pluto-Tochter war ich innigst verwoben mit meiner Mutter. Ich versuchte, ihr ihren Schmerz zu nehmen. Den ganzen Weg der Saturn-Transite erlebe ich als einen Prozess der mühsamen Loslösung aus ihren „Fängen". Es ist ein Prozess voller Therapiestunden, der mich aber mehr und mehr verstehen ließ, woran sie gelitten hat. Jedes Bröckchen an mehr Verständnis hat geholfen, freier und glücklicher zu werden. Gleichzeitig ist die Liebe zu ihr,

---

* P.N.

die sehr groß ist, die lange Jahre in ebenso großen Hass umgeschlagen war, heute fast wieder zu reiner Liebe geworden.

Interessant ist beim Umlauf von Saturn die stabilisierende und hilfreiche Funktion von Trigonen und Sextilen.

1. Saturn Quadrat zu Mond/Pluto (1 bis 2 Jahre alt)

Beim ersten Saturn Quadrat zu Mond/Pluto 1955/56 stirbt meine Oma mütterlicherseits an Gallenkrebs. Danach ist meine Mutter wegen einer Gallenoperation im Krankenhaus.

1. Saturn Opposition Mond/Pluto (10 Jahre alt)

Wir spielen in dieser Zeit bevorzugt Winnetou, Mädchen finde ich doof, und ich bin stolz darauf, für einen Jungen gehalten zu werden. Heute denke ich, dass ich damit die subtilen Wünsche meiner Mutter nach einem Ersatzpartner erfüllt habe. Aber ich bin nun mal kein Junge. Als ich mit 11 meine erste Periode bekomme, entsteht ein Bruch in unserer Beziehung.

2. Saturn Quadrat zu Mond/Pluto (17 Jahre alt)

Beim zweiten Saturn Quadrat zu Mond 1971 bin ich in der vorletzten Klasse im Gymnasium und habe meine erste große Liebe. Meine Mutter mischt sich (wie immer) ein, sie hält eine Konferenz ab mit seiner Mutter, was ich superpeinlich finde. Ich liebe meinen Freund sehr, kann mich aber nicht wirklich öffnen, liebevoll nennt er mich Petti-Panzer und ist unendlich geduldig, ich aber spüre mich wie eingeklemmt in mir, Sex und Hingabe finde ich schmerzlich.

1. Saturn Konjunktion zu Mond/Pluto (23 Jahre alt)

Es ist September 1977 (Saturn auf Mond/Pluto). Ich fühle mich schon seit vielen Monaten nicht richtig gut, orientierungslos, mutlos, verzagt. Nun aber auf einer Demonstration gegen Kernenergie in Belgien passiert es. Ich fühle es wie einen Messerstich ins Herz. Für einen Moment bin ich atemlos und taumele. Dann fange ich mich wieder, der Schmerz verschwindet. Die Demo geht weiter. Ich denke schon nach ein paar Stunden nicht mehr daran.

Ein paar Wochen später gehe ich mit einem Freund spazieren. Plötzlich durchzuckt mich derselbe Herzschmerz, doch dieses Mal verlässt er mich nicht mehr. Angst macht sich in mir breit. Mein Herz ist krank, ich werde sterben. Panik wächst. Aber es ist kurz vor Weihnachten. Ich hatte versprochen, in mein Elternhaus zu kommen. Und unter größten Anstrengungen gelingt es. Nachts aber, als ich alleine in meinem Bett liege, wird die Panik unerträglich. Ich krieche bei meiner Mutter unter die Decke. Erzähl mir was, lenk mich ab. Und sie spricht stundenlang beruhigend auf mich ein, bis ich schlafe.

Dann - nach Hause zurückgekehrt - beginnt die Ärztetournee, die sich über Monate hinzieht. „Nein, Sie sind kerngesund. Nein, Sie haben nichts am Herzen. Sie sind nur ein bisschen angespannt." Massage wird verschrieben. Beruhigungstabletten. Mein Zustand verschlechtert sich zusehends. Ich spüre doch, dass ich etwas am Herzen habe! Meine Angst wird größer, kaum noch traue ich mich aus der Wohnung. Das Autofahren wird als erstes unmöglich. Vor lauter Panik fühle ich das Lenkrad nicht mehr unter meinen Fingern. Aber im Zug sehe ich nur Bilder des Grauens, Entgleisung, Zusammenstoß. Radfahren geht noch, doch die Berge muss ich meiden, schlägt mein Herz zu laut, steigert sich gleich wieder die Panik.

Der Radius meines Lebens wird enger. Ich werde furchtsamer. Verzweifelt. Nachdem ich weitere Internisten ergebnislos konsultiert habe, sagt endlich der letzte, den ich aufsuche, dass ich ein Fall für die Psychotherapie sei. Ansonsten gibt es Beruhigungsmittel für den Fall der Fälle, wenn die Panik zu groß wird, die Angst galoppiert...

Ich finde eine Therapeutin, die ich einmal wöchentlich aufsuche. Sie gibt mir ein wenig Halt, aber ich verstehe nach wie vor nicht, was um Himmels Willen mit mir los ist. Nach ein paar Monaten empfiehlt sie mir eine psychosomatische Klinik. Die Warteliste ist lang, aber ich werde warten, die Klinik gefällt mir, dort möchte ich gerne hin.

In meiner Not habe ich mich an einen Freund angeklammert und werde von ihm schwanger. Das torpediert mich in eine weitere Zwangssituation, die ich unter seelischen Schmerzen und massiven Unfähigkeitsgefühlen mit einer Abtreibung beantworte. Wochenlang weine ich um das „Würmchen". Ich weiß sehr genau, wie destruktiv und hoffnungslos der Schritt mit der Abtreibung ist, aber ich kann nicht anders, der Gedanke, ein Kind zu bekommen, ist völlig unmöglich.

Inzwischen ist April 78. Ich bin depressiv und traurig. *Saturn steht nach wie vor auf dem Mond.* Ich bin aber in Therapie und in der Warteschleife für die Psychoklinik. In der Wartezeit arbeite ich auf einem Ökobauernhof, was mich stabilisiert. Meine Mutter hat ein langes Gespräch mit meiner Therapeutin. Sie fühlt sich schuldig an meinem Zustand.

3. SATURN QUADRAT ZU MOND/PLUTO (31 JAHRE ALT)

7 Jahre später steht *Saturn im Quadrat zum Mond.* Im Winter 78/79 hatte sich meine Mutter das Leben genommen. 1980 war ich drei Monate in der Psychoklinik, und fädelte mich danach langsam wieder in einen lebbaren Alltag ein.

Nun ist 1985. Ich bin inzwischen geprüfte Astrologin geworden und mache erste Schritte mit der buddhistischen Lebensphilosophie, die mich begeistert. Um mich meinen seelischen Ängsten mehr zu stellen und freier von ihnen zu werden, mache ich verschiedene Feuerläufe mit. Im Mai (2. Übergang) fällt mir ein Prospekt für eine Tagung „Geburt und Tod" in die Finger und im Oktober (3. Übergang) fahre ich nach Todtmoos in den Schwarzwald, höre mir viele interessante Vorträge an und besuche verschiedene Workshops. Hier treffe ich auch auf den tibetisch-buddhistischen Meister, dessen Lehre und dessen Gemeinschaft mir bis heute zur geistigen Heimat geworden sind.

Bei einem Workshop machen wir eine Fantasiereise zu unserem Innersten. Hier treffe ich unterwegs meine Mutter, die auf einem Thron sitzt und wieder einmal mein Leben maßregeln will. Ich reiche ihr meine Hand, um mich von ihr zu verabschieden, aber sie lässt nicht los. Eisenhart ist ihr Griff. In meiner Verzweiflung nehme ich mein Taschenmesser und schneide mir den Arm ab. Sie schaut verdutzt auf den Teil, den ich ihr belasse, und ich renne hinaus, stecke meinen Armstumpf auf einem Acker in die Erde, in dem Wissen, dass die Erde mich heilt. Nichtsdestotrotz ist mein Arm weg.

Im Sommer 1985 lösen wir das Elternhaus auf, mein Vater zieht in ein Altersheim.

2. SATURN OPPOSITION MOND/PLUTO (39 JAHRE ALT)

7 Jahre später *Saturn in Opposition zum Mond.* Es ist 1993. Im Rahmen einer buddhistischen Therapiegruppe malen wir Bilder über unsere Herkunft, unsere Geburt, die Zeit im Mutterleib. Ich male ganz konkret und bunt mich und den Mutterkuchen und die mich damit verbindende Nabelschnur. Aus dem Mutterkuchen kommt reale Nahrung, es kommt aber auch die Stimmungslage meiner Mutter: Es kommen vier kleine Bomben.

Ich male munter vor mich hin und merke erst an der besorgten Reaktion der Therapeutin, dass ich gefährliches Gebiet betreten habe. Ich erhalte Unterstützung und Ermutigung, die Bomben zu entschärfen und zu untersuchen, male dazu neue Bilder und gerate geradewegs in den Faschismus und die Spuren des Verlusts und der Enttäuschung im Herzen meiner Mutter, die doch einiges an Sympathie für die Nazis gehabt hatte. Sie verlor im Krieg ihren geliebten ersten Mann und durch den verlorenen Krieg eine Haufen Illusionen.

Ich male Wut, maßlose Wut über das, was das Schicksal ihr angetan hatte. Ich male Terror und Übergriff: Willkür über Willkür. Ihre Schmerzen berühren mich sehr. Es waren ihre Schmerzen, die sie in mich eingepflanzt hat. Ich sollte sie glücklich machen, ich sollte ihr Ersatzmann werden.

In den folgenden Monaten bin ich zum Meditieren in Frankreich und begegne dauernd diesem Schatten Willkür: An verschiedenen Fronten (vor allem bei der Kinderbetreuung, ich habe inzwischen einen fünfjährigen Sohn - schwanger war ich bei *Saturn Trigon Mond*) sehe ich uns Eltern und Kinder schlecht und willkürlich behandelt, faschistoid, negativ und schlage mich mit Ohnmachtsgefühlen herum.

Ich lerne aber auch über spezielle Meditationsmethoden, mich mit meinen negativen Gefühlen nicht mehr so zu identifizieren und bei anderen den Blick mehr auf das Gute zu richten, egal, was sie jetzt gerade anstellen. Ich lerne zudem, mich von meinem Kind mehr abzugrenzen.

4. SATURNQUADRAT ZU MOND/PLUTO (46 JAHRE ALT)

7 Jahre später steht *Saturn im Quadrat zum Mond.* 1998 bei *Saturn Trigon Mond* habe ich für die Restfamilien-Erbengemeinschaft ein Haus gekauft. In eben dieser Zeit (1998) lerne ich eine neue Freundin kennen, die als Therapeutin immer wieder interessante und brisante Fragen stellt. In Bezug auf meine Mutter fragt sie, WANN ich denn die Herzbeschwerden (siehe oben) bekommen hätte, in welchem Alter? Als ich es sage, fragt sie wie alt denn meine Mutter war, als sie ihren Mann verloren hat. Sie war exakt so alt gewesen wie ich: 23 Jahre. Wie Schuppen fällt mir nun von den Augen, dass es meine übergroße Identifikation mit ihr war, die mich hat versuchen lassen, ihr ihr Leiden abzunehmen und die mich krank gemacht hat. (In der systemischen Familientherapie ist bei der Arbeit mit dem kommentierten Familienstammbaum/dem Genogramm das Phänomen der JAHRESTAGE - das Jahrestagssyndrom - seit längerem bekannt. Ungelöste Konflikte und Traumata wiederholen sich beim selben Datum und/oder im selben Alter).

Nun im Sommer 2000 bei *Saturn Quadrat Mond* lasse ich mir die Haare schneiden. Als die Frisörin mich fragt, ob dieser Haarschnitt eine besondere, vielleicht symbolische Bedeutung hat, bejahe ich: Es ist der Abschied der Mutter-Tier-Phase. Ich bin das Thema „Mutterschaft" und „Kümmern" satt. Mein Sohn ist 12 und legt auf meine Art, ihn zu umsorgen, keinen Wert mehr. Dadurch, dass er sich von mir zurückzieht, muss ich mein Verhalten ändern und „cooler" werden.

Es ist gleichzeitig eine weitere Ablösung von meiner Mutter dran, die - obwohl inzwischen Jahre tot - immer noch in mir drückt und zwängelt. Ihr Motto: „Man trennt sich nicht!", der Zwang zur Familie, wird mich noch zwei weitere Jahre begleiten, bis Uranus in Opposition zu meinem Mond steht und wir (der Vater meines Sohnes und ich) uns trennen. Aber ab *Saturn Quadrat Mond* suche ich mehr und mehr nach dem Absprung aus der Familie.

Inzwischen sind wir als Familie nur noch locker verbunden. Bei *Saturn Sextil Mond* (2003) sind wir in das 98 gekaufte Haus eingezogen: Jede/r hat hier eine eigene Wohnung. Die immer wieder schmerzliche Zwangsgemeinschaft hat sich gelöst in ein freundliches, freiwilliges Miteinander.

Meine Mutter lasse ich ruhen, ich fühle mich ziemlich frei von ihr, nicht mehr schuldig für ihren Tod, da hat die Uranus-Oppostion deutlich geholfen.

2. SATURN KONJUNKTION ZU MOND/PLUTO

Saturn auf Mond wird 2006/07 wiederkommen. Ich bin gespannt auf die neue Runde. Mein Sohn hat dann (hoffentlich) gerade das Abi gemacht und ich...*

Saturnvisionen

... diese Bilder zu Saturn entwickelten verschiedene Personen mit entsprechender Saturnstellung im Horoskop während Traumreisen oder in Träumen ...

SATURN IM STEINBOCK

Ich suche Saturn während einer Traumreise und lande auf einem hohen Berg. Der weiße Schnee glitzert und bricht die einfallenden Sonnenstrahlen in regenbogenfarbenem Funkeln. Die Luft klirrt, eiskalt und klar. Eine Schneefee erscheint, sie ist rein und unendlich gütig. Sie lächelt und verzaubert die Umgebung mit ihrem Blick. Alles ist Liebe. Geboren aus Liebe und gestorben in Liebe. Die Erscheinungen sind Spiegel deines eigenen Geistes. Nichts davon hat eine aus sich selbst heraus bestehende Wirklichkeit. Armutsbewusstsein schafft Armut, und Großzügigkeit schafft Fülle. Richte deinen Geist großherzig in die Welt, und diese wird dein Lächeln widerspiegeln. Weit und offen ist das klare reine Bewusstsein, grenzenlos und voller Seligkeit. Wahre Unabhängigkeit ist unbelastet von begrenzenden Gedanken. Frei verweile im Frieden und handle so, dass dieser sich vermehrt. Schönheit wächst aus Wahrheit, und diese aus Erkenntnis über die Wirklichkeit. Der Tod kommt ganz gewiss, und es lohnt sich nicht, die Handlungen des Egos allzu ehrgeizig zu verfolgen. Es gibt nichts zu tun, aber eine Menge zu empfangen. Schöpfe aus deinem reinen Atem Klarheit und Fülle. Es ist genug Energie für alle da. Unzerstörbar der Diamant des reinen

---

* P.N.

Bewusstseins. Lenke deinen Geist auf Aktivitäten, die der Ablösung dienen. Schütze die Erde und deine Mitmenschen, schütze die Kinder und deinen Geist. Beobachte stetig dein Bewusstsein. Stimmt es überein mit dem großen Gesetz der Liebe? Alles, was du aus Liebe tust, wird diese vermehren. Alles andere lass sein. Da verschwindet die Schneefee und ein kalter schneidender Wind kommt auf. Er bläst alle meine zerstörerischen Gedanken und Zweifel weg. Ich stehe da, nackt und gewahr, Belastungen gibt es gerade nicht.

Saturn im Skorpion*

Wenn ich die Augen schließe und mir Saturn vorstelle, dann muss ich zunächst einen langen und beschwerlichen Weg in die Berge gehen. Erst oberhalb der Baumgrenze, wo schon Schnee liegt, obwohl der Sommer doch gerade erst gegangen ist, sehe ich eine Hütte. Es ist eine Eremitage, die Meditationshütte einer älteren, weisen Frau, deren Augen genauso blau und klar funkeln wie die meines (Steinbock-)Vaters.

Als ich komme, sitzt sie vor ihrer Hütte in der Abendsonne und lässt mich - mit sparsamer Geste angezeigt - neben sich Platz nehmen. Als ich eine Begrüßungsformel murmeln will, heißt sie mich schweigen. Also sitzen wir still, so lange bis die Abendsonne hinter den Bergen verschwindet. Sie geht in die Hütte und ich folge, hocke mich auf die Bank und sehe ihr zu, wie sie mit schlichter Präzision ein einfaches Abendessen zubereitet. Wir essen schweigend.

Schließlich schaut sie mich an, minimal zieht sie ihre linke Augenbraue hoch. Ich fühle, dass ich nun sprechen, mich vorstellen, fragen darf.

Warum muss ich so leiden, frage ich und zähle meine Symptome auf: Der wehe Rücken, die schmerzenden Knochen und Muskeln - rheumatoid, wie ich es nenne, dieses Gefühl, als wäre ich eben noch verprügelt worden (wobei es mir in diesem Leben nicht einmal geschah).

Die Frau lässt mich reden und lauscht aufmerksam. Als ich fertig bin, folgt ein langes Schweigen, dann ein annehmendes Lächeln, dann wieder Schweigen. Mit ihr in Stille zu sitzen, berührt mich sehr. Wenn da nicht diese im Hintergrund brodelnde Unruhe in mir wäre, wenn ich entspannen könnte, wäre sicherlich nicht mehr nötig, als hier mit ihr zu sitzen. Und sie spürt meinen inneren Druck, meine Angst, meine Sorge, mein Gequältsein, die Pein der Jahre...

Mit einer leichten Geste streicht sie vor meinen Augen her, als wolle sie eine Gardine wegziehen, einen Schleier lüften, mich sehen machen. Sie heißt mich, in ihre Augen zu schauen, und ich sehe...

Beißender Geruch schlägt mit entgegen, steigt in mir auf, der blutige Geruch des Kampfes, des Krieges, vieler Kriege. Auf einen Blick sehe ich unendlich viele Wesen sterben, Zeitalter vergehen, Planeten explodieren, Welten zerbersten.

Ich will meinen Blick abwenden, doch sie lässt es nicht zu: Bleib! Und sieh!

Ich sehe, wie Hass zu Hass führt, Verletzung zu Rache, Betrug zu Betrug, Imperialismus zu Zerstörung, Terror zu Krieg. Ich sehe Blutrache, Vergewaltigung, Folter, Mord..., die heißen Höllen der Leidenschaften voll von unendlichen Scherzen und Qualen. Ich sehe die kalten Höllen der Macht, die Gefühllosigkeit der Killer, der Minister, der Könige, die

---

* P.N.

schon vor langer Zeit ihre Seelen verkauften. Ich sehe die grausame Effizienz von Militär und Bürokratie, deren Mühlen jeden zermalmen, der in ihre Räder gerät. Tote in KZs, in Umerziehungslagern, in Verliesen, auf vergessenen Inseln ausgesetzt, auf dem elektrischen Stuhl ermordet.

Ich weine und weine über all diese Qual, die Opfer, die Täter, diese endlose Kette, in der ein Schmerz zum nächsten führt. Ich sehe meine Verwicklungen, mein Versagen, all die Momente, in denen ich mich schuldig machte, die einen lancierte, die anderen nicht rettete, die dritten verriet, die Augen verschloss. All die Momente von Ohnmacht, in all den Leben als Opfer, all die Momente der Macht, in den Leben als Täter. „Schuldig! Schuldig! Schuldig!" hämmert es in meinem Kopf. „Feige, eine Verräterin, ein Häscher, ein Killer, eine Schließerin. Schuldig, schuldig, schuldig! Nicht stark, nicht clever genug, um zu entkommen als Sklavin, als Hexe, als Kriegsbeute, als Revolutionärin! Nicht gut genug, um die Welt zu retten, die Leidenden zu befreien." Egal, was war, ich war schuldig. Was ich tat: „Schuldig!" Was ich nicht tat: „Schuldig!"

Sie hält mich, während ich weine, bis die Tränen von alleine versiegen.

„Es steckt in deinen Knochen", sagt sie. „Sie müssen gewaschen werden." Ich überlasse mich ihren Händen. Sie ist sowieso meine letzte Hoffnung nach all den Jahren der Suche. „Es tut nicht weh, lieg nur ganz still." Ich fasse es kaum, als ich sehe, wie sie mit ihren geschickten, langgliedrigen Fingern einen Knochen nach dem anderen aus mir herauslöst, um ihn in einen Topf zu legen. Das Feuer des Herdes lässt die im Kopf befindliche Flüssigkeit aufkochen, und gut durchwärmte, weiße, heile Knochen werden in meinen Korpus zurückgesteckt. Ich fasse es nicht, sie lässt nicht einen Knochen aus! Es dauert ewig und ist ermüdend, immer wieder schlafe ich ein, erschöpft auch davon, dass ich mich nicht rühren darf.

Schließlich falle ich in einen tagelangen, tiefen Schlaf.

Als ich erwache, fühle ich mich ungelenk und fremd. „Das wird vergehen", sagt sie und geht ein paar Probeschritte mit mir durch den Raum, „doch du gewöhnst dich schneller, als du denkst." Nach einem stärkenden Frühstück bin ich bereits ein wenig sicherer in mir, sehe aber durch die Haut meine Knochen leuchten. „Auch das wird vergehen", sagt sie, „nach und nach wird sich dies alles normalisieren."

„Was war in dem Topf", bricht es neugierig aus mir heraus, „was für eine Zauberbrühe war das, welche Medizin, welches Kraut?"

„Kein Kraut, kein Zauber, kein Wunder - nur Liebe - Liebe in ihrer bedingungslosesten Form, rein und fließend." Und mit unendlicher Milde sagt sie: „Es ist immer die Liebe, die heilt. Die Liebe in dir wird dich sehen machen, was wirklich geschieht." „Aber Mord und Totschlag kann man doch nicht lieben!" protestiere ich heftig. „Nein", sagt sie, „aber akzeptieren. Annehmen, was ist, was immer es ist, weil es ist. Du hast dich in der Abwehr verschlissen, dich in vergiftenden Schuldgefühlen gebadet. Wenn du jetzt gehst, bist du für einen Moment rein, du spürst, dass es in dir ist, in deinen Knochen. Doch es wird Arbeit sein, diese Akzeptanz zu erhalten. Das liegt an dir."

Dann heißt sie mich gehen. Einen Dank will sie nicht, auch kein Versprechen, keinen Schwur. Sie vertraut mir, das kann ich spüren, wie mir noch nie jemand vertraut hat. Ich spüre ihren Blick in meinem Rücken beim Abstieg.

Ich gehe.

Aufrecht.

---

* P.N.

Saturn in der Waage - ein Traum

Der Traum spielte in einer östlichen Gegend. Die Zeit neigte sich gen Herbst in Richtung Winter. Es war um den Sonnenaufgang herum, kein rechter Himmel. In einem braunen Hügelland sitzt in dieser diesigen Stimmung eine Frau, die mir den Rücken zugewandt hat, am Feuer. Sie trägt Bauernkleider aus einer alten Zeit und ein Tuch. Mir fallen ihre schmalen, schönen braunen Hände auf. Sie ist mit dem Feuer beschäftigt und wärmt sich. Ich komme dazu und erhalte so ihren Ausblick. Ich sehe eine endlose Straße, die sich durch das mit Heide bewachsene Hügelland zieht. Auf ihr ziehen Menschen in dichten Gruppen entlang. Sie sind zu Fuß, manche ziehen Wagen oder Tiere hinter sich her und schleppen ihr Eigentum. Mir fällt spontan das Thema Vertreibung und Kriege ein, wo Menschen ihr Land und Leben verlassen müssen. Ich habe das Gefühl, dieses Bild setzt sich ewig so fort. Ich denke, das ist doch wirklich traurig mit den Kriegen und dem damit verbundenen Elend, dass Menschen sich so etwas antun! In diesem Moment dreht sich die am Feuer sitzende Frau um und mir zu. Sie schaut mich mit ihrem wettergegerbten Gesicht an, aus dem dunkle, junge Augen blitzen, ihr Mund ist feingezeichnet, streng und fest. Auf der Nase hat sie einen kleinen Höcker. Ich erkenne, dass sie früher sehr schön war. Sie wirkt wie jemand, der sich ausruht, und sagt: „Das war schon immer so." Damit ändert sich meine Sichtweise. Ich erkenne, dass die Ströme von Menschen durch die Zeit wandern, wobei die vorderen die Vorfahren der hinteren sind, sie laufen auf der Zeitstraße. Mit der anderen Sichtweise erkenne ich jetzt: So ist das Leben. Die Frau scheint unendliches Mitleid mit den Menschen zu haben. Es sind ihre Kinder. Sie schaut, aber ändert nichts, denn in ihrer Weisheit erkennt sie, **dass es so ist**. Als Mutter weiß sie, dass sie nichts am Schicksal ihrer Kinder ändern kann, denn das wiederum hat seine Gründe und tiefe Zusammenhänge (karmische Konsequenzen?). Das Leben lebt sich trotzdem weiter, wobei das individuelle Unglück im großen Zusammenhang nicht so wichtig ist. Sie sieht alle Kinder kommen und gehen und sitzt einfach da. Sie geht nicht mit, kennt aber alle, die da laufen.

Saturn im Krebs Konjunktion Saturn im Transit (2. Umlauf)

Es ist exakt Saturn Konjunktion Saturn. Ich setze mich zur Meditation. Drei Stunden später beginnt eine Art Magical Mystery Tour. Es erscheint ein Kristall vor meinem inneren Auge, in den ich alle meine in den letzten 29 Jahren gesammelten Erkenntnisse packen kann. Ich habe das Gefühl, jetzt meine Saturnkräfte korrigieren zu können. Saturn ist für mich die karmaverwaltende Instanz, Schwellenhüter und Lichtgottheit. Millionen von Buddhas, Dakinis und Weisheitswesen fließen jetzt in diesen Kristall. Ich habe mir dann noch einige Sachen hinzugewünscht, es entstanden weise Wünsche, die nichts ausschließen - eher holistische. Das ging gut. Nach dreistündiger Meditation habe ich den Kristall in meinem Körper verwahrt, er scheint jetzt im Herzen oder Scheitelchakra zu sitzen, genau kann ich es nicht sagen. Ich denke, ich brauche ihn für den Nachtodzustand und hoffe, er steht mir als Geburtshilfe zur Verfügung. Der Zustand, den ich erfahren habe, lässt sich, wenn überhaupt, nur poetisch ausdrücken.

Unterstützende begleitende Hilfsmittel

Die Farbe Weiß

Strahlendweiß wird das Gewahrsein beschrieben, der Geist, der sich selbst erkennt, die Verbindung aus mutter- und vaterklarem Licht. Das vaterklare Licht wird im Buddhismus als die Methode beschrieben, die eben zu dieser Erfahrung führt. Die Methode wiederum ist die Beständigkeit einer Meditationsübung, die während des Lebens praktiziert wird, um dann im Todesmoment bereit zu sein, das mutterklare Licht zu erkennen und sich damit zu vereinen. Dieses ist auch die Natur des Geistes, vom Wesen her leer, jedoch angefüllt mit ekstatischer Freude, die sich einstellt, sobald sie erkannt wird.[*] Die Farbe Weiß oder die Übung, mit weißem Licht zu meditieren, kann uns dieser Erfahrung näher bringen. Weiß reinigt und verdeutlicht. Es klärt. Arbeiten wir mit weißem Licht, atmen wir es z.B. ein und aus und verweilen mit unserer Aufmerksamkeit in diesem Prozess, entsteht Raum: Klar können Gedanken und Gefühle erkannt, gereinigt, befreit und wieder losgelassen werden. In Asien wird Weiß zum Tod getragen, symbolisch für die Reinigung und Wiederauferstehung der verstorbenen Seele. Weiß sind Schnee und die Meeresperlen, die hawaiianische Mädchen schlucken, sobald sie zur Frau werden, ihre erste Menstruation bekommen. Weiß ist der Bart von alten Zauberern, „Eingeweihten" und Propheten, und weiß ist der Enzian, die seltene Bergblume, die fast in den Felsen zu wachsen scheint. Man wird weiß vor Schreck - wenn einem etwas ins Bewusstsein tritt, das man bisher erfolgreich verdrängte, und klärt mit dessen Auseinandersetzung einen verborgenen Aspekt seiner selbst. Weiß sind die reinigenden Bergkristalle und weiß ist das Gesicht von Verstorbenen, die auf eine andere Ebene übergegangen sind, sich jenseits der saturnalen Begrenzungen befinden. Das Visualisieren von weißem Licht kann Saturntransite unterstützen.

Homöopathische Hilfe in schweren und Krisensituationen ... und bei Saturntransiten?

Eine klassische Homöopathin suchte auf meine Bitte hin nach Fällen, in denen sie unten angeführtes Mittel verordnet hatte. Überraschend häufig lassen sich signifikante Saturntransite bei einer Vielzahl der Patienten feststellen zum Zeitpunkt, da ihnen dieses Mittel half. Deshalb findet die nachfolgende Mittelbeschreibung, die sich ausschließlich auf einen kleinen Teil der Gemütssymptome, bezieht, hier Raum. Natürlich heißt dies nicht, dass man bei jedem Saturntransit zu Natrium muriaticum greifen kann! Sollte man sich für eine derartige Hilfe entscheiden, ist es unbedingt erforderlich, dass auch eine Überprüfung der körperlichen Symptome sowie die Feststellung des akuten Miasmas erfolgt.

---

[*] Siehe Geshe Kelsang Gyatso: *Clear Light of Bliss*, Wisdom Publications, London, 1982.

Natrium muriaticum

Natrium muriaticum oder chloratum ist unser Speisesalz und gehört zu den größten Kummermitteln in der Homöopathie. So wie das Salz die Fähigkeit hat, Flüssigkeit im Gewebe festzuhalten, so hält Natrium muriaticum die Erinnerungen, und hier vorwiegend die negativen Erinnerungen, im Gemüt fest.

Dieses Festhalten bezieht sich auf alle inneren und äußeren Eindrücke sowie auf Verstorbene, vergangene Liebhaber/innen, Beleidigungen und Ärger. Selbst Schmerzen werden festgehalten. Bei Menschen dieses Typs schweifen die Gedanken immer wieder zu bereits vergangenen negativen Ereignissen und beschäftigen sich mit ihnen. Dabei erleben die Betroffenen wieder all den Schmerz, die Kränkung und das Leid, welches diese Situation einstmals mit sich brachte. Da sie ihren Ärger schlecht zeigen können, wird auch dieser festgehalten, was in der Konsequenz zu krankhaften körperlichen Symptomen führen kann.

Ihm zugefügte Kränkungen aus der Vergangenheit vergisst er nie. Immer wieder holt er sie in sein Bewusstsein, und immer wieder erlebt er die Wut, den Schmerz und die Kränkung der einstmals erlebten Situation. Diese alten Verletzungen lassen diesen Menschentyp fast lebenslänglich leiden. Auch über den Verlust eines geliebten Menschen kommt er nicht hinweg. Seine Trauer kann das ganze Leben anhalten, und die schmerzliche Trennung wird nie überwunden und bestimmt die Gegenwart. Beleidigungen, die er anderen zugefügt hat, lassen ihn nicht los. Dies hat häufig Schuldgefühle zur Folge, unter denen diese Menschen leiden und die für dieses Mittelbild fast charakteristisch und chronisch sind. Die Schuld, die Verzweiflung und die Kränkung nagen innerlich an diesen Menschen und hängen ihnen an. Dadurch verurteilen sie sich ständig selber, was zu depressiven Verstimmungen und Selbstmordgedanken führt.

Sie sehen ihre Realität meist durch eine dunkle Brille, was ihr Leben freudlos, trostlos und düster macht. Menschen, die Natrium muriaticum benötigen, sind einsame, ernste Menschen. Spaß ist für sie fast ein Fremdwort, und in Gesellschaft fühlen sie sich unwohl und als Außenseiter.

Literaturnachweis:
Coulter C.: „Portraits homöopathischer Arzneimittel."

Erlebnisbericht
Saturn Konjunktion MC/Sonne in den Zwillingen

DIE SEIDENSTICKERIN - QUALITÄTSARBEIT,
DIE IN DER BESCHRÄNKUNG ENTSTEHT

Die Hauptperson des bei diesem Transit begonnenen Romans von Saskia ist eine im Mittelalter angesiedelte Seidenstickerin, die mit kostbaren Materialien einen Kaiserinmantel gestaltet. Sie ist Meisterin langsamer Prozesse, wie der Auswahl und des Findens des richtigen Stoffes, der Zubereitung der Farben und vielem mehr. Alle diese Aufgaben bewältigt sie alleine. Mit ihr konnte sich Saskia leicht identifizieren, als die saturnale Zeitqualität einige Veränderungen in ihrem Leben vornahm:

VORBEREITET SEIN HILFT

Saskia ist Astrologin, Kinderbuchautorin und war Chefredakteurin einer Zeitschrift. Als im Mai 2002 der Saturntransit über Zwillinge-Sonne und MC begann, war sie aufgrund ihrer astrologischen Ausbildung zumindest innerlich auf die kommende Zeit der Beschränkung und Kristallisation vorbereitet. Dennoch war es auch für sie nicht einfach, den Zusammenbruch der ihr bis dorthin Halt gebenden Strukturen zunächst einmal hinzunehmen und darüber hinaus kreativ zu verwandeln.

ABGESCHNITTEN VON DEN VERTRAUTEN WEGEN DER KOMMUNIKATION

Ich schrieb bis dahin für zwei Verlage Kinderbuchreihen für 9-10-jährige. Auf die zweite Reihe, Spukgeschichten mit historischem Hintergrund, hatte ich langfristig gebaut, sie ermöglichte mir auch viele Lesungen in Schulen. Beide Reihen wurden plötzlich aufgrund interner wirtschaftlicher Verlagsschwierigkeiten eingestellt. Dieser Schlag brachte mein Sicherheitsgefüge stark ins Wanken. Außerdem veränderte sich die Struktur des Vorstands der Vereinszeitschrift, und die Öffentlichkeitsarbeit sollte geändert werden. Aus den Neuerungen wurde ich ausgeschlossen. Man schnitt mich von der allgemeinen Kommunikation ab, und ich wurde einfach nicht mehr in die Veränderungen eingebaut. Zu diesem Zeitpunkt wurden meine gewohnten Kommunikationsmöglichkeiten völlig durchtrennt - über Nacht war ich weder Autorin noch Chefredakteurin, sondern auf mich selbst zurück geworfen.

AUF SICH SELBST ZURÜCKGEWORFEN

Die sich vorbereitende neue Lebensstruktur setzt als Bedingung den Zusammenbruch der alten voraus. Wie bei nahezu allen Saturntransiten zu wichtigen Geburtsplaneten (hier insbesondere dem betroffenen Zwillinge-MC) bietet zunächst einmal das gewohnte (berufliche) Eingebundensein keinen Halt mehr. Die Sicherheit der bisherigen Struktur ist nicht mehr gegeben, weil die Verhältnisse zu eng geworden sind für das heranreifende Selbst. Saskia ist auf sich selbst zurückgeworfen und gezwungen, anstehende Entscheidungen, die Veränderungen in ihrer bisherigen beruflichen Ausrichtung mit sich bringen können, alleine zu treffen. Sie handelt weise, indem sie sich zunächst der inneren saturnalen Thematik stellt.

DIE SATURNALE BOTSCHAFT HÖREN UND ERNSTNEHMEN

Als Astrologin nahm ich die Botschaft des Saturntransits ernst. Ich änderte meine innere Einstellung und akzeptierte das Geschehen mit dem Satz, der sich aufgrund meiner astrologischen Vorkenntnis in mir formulierte: „Es ist ok - was nicht mehr für mich stimmt, geht." Ich kündigte also meine Stelle bei der Zeitschrift und akzeptierte die Entscheidung der Verlage. Mehr blieb mir sowieso erst mal nicht zu tun, denn ich wusste, dass ich nicht gegen die Zeitqualität anstrampeln konnte.

AKZEPTIEREN, WAS IST

Die bereitwillige Akzeptanz, Abschied zu nehmen ermöglichte Saskia, sich ganz mit dem Finden von Antworten zu beschäftigen. So sparte sie sich, mit dem Schicksal zu hadern und darüber unnötige Energie zu verschwenden. Sie wandte sich dem inneren Wandel zu, indem sie nach dem fehlenden Bindeglied in sich selbst suchte.

Also konzentrierte ich mich auf die Lösung der Fragen, die aufgrund des Geschehens spontan in mir auftauchten: „Wer bin ich?" Und darüber hinaus: „Wer bin ich in der Öffentlichkeit?" Nachdem ich mir versprochen hatte, hierauf Antworten zu finden und bei mir zu bleiben, ließ die Angst vor dem finanziellen Ruin ein wenig nach.

ZEIT UND RAUM GEBEN

Saskia begriff, dass sie Zeit brauchte, um wachsen und reifen zu können. Es war wichtig, die innerlichen Fragen zu lösen, ohne gleich im Außen nach einer Veränderung zu suchen. Saturntransite kristallisieren die Sichtweise - was nicht stimmig ist, tritt ins Bewusstsein, solange, bis man eine Lösung gefunden hat und sich die Sichtweise passend ändert. Ist das fehlende Bindeglied dann eingefügt und integriert, lassen sich nach dem Resonanzprinzip auch neue Möglichkeiten erschließen. Der Spiegel Außenwelt wirft das zurück, was im Inneren geändert wurde.

Die Aufgabe annehmen - am Profil arbeiten

Nun begann das Leben, mit neuen Angeboten auf mich zuzukommen. Auf einer Party traf ich eine alte Bekannte. Sie hatte gerade beim Arbeitsamt eine Umschulung zur Autorenagentin gemacht. Sie fragte mich, ob ich mich ihr für ihr Projekt für die Abschlussarbeit zur Verfügung stellen wolle - Imageaufbau einer Autorin. Natürlich stimmte ich zu. So begannen wir mit einer Profilerarbeitung und Image-Coaching. Dieses Projekt war sehr gut für mich, es gab mir Struktur, und mir wurde darüber klar: In meiner Selbstvermarktung liege ich völlig daneben, denn ich habe bisher noch keine stimmige Struktur ausgebildet. Ich lernte Zusammenhänge herzustellen, von denen ich zuvor keine Ahnung hatte, auch wie ich mich anbieten muss, damit man erkennen kann, welchem Bereich ich zugehöre. Nachdem mein Profil erstellt war, fühlte ich mich sicherer, wie mit einer neuen Haut ausgestattet, die gut zu mir passte und an der man erkennen konnte, wer ich war und was ich konnte. Ich vermochte mich klarer erkennen zu geben.

Saturn ist nicht nur Beschränkung, sondern auch schutzgewährender Raum, lebensunterstützende Struktur. Saskia wächst in ihr neues Profil hinein, sie bekommt dabei unerwartet Unterstützung von einer alten Bekannten (Saturn hat auch mit Vergangenheitsbewältigung zu tun) und wird sich ihrer selbst bewusst. So bereitet sie den Schritt in eine größere Erlebnisebene, einen neuen Lebensabschnitt mit mehr Verantwortung vor.

Kurze Zeit darauf traf ich dann eine Frau mit Steinbocksonne, Journalistin einer Kulturzeitschrift. Sie schrieb ein Portrait über mich als Kinderbuchautorin. Das war gute Werbung für mich, und das neu erarbeitete Image konnte ich dabei gleich verwerten.

Der Weg wird immer deutlicher. Steinböcke tauchen auf, um die weiteren Schritte zu begleiten. Weil Saskia offen bleibt und sich auf die angebotenen Hilfestellungen einlässt, geschieht das Wachstum fast von selbst - durch unterstützende Begleiter.

Über diesen saturnalen Kontakt kam auch gleich der nächste zustande, ich lernte eine Astronomin kennen, die ebenfalls eine Steinbocksonne hat. Mit ihr zusammen habe ich einen neuen Verlag kennen gelernt, für den wir gemeinsam astronomische Kinderbücher schreiben.

Nun beginnen sich die neuen Projekte vorzubereiten. Saturn hat vielerlei Gesichter, in diesem Fall bietet die Wegkreuzung einen neuen Verlag und eine neue Thematik an. Doch Saskia bleibt auch weiterhin bei sich und dem anstehenden Thema:

Schritt für Schritt vorgehen

Alles in allem hat mir die saturnale Beschränkung viel Gutes beschert. Trotzdem gab es einige wichtige Schritte, ohne die keine Entwicklung möglich gewesen wäre.
Zuerst musste ich lernen, nicht mit dem Schicksal zu hadern, mein Selbstmitleid und den Schock überwinden - denn alles, was mich in der Außenwelt trug, war weg gebrochen. Als Rettung empfinde ich, dass ich zuvor schon wusste, dass so etwas aufgrund des Saturntransits passieren würde und ich

daher relativ schnell akzeptieren konnte, dass es eben so ist. Ich wusste: „Hier wird abgeschnitten, was nicht mehr passt. Was passiert, passiert. Lasse möglichst alle festen Vorstellungen darüber, wie etwas zu sein hat, los! Widme dich deinem inneren Geschehen, das zieht die äußerliche Veränderung an. Bleib dir selbst gegenüber ehrlich." Also lernte ich die saturnalen Augen auf mich selbst zu richten und so das Saturnprinzip für mich zu verwenden: Ich betrachtete selbstkritisch, was mir fehlte, wo der Mangel in mir lag, auf den mich die Saturnenergie hinwies. Ich fand, dass es mir an Beharrlichkeit mangelte, an dem richtigen Handwerkszeug einer Autorin, auch Ausdauer für Recherchen hatte ich bis dato wenig an den Tag gelegt. Normalerweise war mir immer alles auf Art der Zwillinge zugeflogen.

KONSEQUENT HANDELN

Saskia zieht für sich selbst die notwendigen Konsequenzen, die sich aufgrund ihrer Wachheit und dem Gespür für die anstehenden Aufgaben ergeben. Das innere Gefühl verliert sie dabei nicht, sondern stellt sich der selbstkritischen Instanz. Diese bedeutet ihr, sich tiefer als bisher mit den Themen, über die sie schrieb, auseinander zu setzen. Das brauchte Zeit und Geduld, weitere wichtige Saturninhalte.

*Die dieser Erkenntnis folgenden Schritte ergaben sich fast von selbst: Jetzt zwang ich mich, anfangs noch etwas mühselig, Texte gründlich durchzuarbeiten und auf das Schreiben ins Blaue hinein zu verzichten. Meine gesamte spontane Euphorie wurde ausgebremst. Ich dachte lange über Textstrukturen nach und begann dann mit einem Abenteuerroman, der im Mittelalter spielt. Das beinhaltete zeitintensive Recherchen. Ich wollte mir eine komplexe Erzählstruktur ausdenken, die auf Fakten basierte. Das war ganz neu. So entsteht allmählich (es ist noch nicht ganz fertig) ein tiefgründiges, durchdachtes Werk. **Während dieser Arbeit wuchs in mir ein Gespür dafür, was Qualität bedeutet.** Ich verlor die frühe, aber niemals lange andauernde Begeisterung für mich und meine Projekte und lernte, selbstkritischer aber zufriedener zu werden, auf Kosten einer gewissen kritiklosen Selbstgefälligkeit, die ich verabschieden musste. Allmählich genoss ich die Verlangsamung und Gründlichkeit, mit der ich jetzt vorging. Nach getaner Arbeit weiß ich jetzt, dass Energie, Kraft und Zeit in meine Art des Schreibens investiert ist. So lassen sich Aussagen kristallisieren - zum Dank fühle ich mich gereifter und erwachsener.*

DER DURCHBRUCH

Jetzt ist durchgebrochen, was Saturn herauskristallisieren wollte. Saskia ist mit sich und ihrer Arbeit zufrieden, hat ihren Stil „geschliffen" und die Herangehensweise geändert. So kann sich ein Qualitätsbewusstsein ausbilden, das sie ihren eigenen Wert erkennen lässt, und damit stellt sich eine innere Gelassenheit ein, die durch von innen gereifter Selbstsicherheit getragen wird. Das Risiko, nicht gleich panisch im Außen auf den Verlust zu reagieren, sondern sich dem „Schleifen des inneren Diamanten" zu widmen, hat sich gelohnt und trägt die ersten Früchte.

Nebenbei ist auch noch ein anderes Kinderbuch entstanden über Buddhas Leben. Auch dafür las ich alle authentischen wichtigen Bücher und Quellen und fühle mich so, als hätte ich mit meinem Talent das Beste daraus gemacht - ich habe die Fakten synthetisiert und spannend aufbereitet. Früher hätte ich mich zu sehr in der Fantasie verloren.

Jetzt kann sich Neues und Altes verbinden. Neu ist die gründliche Vorgehensweise, alt der lebendige, spannende, fantastische Stil. Das gefundene fehlende Bindeglied (der verwandelnde Saturnmangel) ist eingegliedert ins Leben und in den beruflichen Ausdruck.

DAS HERANGEREIFTE QUALITÄTSBEWUSSTSEIN - DER BLEIBENDE WERT DES GESCHLIFFENEN DIAMANTEN

Äußerlich brachte die finanzielle Krise mit sich, dass ich mich auf das Notwendigste zu beschränken lernte. Trotz allem indiskutabel war es für mich, einen Job anzunehmen, der unter meinem Wert lag. So lernte ich, dass Qualität sich nicht am Geld misst, sondern sich aus einer inneren Entwicklung heraus ausbildet. Ich lernte, mir ohne den Halt der gewohnten Sicherheit treu zu sein und darauf zu hören, was sich in mir zeigen wollte. Ich wusste, ich hätte mich verraten, wenn ich in dieser Zeit unpassende Kompromisse eingegangen wäre. Das, was sich in mir herauskristallisierte, musste ich schützen, das war meine einzige Verpflichtung. Dazu musste ich dem ungewissen Suchen nach meinen Qualitäten Zeit und Raum geben. Das damit verbundene Problem - die Unsicherheit - nahm ich mit in die Einsamkeit und besprach mich nicht, wie sonst, mit anderen. Ich wusste, nur ich konnte lösen oder begleiten, was mit mir passierte. In dieser Zeit wäre der Rat von anderen nur störend gewesen oder hätte mich von meinem Weg abgebracht. Es war wie eine Brütezeit. Mir blieb nur mein Vertrauen in die Chance, dass ich aus der Verlangsamung, in der ich mich befand und die sich auch nicht vorantreiben ließ, etwas aus mir herausholen konnte, was sich sonst als Zwilling in der normalen Geschwindigkeit nicht erfahren ließ. Jetzt im Nachhinein merke ich, dass das langsame, gründliche Qualitätsbewusstsein in mir geblieben ist.

SATURNZEIT - BRÜTEZEIT

Saturnale Zeiten sind wie Brutzeiten. Wenig scheint sich zu bewegen während der geistig-seelische Prozess ganz dem Innen zugewandt ist. Man braucht sehr viel Zeit und einen geschützten Raum, der meist gerade das Notwendigste zum Überleben bereitstellt. Befreit von den verstrickenden Außenaktivitäten kann in Ruhe wachsen, was in der Vergangenheit vernachlässigt wurde, damit ein tieferes Gefühl der Sicherheit, das aus dem Innen geboren wird, die Persönlichkeit führen kann. Häufig ist es ein kleines, fehlendes Bindeglied, das irgendwo auf dem Weg in der Vergangenheit verloren wurde. Gelingt es, dieses in Ruhe zu finden und mit entsprechender Mühe wieder in die Gegenwart einzugliedern, dann kann sich das Gefühl des Mangels in Zufriedenheit und Erkennen des Selbstwerts verwandeln. Man findet, was man braucht, und kann dann wieder so weitermachen, wie bisher - allerdings mit wesentlich mehr gewonnener Sicherheit.

SPIEGEL IM AUSSEN

Als Spiegel meiner inneren Suche und Entwicklung der „Qualitätsarbeit" traten qualifizierte Menschen in einflussreichen, verantwortungsvollen Positionen („Saturnier") in mein Leben, die mir bei diesem Übergang halfen und den Transit begleiteten. Diese Menschen glaubten an mich und stützten so meinen Selbstwert. Ich habe durch sie viel Bestätigung bekommen. Sogar neue Kleider bekam ich geschenkt, hochwertige Designerkleidung - die dem inneren Format entsprachen, das ich zu gewinnen lernte. Es ist, als ob mir eine neue Haut gewachsen wäre, die jetzt einfach besser zu mir passt.

Nun ändert sich auch die Erscheinung von Saskia - die Kleider werden ihr geschenkt, d.h. symbolisch, sie ist tatsächlich durch die beharrliche innere Arbeit in ihr neues Profil hineingewachsen - deshalb braucht sie diese auch nicht zu kaufen, sondern bekommt sie vom Leben angeboten, zur Verfügung gestellt. Saturn ist immer ein kristallklarer Spiegel. Er spiegelt, was ist, und hält auch Geschenke für abgeschlossene Prüfungen oder Reifungsprozesse bereit, damit sich das Selbst besser erkennen kann.

SICHERHEIT DURCH BESCHRÄNKUNG

Finanziell ist die Zeit der Beschränkung noch immer nicht überwunden - aber ich merke, es geht - ich brauche gar nicht so viel Sicherheit, wie ich meinte. Die derzeit eher spontanen Geldquellen, die sich mir auftun, reichen aus, um schuldenfrei zu leben. Ich bin erfüllt von der Gewissheit, dass das Geld schon wieder kommt, wenn ich meine Qualitätsware fertig habe. Ich habe gelernt, zu investieren, ohne mich dabei zu ruinieren.

DAS GEWONNENE ERKENNEN WEITERGEBEN

Zur astrologischen Beratung kamen viele Klientinnen mit Saturntransiten, teilweise stark verunsichert von negativen Prognosen, die sie an anderen Stellen aufgrund ihrer Transite eingesammelt hatten. Bei mir fühlten sie sich zum Zeitpunkt recht gut aufgehoben - denn ich konnte ihnen dabei helfen, sich auch von dem zu verabschieden, was nicht mehr passte und sich kompromisslos auf ihre Qualitäten zu besinnen. So waren einige bald schon sehr viel glücklicher.

—Saskia 15. 06. 1961, Karlsruhe, 12h27m MEZ

Erlebnisbericht
Saturn Opposition Sonne-Neptun-Konjunktion
im Skorpion

„Wenn das Innere vorbereitet ist, geschieht das Äußere von selbst."

—Johann Wolfgang von Goethe

Cambra Skadé ist Malerin und Schriftstellerin. Der Saturntransit brachte sie, nach ihren eigenen Worten, näher zu sich selbst und in ihre authentische künstlerische Richtung, die sie bis heute erfolgreich beibehalten hat. Die anschließende Geschichte berichtet darüber, wie dies geschah.

ERSTE SCHWIERIGKEITEN VERBUNDEN MIT EINER LÄHMUNG

Der Zeitraum des Transits erstreckte sich von Mai 1999 bis Februar 2000. Bereits im Mai begannen sich die ersten Schwierigkeiten zu zeigen. Eine allgemeine Lähmung machte sich in mir breit. Das Institut, an dem ich eine Dozentinnenstelle hatte, zog um, und mein Verhältnis zum Institutsleiter wurde problematisch. Ich fuhr kurze Zeit darauf bis September nach Spanien und dort entwickelte sich in mir ein sehr merkwürdiges Gefühl, dass etwas nicht stimmte, und ich wurde es nicht mehr los.

Die Saturnenergie lädt Cambra zunächst einmal ein, innezuhalten und abzuwarten. Zu diesem Zeitpunkt lässt sich wenig tun. Saturn zieht erst einmal die Bremse an, um wichtige Gefühle reifen zu lassen und etwas auszubrüten. Was das genau ist, kann man häufig nicht sagen bei Saturntransiten, gewiss ist nur, dass sich etwas zusammenbraut.

Im September, bei meiner Rückkehr, wurde ich mit zwei einschneidenden Veränderungen konfrontiert: Die eine war begleitet von einem problematischen Umzug vom Allgäu zum Ammersee. Wir verließen das alte Haus unter Krach mit den Vermietern, und es war noch viel Wut in mir. Die alten Verhältnisse hatten uns zu stark eingeschränkt. Die Vermieter lebten ganz nah bei uns und waren mit dem Haus sehr verhaftet. So standen wir unter ständiger Beobachtung und machten „nichts richtig". Das neue Haus am Ammersee erwies sich im Nachhinein als wirkliches Geschenk und hat sich bisher als kreativer, inspirierender Platz erwiesen. Das konnte ich allerdings zum damaligen Zeitpunkt noch nicht sehen.

Die zweite Veränderung beinhaltete meine Dozentinnenstelle, die ich bereits seit neun Jahren innehatte. Ich wurde praktisch über Nacht mit der Tatsache konfrontiert, dass ich statt zwei Tage in der Woche nur noch einen Tag unterrichten sollte. Damit war die Hälfte meines sicheren Einkommens verloren. Da ich auch die stellvertretende Institutsleiterin war, war ich in einem zwiespältigen Gefühl von Macht und Ohnmacht gefangen, damit verbunden entwickelte sich eine Menge Wut und Zorn, und ich wusste nicht, wie ich damit umgehen sollte. Hinter der Entscheidung, die von außen an mich angetragen wurde, steckte eine Machtgeschichte, und die hatte wenig mit mir zu tun. Es handelte sich um einen Fehler, der von der Leitung verursacht war, aber es war nicht mehr zu ändern. Die missliche Geldsituation brachte auch eine Lähmung im Arbeitsbereich mit sich - von einem Tag auf den anderen brach die Hälfte meiner finanziellen Absicherung hinweg! Obwohl es gegen meinen Stolz ging, musste ich mir weitere Stunden erbitten. Weil ich aber ein Problem mit der Situation hatte, machte es mir auch keinen Spaß mehr, zu unterrichten.

Saturn reduziert nun, indem zunächst einmal ein Mangel und Unlust entsteht und damit verbunden die Angst, die finanzielle Absicherung zu verlieren (Sonne und Neptun stehen im zweiten Haus). Gleichzeitig entsteht ein neuer Lebens- und Wirkungsraum, eine neue Ebene, die durch die beiden Umzüge betreten wird.

In mir entstand eine gewisse Panik. Ich hatte keine Rücklagen, weniger Geld und keine Alternativen. Zudem brach noch eine wichtige Ausstellung für mich weg, sie fand einfach nicht statt. Mein verzweifelter Ruf: Hilfe, wo bleibt das Geld(!) entwickelte sich jedoch während des Transits zu einem spirituellen Umgang mit dem Geld. Ich habe langsam gelernt, in das Fließen zu vertrauen.

RÜCKLÄUFIGER NEPTUN IN KONJUNKTION ZU JUPITER (SEPTEMBER) DAS WEGKREUZUNGSRITUAL

Ich begriff, dass mich Jammern nicht weiterbrachte, sondern meinen Zustand nur verschlimmerte. Mir kam plötzlich der Gedanke, dass es sich auch um eine befreiende Situation handeln könne. Ich versuchte, zu sehen, was wirklich anstand: Ich befand mich an einer Wegkreuzung. Jetzt half mir mein Wissen aus den Jahren in der Frauenbewegung weiter. Ich erinnerte mich an die dunklen Göttinnen, wie Hekate und die Baba Yaga. Es kam mir vor, als müsse ich tief in meinen eigenen Keller hinunterfahren und der dunklen Göttin begegnen, zerrupft werden, eine Entscheidung treffen, um mich dann wieder neu zusammenzufügen. Ich beschloss, ein Wegkreuzungsritual durchzuführen:
    Ich ging in den Wald mit Mehl, Körnern und Getreide, die ich Hekate opferte. Ich trug ihr mein Anliegen und die Problematik vor und tanzte in Spiralen, einwärts und wieder auswärts. Ich rief Hekate und bat sie um ihre Unterstützung auf meinem Weg. Ich wollte eine neue Richtung finden. Ich teilte der dunklen Göttin mit, dass diese nicht unbedingt bequem sein musste (denn das Bequeme war eh schon verloren). **Ich wollte das Richtige und Authentische für mich finden.** *Die Antwort kam nicht gleich, sondern kristallisierte sich allmählich heraus. Ich erinnerte mich an frühere Wegkreuzungssituationen, die mit Entscheidungen verbunden waren und auch daran, dass problematische Situationen oft auch wie Befreiungsschläge wirken können. Ich erinnerte mich auch daran, dass ich bisher gut damit gefahren war, wenn ich Vertrauen in die Kraft der Hekate zeigte und authentisch blieb. Immer, wenn ich diese Richtung eingeschlagen hatte, waren mir Sieben-Meilen-Stiefel verliehen worden, auch wenn es bisweilen schwierig wurde.*

Cambra kann die Saturn-Qualität nutzen und die im inneren verborgene Weisheit erkennen, indem sie das Ritual durchführt. Der rückläufige Neptun stand annähernd in Konjunktion zu Jupiter, und so kann sie tief in ihr Selbst hineintauchen und vielleicht dem Ritual besondere Kraft verleihen. Ihr gelingt es auch, Erfahrungen aus der Vergangenheit mit ihrem jetzigen Zustand zu verbinden und daraus Kraft und Mut zu schöpfen (Saturn).

RÜCKLÄUFIGER SATURN OPPOSITION SONNE-NEPTUN-KONJUNKTION
BEWUSSTER VERZICHT UND ENTSCHEIDUNGEN

Mir war jetzt klar, dass das bisherige Unterrichten unverhältnismäßig viel Energie von mir band. So beschloss ich, für das neue Semester im März 2000 wirklich nur noch einen Tag in der Woche zu unterrichten. (Neuer Zyklus nach dem Transit.) Ich verzichtete gleichzeitig auf das Geld und die Institutsleitung. Diese Entscheidung brachte auch gleich ein befreiendes Gefühl mit sich: Ich konnte meine Position als Dozentin ausüben, ohne Machtkämpfe und besondere Verantwortung zu tragen. So begann ich, auch meine Unterrichtsinhalte so zu verändern, dass sie zu freien Projekten und Kunst wurden. Ich wollte nicht mehr Konzepte mittragen, hinter denen ich nicht stand.

Mein Rückzug am Institut hat damals große Betroffenheit ausgelöst, weil ich auch mit meiner Energie weniger zur Verfügung stand. Während des gesamten Saturntransits wurde ich immer kompromissloser bzw. verabschiedete mich von den ,faulen' Kompromissen.

Mir wurde immer klarer: Ich möchte meinen Künstlerinnenweg gehen, mit Bildern und Ausstellungen.

*Dann traf ich eine weitere, mutige Entscheidung: **Ich stehe zu meiner feministischen Kunst.** Damit verbunden war das Risiko, dass ich mich möglicherweise aus dem Kunstmarkt herauskatapultierte, da es schwieriger werden würde, ein Publikum zu finden. Da es aber authentisch war und „meins", wollte ich mein beim Ritual gegebenes Versprechen halten. Bis heute habe ich diese Richtung beibehalten und der Erfolg hat sich glücklicherweise auch eingestellt.*

SATURNALE EINSICHTEN UND GEWINNE

Die Wegkreuzungserfahrung hat mir noch einige weitere Einsichten beschert: Wenn ich dastehe und mich über Geld- und Sicherheitsdenken hinaus dafür entscheide, den vermeintlich komplizierteren, aber authentischen Weg zu gehen, birgt dies einen unendlichen inneren und äußeren Gewinn in sich. Ich habe bisher keine Bruchlandung damit erfahren. Es dauert zwar eine Weile, bis sich der Weg herauskristallisiert, aber dann beginnt auch das Geld zu fließen, und ich werde getragen. Das Getragensein stabilisierte sich sogar noch. Ich lernte einfach, umzudenken: Das Sicherheitsbedürfnis bezüglich Geld wird zu einem spirituellen Umgang mit Geld: Zum Vertrauen, dass es schon kommt, während ich mich authentisch weiterentwickele. So entsteht eine große Leichtigkeit, die bis heute anhält.

DRITTER TRANSIT: NEPTUN OPPOSITION SONNE-NEPTUN-KONJUNKTION
EIN WEITERER VERLUST

Im Dezember verlor Cambra eine vermeintlich wichtige Ausstellung, mit der sie gerechnet hatte, und der damit verbundene Frust verwandelte sich ebenfalls in eine positive Saturn-Erfahrung.

Ich hatte bisher wenig Eigeninitiative für Ausstellungen entwickelt und diese nur spärlich organisiert. Durch den Geldmangel war ich jedoch aufgerufen, von mir aus aktiv Ausstellungen auszusuchen.

Eine große und erfolgreiche Ausstellung wurde mir im Januar angeboten, sie hieß „Töchter der Mondin". Ich habe dort viele wichtige Kontakte geknüpft und meinen neuen Künstlerinnenweg eigentlich dort eingeleitet. So lernte ich, mich mit meiner Situation auszusöhnen. Ich habe das als Schub und etwas besonders Kostbares angesehen, und dann reagierte die Außenwelt darauf. Darüber hinaus wurden mir kurze Zeit später verschiedene tolle Ausstellungen angeboten.

Saturns Lektion ist abgeschlossen: Ein neuer Zyklus wird eingeleitet

Mein Buch „Töchter der Mondin" (nach der damaligen Ausstellung benannt) berichtet von den Erfahrungen, die ich in der Zeit an der Wegkreuzung gesammelt habe. Die Themen und Bilder wurden immer klarer, und die Texte kamen wie von selbst. Es beschreibt einen neuen Zyklus, das Hineinwachsen in einen neuen Tanz. Hierin wachsen meine Kunstform und meine Lebensform zusammen. Viele Bilder sind aus Ritualen mit Frauen entstanden, aus Begegnungen und Erfahrungen in der Wildnis, mit Frauen und den Jahresfesten. Diese Verbindung wird im Buch sichtbar. Die Geschichten erzählen davon. Die darin enthaltenen Bilder sind deren bildhafte Umsetzung.

Die innere Krise hat zur Entscheidung geführt, authentisch zu sein, als Künstlerin zu leben und mich zurückzuziehen. Ich habe daraufhin die Inhalte geändert und konnte so Frieden mit meiner Geschichte schließen.

Authentisch Sein

So änderten sich auch meine Bilder:

Vor der Saturn-Krise hatte ich für den patriarchalen Kunstmarkt gemalt. Meine Bilder beinhalteten viel Text, waren sehr verschlüsselt, kodiert und abstrakt. Sie enthielten weit weniger Frauenthematiken, auch weniger Farben. Mir wurde bewusst, dass ich als Kind viel Farbe zum Malen genommen habe. Während des Studiums wurden meine Bilder immer mehr schwarz-weiß, härter, kontrastreich, suchten die Konfrontation. Ich habe mich zurückbesonnen, und dadurch wurde meine Malerei ganzheitlicher.

Immer wichtiger ist es für mich, meine Kunstform mit meiner Lebensform zu verbinden. Ich möchte nichts Abstraktes mehr, sondern aus dem Leben malen. Die Kunst und der kreative Ausdruck werden zum magischen Akt, so wie ganz früher. Es ist, als ob mein inneres Kind jetzt wieder mit malt, und dabei kann ich auch das Urahninnen-Wissen miteinbeziehen. Während des Studiums hatte ich nicht das Gefühl, aus alter Quelle zu schöpfen, jetzt ist die Malerei verbunden, und daraus entsteht ein wunderbares Gefühl des Verbundenseins. Als Kind habe ich auch beim Malen „geknarzt" und gesummt und bin dabei wie in eine Art Trance gefallen. Dabei konnte ich stundenlang Blätter bemalen. Dieses „Ritual" habe ich mir jetzt bewusst zurückgeholt und kann damit den tranceartigen Zustand wiederbeleben. Es ist, als ob mein Malen nichts mehr mit dem Malen vor der Wegkreuzung *zu tun hat. Zuvor war es nicht beseelt, vielleicht technisch gut, vom Kopf her konstruiert, aufgesetzt. Es geschah für die Bewertung anderer, deren Kritik mich beim Malen begleitete. Die Leitmotive der Profs, wie: „Kunst muss provozieren", schienen über mir zu schweben. Meine Meinung war nicht klar. Durch die neue Entscheidung, authentisch zu sein, verlor ich diese Eingaben. Zuvor war ich angreifbar und verletzbar, da mein Erfolgsgefühl schnell durch Kritik verpuffen konnte, denn meine Kunst war substanzlos. Jetzt ist sie tragend, bleibend. Mit Kritik kann ich viel besser umgehen. Ich spüre: Diese Arbeit ist nicht schlecht, der Andere hat nur eine andere Sicht. Meine Kunst sagt etwas über meinen inneren Stand aus, und das ist weder gut noch schlecht. Jetzt bin ich sicher in meiner Sache und meinem Weg. Kritik hat keine Bedeutung.*

Nun bewirkt die befreite Saturnenergie, dass sich die Erfahrungen aus der Kindheit und aus dem gesammelten Wissen der Vergangenheit mit der Gegenwart verbinden können. Die Entscheidung zum Authentischsein führt dazu, dass nun sowohl das innere Kind als auch das Urahninnenwissen mitmalen können und eingegliedert werden - was Cambra das Gefühl des Rundseins, Ganzseins gibt. So entsteht eine Malerei, die in das Ritual mit eingebaut ist, die Sonne-Neptun-Konjunktion findet jetzt eine ganzheitliche Ausdrucksweise, die aus einem tiefen, fast tranceartigen Zustand geboren werden kann und gegenwärtige Erlebnisse verarbeitet:

Die weibliche Lebenskunst ist mein Thema, das Wissen und die Künste der alten Frauen. Ich entdecke meine Geheimnisse wieder. Daraus entstehen die Bilder. Das, was ich lebe und erlebe, zeigt sich in den Bildern, deshalb spiegelt das Ganze das Getragensein. Es wird rund und wächst zusammen. Mein Weg in der Frauenbewegung ist alt. Der künstlerische Weg auch. Bloß waren beide zuvor nicht verbunden. Jetzt sind die kreativen Inhalte und Lebensformen verbunden, unabhängig davon, ob sie auf dem Kunstmarkt Anerkennung finden oder nicht. Das Geld ist unwichtig, ich habe mich von den Bewertungskriterien befreit. Die Verbindung macht rund.

ZUSAMMENFASSUNG DER ZEIT DER WEGKREUZUNG, DES SATURNTRANSITS

Als passendes Bild fällt mir ein: Baba Yaga verbrennt mit ihrem gleißend hellen Licht alles Unwesentliche. Das ist zwar ein heftiger Prozess, jedoch zeigt sich danach das, was Bestand hat, das Wesentliche. Aus diesem entsteht das Gefühl, wieder da zu sein, und Neues kann aus dem Alten wachsen. Durch die Annahme meiner Situation entstand die Veränderung, auch Demut meiner eigenen Geschichte gegenüber und Hingabe an die dunkle Göttin. Aus dem Verzicht auf die Anklage: „Wie können sie nur..." entstand ein Biss, der heilsam war, und daraus das Getragensein. Ohne Jammern anschauen, was ist - das scheint mir der Weg zu den Geschenken der saturnalen Wegkreuzungszeit sein.

Saturn Konjunktion Saturn - eine frühere Wegkreuzung

Damals begann meine erste ernsthafte Beziehung. Es ging auf das Studienende zu, und ich zog in Erwägung, noch ein weiteres der Ethnologie hintendran zu hängen, weil mich der Gedanke der Arbeit erschreckte. Jedoch begannen mich meine Freundinnen aufzuwecken, die mich ermahnten: Willst du nicht einmal erwachsen werden? So beschloss ich, keine Festanstellung zu suchen, da ich mich niemals in die Hierarchie und Strukturen einer festen Arbeitsstelle hätte einfügen können, sondern entschied, freischaffend zu werden. Auch damals wollte ich keine Kompromisse machen, bloß hatte das „Wie" noch keine Form. So kam damals die Dozentinnenstelle auf mich zu als Absicherung. Außerdem nahm ich an einem künstlerischen Weihnachtsmarkt teil. Es war das erste Mal in meinem Leben, dass ich über die Kunst genug Geld verdiente, um davon leben zu können. Jetzt, heute, bin ich einen Schritt weiter.

Die Geschenke der Wegkreuzung

An dieser Geschichte lassen sich die Erfahrungen, die unter dem Einfluss der Saturnenergie gemacht werden können, sehr schön ablesen:

Zuerst zeigt sich im Konflikt eine Situation, die letztendlich Wachstum beinhaltet. Zwei Umzüge stehen an, der Umzug des Instituts und der private. Die Verhältnisse sind zu eng, und wie so häufig bei Saturntransiten wird auch das Geld knapp, und damit wächst die Angst, die dann zu einer Entscheidung „zwingt". Die erste Entscheidung, welche die Entwicklung einleitet, wird von Außen an Cambra angetragen. Sie verliert einen Tag Unterricht. Sie kann dagegen „nichts tun" und muss sich mit dem Verlust arrangieren. Saturn beschränkt erst einmal und reduziert, um die anstehende innere Entscheidung herauszufordern. Cambra wird sich darüber bewusst, dass sie an einer Wegkreuzung steht, die eine sehr kostbare Qualität in sich tragen könnte. Sie verstärkt diese Bewusstheit durch das Wegkreuzungsritual. Sie verzichtet freiwillig auf die finanzielle Absicherung, die ihr die alte Dozentinnenstelle bietet, und auf eine Position, die mit „äußerlicher" Macht und Anerkennung verbunden ist (die stellvertretende Institutsleitung). Dadurch findet sie tiefer in ihren eigenen Weg. So kann sie frei werden, neue Entscheidungen zu treffen. Saturn lehrt auch das Annehmen, das Sehen, den Klarblick. Kann ich meine Situation erkennen, kann ich auch Entscheidungen treffen, um darüber hinauszuwachsen. Die Entscheidung, authentisch zu sein, führt in die eigene Mitte (Sonne), und die Entscheidung, das Malen mit dem alten Urahninnenwissen und dem inneren Kind und den Erfahrungen aus der Gegenwart zu verbinden, führt dazu, das Cambras Kunstform und Lebensform zusammenwachsen können und sich daraus ein fast zeitloser Charakter ihrer Bilder ergibt (Neptun).

Die Saturnenergie kann sich jetzt zu dem Gefühl entwickeln, getragen zu sein. Die Sicherheit wird nicht mehr im Außen gesucht, Cambra verzichtet ja nicht nur auf die halbe Dozentinnenstelle, sondern auch darauf, „für den Kunstmarkt mit seinen Bewertungen" zu malen. Sie kommt jetzt von innen, aus dem Authentischsein und dem wahren Ausdruck persönlicher Erfahrungen. Das Leben (die saturnalen Strukturen des Lebens) trägt jetzt Cambras Entscheidung. Sie braucht der finanziellen Absicherung und der Anerkennung nicht mehr hinterherzulaufen, da sie beides nicht mehr im Außen festlegt, sondern jetzt kann beides zu ihr kommen, weil sich ihr Verständnis darüber von innen heraus ausdrückt. So hat sich das Zerpflücktwerden im Kellerraum gelohnt. Auf das Wesentliche reduziert steht eine Entscheidung an. Weil sie richtig war, kann sich daraus innere Stärke und neues Wachstum bilden, ein neuer Zyklus eingeleitet werden. Verbunden sind jetzt Lebensaspekte, die zuvor nicht zusammenkamen, die Erfahrungen in der Frauenbewegung wachsen mit dem künstlerischen Ausdruck zusammen, und die Erinnerung an das kindliche Malen mit dem Urahninnenwissen. Jetzt sind alle wichtigen Lebensaspekte Cambras verbunden, d.h. die Saturnenergie ist jetzt mit organischem, ganzheitlichem Wachstum vergleichbar. Alle Persönlichkeitsanteile streben in die gleiche Richtung, und so kann die Saturnenergie nun ihr Geschenk entfalten: Das Getragensein, das sich aus dem Gefühl der Ganzheit entwickelt und aus dem Verzicht auf die „falsche" Sicherheit.

—*Cambra: 03. 11. 1964, Freising, 02h45m MEZ*

Erlebnisbericht
Saturn Konjunktion Venus

ABSCHIED VON DEN EINSAMEN WÖLFEN

Der Transit der Betroffenen erstreckte sich über einen Zeitraum von einem dreiviertel Jahr. In dieser Zeit lernte Anne ein altes Beziehungsmuster kennen und allmählich verabschieden.

ERSTE AUSLÖSUNG
SATURN KONJUNKTION VENUS (ZWILLINGE) IM TRANSIT

Ende August 2001 besuchte ich ein Seminar, bei dem auch viele Partnerübungen durchgeführt wurden. Eine für mich wichtige Schlüsselszene ereignete sich wie folgt: Wir wurden aufgefordert, uns einen passenden Partner für eine Übung zu suchen. Das Thema der Übung hieß: „Sich auf den Anderen einlassen - wie kann man harmonisch miteinander sein." Ich wählte einen Teilnehmer, den ich auch ansonsten interessant fand und fragte ihn, ob er die Übung mit mir machen wolle. Er lehnte nicht ab, und schon saßen wir zusammen vor einem leeren Blatt Papier, auf dem wir gemeinsam ein Bild malen sollten. Einer von beiden Partnern sollte das Bild anfangen zu malen und der andere sollte es dann, nachdem er sich damit auseinander gesetzt hatte, fortsetzen.

Schon gleich zu Beginn merkte ich, dass mein Partner nicht bereit war. Er schien mit sich selbst beschäftigt, nicht bei mir. Ich spürte das und zog darauf auf dem Blatt, das ich angefangen hatte zu bemalen, eine scharfe Linie zu ihm hin. Damit wollte ich ausdrücken, ich möchte mit dir in Kontakt treten, und die Linie erschien mir symbolisch als der direkteste Weg. Er wiederum reagierte darauf beleidigt und fühlte sich sogar angegriffen. Das wiederum stürzte mich zunächst in Hilflosigkeit und ihn anscheinend auch, denn er ließ alle Stifte fallen. Ich fühlte mich nun in einer misslichen Position und noch dazu schuldig. Für eine Weile geschah nichts und alles stagnierte. Er konnte nicht mehr reagieren, und ich fühlte mich durch meine Offenheit, die auf Zurückweisung stieß, wie bestellt und nicht abgeholt. Wir saßen da und waren verwirrt. Dann begann er lapidar an einer Ecke des Blattes irgendetwas zu malen. Mir erschien es zusammenhanglos - da es nichts mit unserem Kontakt zu tun hatte. Ich verlor damit die Lust, die Übung fortzusetzen. Auch er wollte nicht in den Kontakt treten. Zum Glück war jetzt der Zeitraum der Übung verstrichen. Übrig blieben in mir das Schuldgefühl und Verstörung.

In den kommenden Tagen hatte ich dann ausreichend Gelegenheit, das darunter verborgene für mich relevante Muster zu erkennen, das sich durch viele meiner bisherigen Beziehungen zog: Ich gehe auf jemanden zu, will den Kontakt, bekomme keine klare Antwort (z.B. hätte der zu der Übung ausgewählte Partner ja auch einfach ablehnen können, weil er offensichtlich nicht bereit war), kein klares Nein und setze dann aufgrund dessen mit einer weiteren Handlung, die den Kontakt sucht, nach. Weil ich so damit beschäftigt bin, den Kontakt zustande kommen zu lassen, übersehe ich dabei die Zeichen und Botschaften, die der Andere aussendet, und reagiere dann auch nicht darauf. Ich renne damit *praktisch beinahe blind in den Kontakt. Und fühle mich schlecht dabei, denn ich erreiche damit nichts. Ich merke: **Ich strenge mich zu sehr an für den Kontakt.***

*In einer ruhigen Minute fand ich einen sehr beruhigenden Satz in mir, den Entschluss: **Für die Liebe strenge ich mich nicht mehr an.** Der neue Entschluss wirkte sehr befreiend auf mich. Es war, als ob eine zentnerschwere Last von mir abfiele. (Seitdem bis zum heutigen Tag ist auch nicht mehr eine solch „anstrengende" Situation aufgetreten). Neue Erkenntnisse entstehen aus dem neuen Entschluss. **Ich möchte auch abgeholt werden. Ich brauche klare, eindeutige Zeichen.** Bisher übten anscheinend meine Wünsche und diffusen Träume über das, was ich mir erhoffte, stärkeren Einfluss auf mich aus als das, was ich wahrnehmen konnte vom Anderen, von den Zeichen, die mein Gegenüber aussendete. Selbst, wenn XY nicht bereit war, reagierte ich für ihn - zu schnell und zu früh. Ich schaute nicht darauf, was der andere aussendet - diese Erkenntnis trug mich für eine Weile.*

Kurze Zeit nach dem Seminar und der neugewonnenen Einsicht traf ich meinen langjährigen „Geliebten", den ich allerdings nur sehr selten sah. Aufmerksam beobachte ich mein „altes Verhalten", die Liebe zwingen zu wollen. (Es war ein letzter Ausläufer von Pluto Opposition Venus im Transit, der sich zu diesem Zeitpunkt abschloss). Als ich wieder nach Hause zurückkehrte, hatte ich eigentlich nur noch den starken Wunsch, meine Beziehungen auf dem neuen Weg, mit den neuen Entschlüssen zu vertiefen.

Anne hatte zur ersten Auslösung des Transits eine wichtige Facette ihres Lebens einfangen können, um damit Bewusstseinsarbeit zu leisten. Dank Saturns klarem Blick konnte sie erkennen, wo sie stand und ihre Wirklichkeit anerkennen. Zunächst schmerzte die Erkenntnis. Doch sie führte auch zur Auflösung einer Selbsttäuschung: Anne „sah", dass sie ihre Wünsche und Hoffnungen so stark auf den gewählten Partner projizierte, dass sie sich damit die Möglichkeit nahm, seine Wirklichkeit anzuerkennen und seine Zeichen zu empfangen und zu lesen. Sie hatte sich einen Partner für die Übung ausgewählt, der nicht für sie bereit war, der gar nicht in den Kontakt treten konnte oder wollte, da er viel zu stark mit sich selbst beschäftigt war. Trotz allem versuchte sie, sein Unvermögen zu „retten" und ganz direkt auf ihn zuzugehen. Darauf reagierte dieser mit Hilflosigkeit. Innerhalb dieses „zwanghaften" Musters konnte sich keiner der beiden mehr bewegen, und die Übung stagnierte.

Saturn zeigt hier auf eine beziehungsfeindliche Struktur, von der sich Anne nun ablösen kann, nachdem sie ihr bewusst geworden ist. Auch die Zwillingevenus meldet sich mit neuen Beschlüssen: Ich möchte mich für die Liebe nicht mehr anstrengen. Ich möchte abgeholt werden. Hier formuliert sich ganz klar das Bedürfnis nach Gegenseitigkeit und Freiwilligkeit.

Im November, zur zweiten Auslösung von Saturn Opposition Venus, merkte ich deutlich, dass die Trennung von meinem „Geliebten" anstand. Ich nahm zusätzlich deutliche Zeichen wahr, dass er nicht mehr bereit war. Trotz allem verbrachten wir noch ein weiteres Seminar zusammen, und er sprach letztendlich dort die Trennung aus. Mir war es bis zu diesem Zeitpunkt noch nicht selbst möglich. Obwohl die Trennung mit Schmerzen verbunden war, konnte ich eigentlich gut damit umgehen, denn es gab keinen anderen Weg, der in Zufriedenheit und den gegenseitigen Austausch geführt hätte, den ich jetzt suchte. Ich war in gewisser Weise über das alte Muster hinausgewachsen.

An dieser Stelle in Annes Leben fokussieren wir auf das innere Erleben. Eine innere Szene zeigte sich in Bildern, wobei ein großer, schwarzer Stein Annes familiäre Küche vereinnahmte und verhinderte, dass sie mit ihrem Lebenspartner, mit dem sie auch zusammen lebte, kommunizieren oder ihn sehen konnte. Jeder musste um den Stein herum laufen, und deshalb konnte kein Kontakt zustande kommen. Der Stein repräsentierte für Anne die Zwangsstruktur in der Beziehung, das MUSS, auch die Angst, die daher rührte, dass, wenn einer sich innerhalb der Beziehung bewegte, alles, auch die Familie zusammenbrechen könnte. Kaum war dieser Stein am richtigen Ort, im nahe liegenden Park als Monolith errichtet, füllte sich die Küche mit Licht und konnte grundlegend renoviert werden. Der Schlüsselsatz bildete sich: **Alles darf leichter werden.** Dieser Satz brachte dem ganzen Körper Erleichterung. Mit ihm ist vieles möglich, vor allem, die lebendige Bewegung und der damit verbundene offene, interessierte Kontakt.

Wie so oft beim Kontakt mit inneren Bildern, die bewegt werden und in den Fluss kommen, führten die innerliche Umorientierung und die Beseitigung des Steines zur Eröffnung von neuen Möglichkeiten.

Für Anne ändert sich in den kommenden Monaten vieles. Zum einen wird die Beziehung zu ihrem Partner und Vater ihres Sohnes leichter, und jetzt können auch Pläne geschmiedet werden, wie ein fruchtbares Zusammenleben aussehen kann, dem die Enge des Zwanges fehlt. Die Beziehung brauchte eine neue Struktur, damit verbunden auch einen neuen Wohnraum, der anders aufgeteilt ist, als die alte enge Wohnung.

Körperlich empfindet sich Anne mittlerweile auch zu schwer. Sie macht mit bei einer Weightwatcher-Gruppe und nimmt ganz zwanglos, spielerisch und mit viel Spaß von Februar bis Juni 10 kg ab. Die Schwere der alten saturnalen Überlebensstrategien verlässt nun auch den Körper und weicht einer neu gewonnen Leichtigkeit, die durch allmähliche, kontinuierliche Veränderung der Gewohnheiten zunimmt.

Besonders gut hat mir an der Gruppe gefallen, dass sie als freiwilliger Zusammenschluss stattfand, bei dem alle profitieren konnten. Wir wollten alle dasselbe, nämlich leichter werden, und halfen uns gegenseitig. Das erfolgreiche Resultat brachte natürlich auch ein Geschenk mit sich: Die alten Sachen passten nicht mehr, und ich kaufte mir fröhlich Neues.

Beim dritten Transit Saturn Konjunktion Venus werden dann die neuen Weichen gestellt.

Ich habe das Gefühl, auf allen Ebenen Gewicht verloren zu haben. Eine Zentnerlast ist von mir gefallen, bzw. ich habe sie mir mit kontinuierlicher Beharrlichkeit und Ausdauer abgearbeitet. Mein Partner und ich sind uns einig und klar, wir wollen nicht mehr zusammen leben in der Enge der Wohnung, aber in der Nähe bleiben, jeder in abgeschlossenen Bereichen, jedoch so, dass Kontakt möglich ist und die Familie erhalten bleiben kann, ohne zusammenzubrechen. Wir finden ein Haus mit drei kleinen Appartements (für unseren Sohn und jeden von uns), in dem auch Platz ist zum Arbeiten. Hier haben wir die derzeit beste Lösung für unsere Beziehung gefunden: Wir können nah sein, aber mit Eigenleben. So kann die Angst, dass die Familie stirbt, überwunden werden. Wir halten zusammen, aber mit mehr Eigenleben und mehr Freiraum als zuvor.

Die neue Perspektive führt zur allgemeinen Bereicherung: Wir unterhalten uns jetzt freundlich, empfinden unser Zusammensein als nett, angenehm, weil jetzt Freiraum da ist für alle. Ich brauche mich nicht mehr anzustrengen, und daher fallen auch viele Zwänge weg. Der Kontakt ist auf freiwilliger Basis. Das Zwanghafte scheint verschwunden. Wir haben eingesehen, dass wir uns mit der alten Enge übernommen haben. Bei mir fällt das MUSS weg und damit auch meine Zickigkeit, der Gerechtigkeitsfanatismus und das damit verbundene Aufrechnen.

Ich entwickle ein ganz neues, schönes Körpergefühl. Fühle mich schön, für mich, ohne mich auf Männer richten zu müssen. Mein ganzes Lebensgefühl wird leichter. Jetzt bin ich auch bereit, die neu gekauften Kleider zu tragen. Es überwiegen die Rosatöne derzeit.

Ingesamt ist mein ganzes Lebensgefühl leichter geworden. Ich bin im Moment nicht scharf auf eine Beziehung. Wenn sich noch einmal ein neuer Anfang ergeben sollte, dann wünsche ich mir, dass er mir freiwillig entgegengebracht wird. Ich fühle mich im Moment mir selbst genug, frei und alleine, und genieße den Freiraum, den ich mir geschaffen habe. Ich ertappe mich dabei, wie ich locker und offen in die Welt blicke. Ich muss nichts verhindern, aber auch nichts herbeisehnen und kann so bei mir sein und bleiben. Ich brauche mich nicht mehr zu verbiegen, weder weg, noch hin. Das empfinde ich als wunderbaren Zustand, in dem Raum und Offenheit anzutreffen ist. Ich empfinde richtige Dankbarkeit für diesen Transit.

Das verinnerlichte Muster aus der Kindheit, das eine saturnale Umstrukturierung erfuhr, beschreibt Anne wie folgt:

Es erinnert mich an einsame Wölfe, denen ich hinterrennen, die ich einfangen muss. An einsame Wölfe kann man sich andererseits niemals anlehnen. Mein Vater war auch so. Eine Sekunde Liebe war ein Sieg, der errungen werden musste. Dafür tut man als Kind alles. Jedoch ist damit eine enorme Anstrengung verbunden und auch der „Lohn" nur gering. Um den einsamen Wolf aufzulösen, brauchte ich den Satz: **Ich strenge mich nicht mehr für die Liebe an**. Und die Erkenntnis: Dafür ist die Liebe nicht da.

Auch können nun meine damit verbundenen Schuldgefühle geheilt werden, denn eigentlich fühle ich mich schuldig, wenn der ersehnte Kontakt nicht zustande kommt. Ich habe dann das Gefühl, etwas falsch gemacht zu haben, vielleicht zu offen oder aufdringlich zu sein. Aber der Abschied von den einsamen Wölfen bringt mit sich, dass ich mich frei fühlen und auch anderen größere Freiheit gewähren kann.

Vielleicht bin ich gar nicht für eine monogame Beziehung geeignet. Derzeit bin ich neugierig und offen. Ich habe noch nicht die richtige, passende Form gefunden, aber ich bin auch bereit, sie sich entwickeln zu lassen.

Anhand der beschriebenen Entwicklung kann man ablesen, wie Saturn die Beziehungsfähigkeit der Zwillingevenus klärt und verbessert. Für Anne hieß es Abschied nehmen auf mehreren Ebenen. Zunächst vom langjährigen, unerfüllenden Verhältnis „in der Ferne", das sich in der Nähe nicht bewährte. Dann von ihrer gewohnten Familienstruktur, die sich ebenfalls überlebt hatte. Auch von ihrem Körpergewicht und von Träumen und Wünschen, die eine klare Sicht der Wirklichkeit verhinderten.

Saturnale Erkenntnisse sind häufig mit Schmerzen verbunden. Jedoch trennt sich eine „falsche, zu enge" Sichtweise, die, sobald ihr Bewusstheit verliehen wird, zur Wandlung bereit ist. Die Liebe zum Vater hatte das innere Kind Annes zur Bescheidenheit „erzogen", es hatte gelernt, mit wenig zufrieden zu sein, und dafür enorme Anstrengungen zu leisten.

Später strengte Anne sich in jeder Beziehung auf ähnliche Weise an und übersah dabei sogar bisweilen den Partner bzw. dessen Aussagen und Zeichen. De Zwillingevenus hatte sich nicht die „Freiheit" *in* der Beziehung, sondern von der Beziehung „erschwindelt", indem sie sich entweder weit entfernte oder anstrengende Partner suchte. Dabei kam allerdings der ersehnte leichte, selbstverständliche und fröhliche Austausch, den diese Energie braucht, nicht zustande. Mit dem Saturntransit konnte dann die einfache Wahrheit wieder gefunden werden: Auch der Andere kann sich auf mich zu bewegen, und dann kann ich ihn auch wahrnehmen. Sicherlich sind die neuen Partner von Anne anders als die alten. Wahrscheinlich zeigen sie Interesse und Anteilnahme... Wahrscheinlich wird auch die familiäre Situation viel bunter und belebter sein, denn die neuen Sätze werden weiterhin ihre Wirkung zeigen.

Saturnale Arbeit ist in gewisser Weise Arbeit mit den inneren Glaubenssätzen. Denn in Wirklichkeit ist das, was uns begegnet, ja tatsächlich nur ein Abbild eben dieser inneren Glaubenssätze. Jeder tief gefasste Entschluss bewirkt eine Art Magnetismus - der eine Wirkung auf das Außen hinterlässt.

—*Anne 10. 05. 1954, Köln, 09h16m MEZ*

Erlebnisbericht
Saturn Konjunktion Stiersonne

Jedes Mal, bevor ich eine neue Seite in meinem Leben aufschlagen konnte,
musste ich vorher eine schwierige Zeit der Depression durchleben."

—Charlotte Brontë

Anna S., Diplompädagogin, berichtet:

Ich habe schon sehr oft in meinem Leben die Stelle gewechselt. Meine damalige Arbeitssituation als Pädagogin im Schülerladen erfüllte mich nicht mehr. Eine innere Stimme meldete sich ziemlich lautstark. Ich fühlte mich **unterfordert** *und wusste, dass ich mehr kann, als derzeit von mir gefragt wurde. Fast hatte ich das Gefühl, noch etwas anderes tun zu* **müssen** *mit der* **inneren Gewissheit***, dass das, was mir das Leben derzeit spiegelt, unmöglich alles gewesen sein kann. Ich handelte also* **konsequent** *und kündigte, ohne jedoch Klarheit darüber zu haben, was anders werden sollte. Während meiner letzten Tage im Schülerladen führte ich ein längeres Gespräch mit einer Mutter, die mir erzählte, es gäbe jemanden, der eine wissenschaftliche Mitarbeiterin für den Bereich Vereinbarkeit von Beruf und Familie suchte. Im Nachhinein denke ich,* **dass ich diesen für mich so bedeutenden Hinweis nur empfangen konnte, weil ich zuvor die richtige konsequente Entscheidung getroffen hatte und von daher auch offen war.** *Mir war, als hätte ich dieses Angebot auf irgendeine Art selbst inszeniert.* **Die Idee war geboren und ließ mich von da an nicht mehr los.** *Ich spürte eine innere Begeisterung und hatte das Gefühl, jetzt auf dem richtigen Weg zu sein.*

Trotz allem war nun noch ein gewisser Zeitraum zu überbrücken, denn die wissenschaftliche Stelle ließ auf sich warten. Als Übergangslösung und zur existenziellen Absicherung nahm ich eine Bürostelle an, von der ich annahm, dass sie mir mit wenig zeitlichem Aufwand das entsprechende Geld für meinen Neubeginn zur Verfügung stellte. Doch ich hatte mich schlichtweg verrechnet. Der neue Job entpuppte sich für mich als kräftezehrend, belastend, chaotisch, er forderte meine Zeit und meine Person in einer Weise, wie ich es mir nicht hätte träumen lassen. Mir blieb keine Energie für irgendetwas anderes. **Ich wusste, mir blieb keine Wahl, auf irgendeine Art hatte ich vielleicht diesen Weg gewählt, um mir selbst zu beweisen, dass er falsch war - ich musste auch hier wieder kündigen, denn er führte mich zu weit weg von meiner ursprünglichen Entscheidung.**

Die wissenschaftliche Stelle allerdings hüllte sich weiterhin in Ungewissheit. Trotzdem kündigte ich erneut. Die in Aussicht stehende Assistentenstelle kam mir jetzt vor wie ein Anker, an dem ich mich festhielt, denn sie konfrontierte mich innerlich immer wieder mit dem neuen Thema und festigte es damit **in der Zeit des Wartens** *- aber eigentlich hatte ich mich auch so entschieden: Ich wollte diesen Weg „Vereinbarkeit von Beruf und Familie" weiter verfolgen, egal, was geschah. Da wurde mir klar, dass ich versucht hatte, den Wechsel in meinem Leben zu vollziehen und gleichzeitig meine Existenz abzusichern, was mich aber eben in diesen 60stündigen Bürojob geführt hatte - dieser Weg war falsch.*

An diesem Punkt meines Lebens hatte ich zum ersten Mal nichts. Keine Assistentenstelle und auch keine finanzielle Sicherheit durch einen Kompromiss, den ich nun nicht mehr bereit war zu schließen.

Dann sollte die Assistentenstelle beginnen, der Bürojob war gekündigt, und ich stand im April 2001, weil die Stelle doch nicht zustande kam, vor dem Nichts. Im Mai eskalierte dann meine innere Situation.

Ich fühlte mich leer, in einem Vakuum, ohne Halt und hatte den Boden unter den Füßen verloren. Mein altes Leben war vorbei - und das neue ließ auf sich warten. Existenzielle Ängste manifestierten sich bis zur Panik, und die Verzweiflung nahm überhand. Trotz allem verspürte ich seltsamerweise **ein bisher unbekanntes Vertrauen** in mir, auf dem richtigen Weg zu sein. Dessen war ich mir sogar sicher. Manchmal schien diese Sicherheit sehr klein, von Ängsten und Zweifeln nahezu erstickt, manchmal wuchs sie und konnte Licht in die dunklen Schatten der Ängste und Zweifel bringen - ich hatte allerdings über den Verlauf meiner inneren Gefühle zu diesem Zeitpunkt **wenig Kontrolle**. Weiterhin versuchte ich, meinen Weg zu finden, durch unzählige private Gespräche und indem ich mich an öffentliche Institutionen wandte und nach konkreten Informationen suchte, die mich weiter bringen sollten. Eine Art wilder Aktionismus entfaltete sich in mir, ich war zu einem Heimbüro geworden, das nun mir dienliche Informationen verwaltete. Ich handelte weiter im Außen und **versuchte, eine neue Struktur zu finden**, die mich halten konnte und zu meinem inneren Wunsch passte. Dadurch wurde ich mit vielen Ideen und Möglichkeiten konfrontiert und gewann allmählich meine **Klarheit** zurück. **Ich sortierte aus**, was ich wollte und was nicht in Frage kam, welche Kompromisse ich bereit war einzugehen - und **legte so meine Grenzen neu fest**. Nahmen die existenziellen Ängste überhand, war die innere Stimme ganz leise - ich reagierte darauf mit meinem stiergemäßen Realitätssinn: Wenn tatsächlich alles eine Illusion ist, beruhigte ich mich, habe ich trotz allem noch genügend Möglichkeiten auf dem Arbeitsmarkt und kann jederzeit einen Bürojob finden - jedoch die konkrete Vorstellung, einen solchen anzunehmen, **schien mir einem inneren Tod gleichzukommen**. Mir war klar: Es gibt kein zurück mehr, wenn ich nicht jetzt meine Lebenssituation so ändere, wie ich es mir wünsche, dann werde ich es nie mehr tun und genau dieses immer bereuen, und ein wichtiger Teil von mir stirbt. Ich wusste auch, dass ich nie mehr den Mut haben würde, einen solchen Wandel durchzuführen. **Ich rechnete mir mein Alter aus** und beruhigte mich, es ist genau richtig für die Art von Beratungstätigkeit, die ich mir wünsche, es war wie eine Art Motivationsmotor.

Betrachte ich den innerlichen Prozess, in dem ich mich befand, dann lernte ich in dieser schwierigen, mit Krisen behafteten Zeit, **meine innere Sicherheit gegen die äußere einzutauschen**. Ich war mir bewusst darüber, dass ich bisher zu stark im Außen nach Sicherheit suchte und ich sie dort nicht finden konnte. Früher hatte ich das Gefühl, zentriert zu sein, und dieses Gefühl erstreckte sich auf den Brust- und Bauchraum. Jetzt, nachdem ich den neuen Weg verfolge und lerne, mich der damit verbundenen Ungewissheit zu stellen, finde ich in mir eine Art **Säule, die sich von Kopf bis Fuß erstreckt und sehr stabil ist**. Mit „Säulen" verbinde ich bestimmte Wertigkeiten in meinem Leben, die sich früher nacheinander anordneten: Partnerschaft kam an erster Stelle, gefolgt von Freunden, meiner Wohnung und Arbeit. Dann wechselten diese Wertigkeiten, mit der Entdeckung der fünften, meiner Kreativität. Ich hatte damit jetzt fünf Säulen nebeneinander angeordnet, die gleichwertig waren. Diese trugen ein Dach, eine Art altgriechisches Säulenportal, aus naturweißem, hel-

*lem, warmen Gestein, das die Sonne zu reflektieren vermag. Je nach Lebenssituation veränderten sich bisher diese Säulen, es gab lange und kurze, dicke und dünne, manche erreichten auch vorübergehend nicht das Dach, so dass vielleicht zwei das gesamte Gewicht tragen mussten... Während dieser Krise allerdings wurde mir bewusst, dass ich eine bestimmte Sicherheit immer im Außen gesucht hatte und sich dieses jetzt veränderte. Denn je mehr meine innere Sicherheit zunimmt, auf dem richtigen Weg zu sein, desto mehr werde ich zu **einer Säule**, die die fünf Einzelnen in sich vereint. Es ist, als ob ich die Säule finde, während ich sie in mir wachsen lasse. Gleichzeitig habe ich aber auch das Gefühl, dass meine zuvor verborgene innere Unsicherheit und Schüchternheit wächst, ich mich aber traue, sie auch zuzulassen - ich lerne, mich so zu nehmen, wie ich bin. Mein Weg ist klar. Ich habe mich zu einer Weiterbildung angemeldet, die mich meinem Ziel näher bringen wird, und auch ansonsten formieren sich allmählich eher organisch die „richtigen Strukturen", aus denen mein neuer Weg wächst.*

Als Saturn im Alter von elf Jahren das erste Mal in meinem Leben eine Konjunktion zur Stiersonne bildete, begann meine Mutter wieder zu arbeiten. Ich konnte damals sehen, wie gut ihr diese Entscheidung tat, und musste doch auf der anderen Seite feststellen, dass ich jetzt einiges vermisste. Zwar erfüllte meine Großmutter alle Aufgaben, so dass es mir „an nichts zu fehlen schien", ich finde in mir aber auch innere Bilder, die mich wartend am Fenster zeigen und unbestimmte Erinnerungen, für eine gewisse Weile doch verunsichert gewesen zu sein. Damals war ich mit dem Thema Beruf und Familie konfrontiert, und heute scheine ich mir dieses Thema wieder bewusst gesucht zu haben, um damit eine für mich und andere wichtige Aufgabe zu erfüllen. Jedenfalls erfüllt mich diese gewählte Aufgabe und gibt mir Kraft und die Gewissheit, auf dem richtigen Weg zu sein....

An diesem Beispiel lassen sich die einzelnen saturnalen Schritte des Transits gut ablesen. Saturn meldet sich zuerst mit einer inneren Unzufriedenheit und dem Gefühl von Begrenzung. Als die erste Entscheidung getroffen ist, folgt ihr der erste saturnale Hinweis auf dem Fuß und öffnet so die Idee zu einem neuen Weg, der vom Herzen (Sonne) begeistert als gut befunden wird. Im saturnalen Zwischenstadium formulieren sich die falschen Schritte klar und deutlich, es scheint um „Leben und Tod" zu gehen. „Entweder - oder" erscheint genau umrissen, und Anna sind auch die Konsequenzen einer für sie falschen Entscheidung bewusst. Die äußeren Sicherheiten, die sie aus Unsicherheit wählt, richten sich jetzt gegen sie und nehmen ihr die Kraft zum Atmen. Der stressige Bürojob entpuppt sich als Spiegelbild für die im Außen gesuchte, „falsche" Sicherheit. Mutig vertraut sie jedoch ihrem inneren „Wissen", ohne jedoch im Äußeren gleich auf sie haltende Strukturen zu treffen. Diese müssen sich erst in ihr selbst neu formulieren und bilden den mühevollen Prozess des Aussortierens und der Festlegung von neuen Grenzen. Das Warten, das die „saturnalen Zeiten" häufig begleitet, und die damit verbundene lähmende Leere überbrückt sie, indem sie sich sowohl im Außen als auch im Innen klärt - durch den Besuch der öffentlichen Stellen und private tiefe Gespräche. Je stärker sie sich auf die Ungewissheit des neuen Weges einlässt und gleichzeitig Abschied von behindernden Lebensvorstellungen (dem begrenzenden, zu engen Sicherheitsnetz) nimmt, desto mehr spitzt sich die Krise zu, denn nun kämpft Altes gegen Neues, das, ähnlich einem Neugeborenen, noch viel Schutz, Aufmerksamkeit und Fürsorge braucht, um zu wachsen - auch Zeit.

Der nächste saturnale Abschnitt heißt „Zweifel kontra innere Stimme" - sie besiegt ihn dadurch, dass sie einfach weiß, wenn sich jetzt nichts ändert, dann nie, und dann stirbt der lebendige, kreative Teil in ihr. Saturn ist hier wunderbare Lehrmeisterenergie, die die Spreu vom Weizen trennt. Und die innere Sicherheit wächst, während der äußere Halt zusammenzubrechen scheint. Auch reicht es anscheinend nicht aus, das Herzensthema Vereinbarkeit von Beruf und Familie auf wissenschaftlichem Wege zu bearbeiten, sonst wäre die Stelle sicherlich zustande gekommen. Saturn fordert auch die kreative, innere selbstständige Beteiligung. (Bist du wirklich bereit, alles dafür zu geben und den für dich passenden Weg auch alleine zu gehen?) Die Wertigkeiten können sich jetzt neu anordnen und sich sogar so vereinen, dass sie zur tragenden Säule der ganzen Person werden. Beste Voraussetzungen für eine kreative Beratungstätigkeit, die sich auf diese Art sowohl im Innen als auch im Außen entwickeln kann. Saturn hat die inneren Grenzen neu definiert und gleichzeitig heraus kristallisiert, welche Herzensaufgabe die Stiersonne wirklich erfüllen möchte. „Richtige Wege" erscheinen einem immer als Kraftzuwachs, für die man gerne Mühen auf sich nimmt, während falsche Wege eben genau die Funktion haben, einem die Kräfte zu rauben. Diesen Weg der Umformulierung hat Anna beschritten und dafür das Geschenk Saturns erhalten: Sie gestaltet nun ihre Sicherheit von innen heraus, wodurch im Außen die entsprechenden Strukturen eher organisch wachsen können. Sie bleibt bei sich, obwohl noch alles ungewiss ist, die lange vermisste innere Sicherheit in Form der heranwachsenden Säule und einer sich stetig entwickelnden Zuversicht und Vertrauen in den eigenen Weg - der sich vielleicht schon einmal formulierte, als sie 11 Jahre alt war und eine ähnliche Situation, allerdings damals als Betroffene erlebte. Jetzt hat sie die Möglichkeit, dieses zeitgemäße Thema mitzugestalten und anderen damit unterstützend, begleitend und anregend zur Seite zu stehen - in diesem Sinne ihre eigene Kreativität mit ihrer selbstgewählten Aufgabe zu verbinden. Sicherlich wird die neue Tätigkeit nicht nur die existenziellen Ängste beruhigen, sondern auch den übrigen Menschen erfüllen!

Anna ist zur aktuellen Situation gelassen und zuversichtlich. Innerlich hat sie ihre Entscheidung mit ganzem Herzen getroffen und ist auch bereit, wenn es das Leben von ihr fordert, einen Existenzgründungskredit aufzunehmen, sollte die Weiterbildung nicht hinreichend subventioniert werden. Ihre Risikobereitschaft gründet sich in dem wachsenden Vertrauen, das sich durch die zunehmende innere Sicherheit der gewonnenen Selbstständigkeit entwickelt. Wenn der Weg einmal klar ist, findet sich auch die passende Form der Unterstützung. Saturn ist das lebenserhaltende und strukturierende Prinzip, das sich aufgrund unserer inneren Glaubenssätze und Überzeugungen zu Situationen formiert, in denen wir diesen begegnen können. Die äußeren Umstände spiegeln immer unsere innere Einstellung wider. Vertrauen schafft vertrauensvolle Begegnungen, Großzügigkeit führt zum Erleben von Reichtum, und innere Sicherheit lässt uns im Leben Wurzeln schlagen, die uns auch mit der richtigen Nahrung versorgen. Ein erfüllter Beruf ist auch gleichzeitig eine innere Berufung. Folgen wir dieser mit der nötigen Konsequenz und lassen uns dann ganz ein, kann eigentlich gar nichts schief gehen, wenn erst mal die innerlichen Hürden und Hindernisse überwunden sind. Innere Sicherheit scheut sich auch nicht, zuzugeben, wenn hier und dort immer wieder Hilfe auf dem Weg benötigt wird. Denn um wirklich zu wachsen, lehrt Saturn, brauchen wir uns selbst UND den Austausch mit anderen. So entsteht ein Gesamtgefüge, in dem jeder Einzelne sich nicht vor seiner Eigenverantwortlichkeit scheut, aber auch die anderen in ihrer Kompetenz anerkennt. Dieses Gesamtgefüge ist kein künstlich geschaffenes Konstrukt, sondern ein sich lebendig und organisch formierendes Spiel als Ausdruck von innerlichem Wachstum. Damit verleiht dieses sich ständig verändernde Gefüge die so genannte Sicherheit in der Unsicherheit - Raum und Zeit formen sich im Einklang mit dem Herzen. Saturn Konjunktion Sonne.

—*Anna 16. 05. 1960, Gelnhausen, 07h10m MEZ*

Erlebnisbericht
Saturn Quadrat Merkur
in der Jungfrau im zwölften Haus

Der Transit begann im Herbst letzten Jahres. Lisa fühlte sich unwohl und unter starkem Stress. Sie betreibt selbstständig eine Übersetzungsfirma und hatte einen Auftrag angenommen, dessen Durchführung sich als wesentlich komplizierter erwies, als vorauszusehen war. Sie fühlte sich durch die damit verbundene Organisation *bei äußerlicher Hyperaktivität innerlich in die Enge getrieben* und „so, als ob ich die ganze Zeit gegen Mauern kämpfe, ohne sichtbaren Erfolg".

Wie sich im weiteren Verlauf des Transits herausstellte, kämpfte sie tatsächlich gegen ein an die Oberfläche des Bewusstseins tretendes Kindheitsmuster, das bis dahin die Belohnung persönlicher Erfolgserlebnisse aufgrund ihrer geistigen Leistungen (Merkur) verhinderte.

Der Jungfrau-Merkur in Lisas Geburtsbild weist darauf hin, dass sie Verantwortung trägt, Versprechen zuverlässig einhält und ihre Arbeit sehr genau nimmt. Der große Auftrag, den sie annahm, beinhaltete aber auch, dass sie sich auf andere Menschen verlassen musste, und da entstand das Problem. Sie war mit der Organisation so beschäftigt, dass sie selbst kaum noch arbeiten konnte. Der Jahresurlaub entfiel, und ihr Sohn, auf den wichtige Schulprüfungen warteten, kam auch zu kurz. Sie selbst hatte nur einen ganz geringen finanziellen Vorteil, arbeitete also fast umsonst (Merkur steht im zwölften Feld).

Wenn ich mich an den September (Saturn dir) und Oktober (Saturn ret) letzten Jahres erinnere, fällt mir dazu nur Stress ein, wahnsinnig viele Telefonate, permanentes inneres Angespanntsein. Ich habe kaum geschlafen, war hyperaktiv, habe gekämpft und bin ganz in der Erfüllung meines Versprechens aufgegangen, das ich voreilig gab, obwohl ich wusste, dass ich den Auftrag gar nicht alleine durchführen konnte. Es warteten auch noch zwei Wochen Computermarathon auf mich, als ich gemeinsam mit dem Auftraggeber die große Übersetzung formatierte und korrigierte. Gleichzeitig stand die Prüfung des Geschäftes meines Vaters an, dessen Unterlagen ich im November und Dezember in Ordnung brachte. Ich hatte 30 Jahre nachzuarbeiten. Im Januar dämmerte es mir zum ersten Mal: Unser Familienkonto war und blieb leer. Ich hatte alles gegeben, überall dazu beigetragen, dass das Geschäftliche in Ordnung kam, aber - ich wurde nicht bezahlt. Mein Vater zahlte aufgrund seiner schwierigen finanziellen Situation meinem Mann und mir, obwohl wir bei ihm seit Jahren als Angestellte arbeiten, kein Gehalt mehr, und die Organisation des Übersetzungsauftrags brachte mir außer Stress nichts ein. Ein weiterer größerer Auftrag wurde ebenfalls nicht gleich bezahlt, so dass ich fast bankrott gewesen wäre. Ich war Mitte April (kurz vor dem dritten Saturn Quadrat Merkur) an einem Punkt, an dem ich meine Selbstständigkeit aufgeben wollte, weil ich dachte, es geht nicht mehr.

Wir arbeiteten dann gemeinsam neue Strategien aus. Zuerst war es wichtig für Lisa, zu erkennen, in welchem Muster sie gefangen war. Wir betrachteten uns den Wert, den sie sich und ihrer Arbeit gab.

In meiner Kindheit und Jugend wurde ich nie über unsere wirtschaftlichen Verhältnisse informiert. Ich wurde mit dem Gefühl erzogen, dass alles meinen Eltern gehört und ich nicht selbstverständlich bekomme, was mir zusteht, sondern erst schreien muss, bis mir vielleicht Gerechtigkeit geschieht. Die materiellen Versprechen seitens meiner Eltern wurden nicht eingehalten. Alles, was mich zum Fortschreiten geführt oder mir Beweglichkeit verschafft hätte, war an Bedingungen geknüpft und wurde mir zwar zur Verfügung gestellt, aber von meinen Eltern kontrolliert oder wieder von ihnen abgeschnitten. Ob es ein Auto war oder mein Studium, ist dabei egal. Ich kannte als Kind keine natürliche Bewegungsfreiheit (Merkur in Jungfrau), und so lernte ich, entweder gegen die Kontrolle zu rebellieren, indem ich aus Strukturen ausbrach, oder entwickelte eine Überlebensstrategie, bei der ich lernte, mit ganz wenig auszukommen, um ein freier Mensch zu sein. Ich kann mich immer arrangieren und dabei so tun, als hätte ich viel. Meine Mutter spiegelte mir, dass ich auch eigentlich nichts verdiente, mir aufgrund meines „falschen" Wesens auch nichts zustand. Für sie bin ich eine schuldbeladene Übeltäterin, die ihr nicht geben kann, was sie fordert. Ich habe das Gefühl, sie liebt mich nicht, sondern konkurriert mit mir. Ich selbst wiederum merke mittlerweile, dass ich aus diesem schlechten Gewissen heraus schon vieles in meinem Leben getan habe, nur um zu beweisen, dass ich nützlich bin (Jungfrau) - ohne dafür einen Gegenwert zu fordern. Ich nenne dies vorerfüllenden Gehorsam, bei dem ich „spüre", was andere Menschen brauchen, dann für sie mitdenke und arbeite, ohne dafür entlohnt zu werden - weil die Menschen, für die ich arbeite, meinen Wert nicht anerkennen (zwölftes Haus). So mache ich zum Beispiel unklare Verträge, unklare Absprachen, vermische das Private mit dem Geschäftlichen, weil ich anscheinend im Innersten davon überzeugt bin, dass mich keiner mehr „will", wenn ich etwas fordere.

Deutlich habe ich das gemerkt, als ich für meinen Mann einsprang, freiwillig half, die Unterlagen der letzten dreißig Jahre des Geschäftes meines Vaters zu ordnen und zu sichten, um ein drohendes Unheil abzuwenden. Ich habe zwar alles in den Griff bekommen, aber dafür weder Dank noch Geld geerntet. Es wurde als eine Selbstverständlichkeit hingenommen, die keiner honorierte. Gleichzeitig musste ich Übersetzungsarbeiten, Aufträge an andere abgeben, weil mir dazu die Zeit fehlte. Wieder erfuhr ich durch den Verlust: Meine Arbeit ist nichts wert (bzw. ich stelle sie Menschen zur Verfügung, die mich nicht entlohnen, anstatt Aufträge zu erfüllen, die mir etwas einbringen).

Es kommt zu einem Punkt, da Lisa erkennt, dass sie an jeder Stelle ihres Lebens so handelt, wobei die Menschen eigentlich austauschbar sind. Eine wirklich saturnale Begegnung mit der Wirklichkeit findet statt.

Ich lasse mich ausnutzen, besonders von Männern, die ich bewundere, weil ich mit meiner Arbeit noch immer etwas beweisen will. Sie beweist, dass ich nützlich bin. Dabei übernehme ich sogar die Verantwortung für oder beginne ungefragt, ihre Probleme zu lösen. Das wird weder anerkannt, noch ist es von mir gefragt, und es erschöpft mich, ohne dass ich dafür belohnt werde. Ich kann mein Verhaltensmuster jetzt zum Glück erkennen.

Nach dieser Einsicht verschieben sich die Werte in Lisas Leben. Sie beginnt, sich umzustrukturieren. Zuvor war sie beim Geschäft des Vaters in Teilzeit beschäftigt, und die Übersetzungsfirma lief nebenbei mit. Als sie im Verlauf des Saturn-Transits merkt, dass von ihrem Vater keine Unterstützung zu erwarten ist, gibt sie ihre Anstellung dort auf, löst sich vom Familiengeschäft und der damit verbundenen Verantwortung, die ihr aufgetragen wird, ohne dass sie dafür entsprechend entlohnt wird, und konzentriert sich auf ihr eigenes Übersetzungsgeschäft.

Ich fange an, richtig zu rechnen. Ich nehme nur noch Aufträge an, die klare Absprachen enthalten. Ich habe meine Rechnungsformulare und Preislisten erneuert. Ich erkenne meinen Zeitwert und werte damit auch meine Zeit (Saturn) neu. Ich muss mich nicht mehr durch Nützlichkeit für meine Anwesenheit entschuldigen. Auch ist die Beziehung zu meinem Sohn mir viel wichtiger als z.B. das Geschäft meines Vaters, und ich werde in Zukunft entsprechend handeln. Nie mehr wird es so weit kommen, dass ich meinen Sohn vernachlässige, weil ich für irgendwelche „Übermänner" wichtige Arbeit erledige, die mich letztendlich Kraft und sogar noch Geld kostet. Ich investiere keine Verständnisarbeit mehr in meinen Vater und übernehme auch keine freiwillige Verantwortung mehr, es sei denn, ich werde darum gebeten. Dann nämlich kann ich die Ärmel hochkrempeln und helfen - nachdem wir über den Preis verhandelt haben. Ich werde meine Kreativität nicht mehr „opfern", ich will jetzt auf faire Weise anerkannt werden. Die Arbeit für die „Falschen" hat mich eine Menge gekostet, vor allem meine Bewegungsfreiheit, die ich investieren musste. Dabei ist es ja eigentlich andersrum, dass man sich durch die Arbeit Bewegungsfreiheit verdient.

Nachdem der Transit vorbei ist, merkt Lisa, dass sie in verschiedenen Punkten erwachsen geworden ist. Sie empfindet sich jetzt als eine Person mit Rechten und Pflichten und steht als solche im Austausch mit anderen. „Ich bin keine Dauermutter mehr, ich werde jetzt auch eine Frau, die sich mitteilt und andere, wenn es sein muss, aufklärt."

Des Weiteren beginnt Lisa, zwischen privaten und geschäftlichen Beziehungen zu unterscheiden. Das äußert sich darin, dass sie auch mit Bekannten ordentliche Verträge abschließt, wenn es ums Geschäft geht. Sie musste lernen, ihre Bedingungen zu formulieren und das Risiko einzugehen, dass diese auch zurückgewiesen werden. Dafür gewinnt sie aber immer mehr Vertrauen in ihren Wert.

Meinen Wert gebe ich mir selbst. Ich habe im letzten Jahr gelernt, dass ich vieles kann, von dem ich bisher keine Ahnung hatte, und habe mir eine Menge Kompetenz erworben. Deshalb brauche ich mich nicht mehr zu verschenken. Ich ermahne mich immerzu, den „vorerfüllenden Gehorsam" in mir zu unterdrücken bzw. ihn nicht auszuüben. Obwohl es mir schwer fällt, fordere ich mit allen Mitteln das Gehalt ein, das mir von meinem Vater zusteht. Ansonsten gibt es keine Kommunikation mehr zwischen uns. Ich dachte zuvor, wir sitzen in einem Boot, musste aber merken, dass das nur geht, wenn ich es zwar fahre, aber mein Vater streicht den Gewinn ein. Jetzt sehe ich klar, dass ich nicht mit hineingehöre, es sei denn, ich wollte ihm weiter zuarbeiten, ohne dafür entlohnt zu werden. So ist ein klares „nein" entstanden, das aber „ja" zu meiner Familie und meiner Position sagt. Die Konsequenz ist, dass ich keine Arbeit mehr übernehme, ohne dass diese mir angetragen wird. Ich kümmere mich jetzt um mich, und Geschenke teile ich dann aus, wenn ich möchte. Im Moment ist noch eine Menge Wut in mir. Ich gebe zu, ich bin zurzeit giftig, aber konsequent. So verstricke ich mich nicht mehr in Dinge, die mir selbst nichts einbringen.

Es ist Raum entstanden. Ich bin nicht mehr im Zugzwang. Ich kann mir jetzt Dinge anschauen, abwägen und dann ja oder nein sagen. Das wäre vor einem Jahr noch nicht möglich gewesen. Weil ich lerne, meine Forderungen klarer zu formulieren, kann ich auch sehen, dass andere anders reagieren als ich und ihnen diese Freiheit zugestehen. Ich brauche mich nicht mehr zwanghaft einzumischen und für sie mitzudenken, sondern kann eher gewähren lassen. Ich kann jetzt akzeptieren, dass ich mich nicht auf andere Menschen ausdehnen muss, sondern lasse sie ihre eigene Geschichte leben. So entwickle ich mich von einer unfreiwilligen Mitbestimmerin zu einer freiwilligen Mitarbeiterin, die ihr Verhältnis zu anderen definieren kann.

Gewonnene Einsichten während des Transits:

Ich werde mich in Zukunft vor wildem Aktionismus hüten, wenn ich nicht vorher geprüft habe, ob es den Einsatz wert ist. Ich brauche meine Nützlichkeit nicht mehr unter Beweis zu stellen. Ich werde auch weiterhin die „Gehorsame" in mir beobachten und darauf achten, dass sie sich nicht in Taten manifestiert. Ich bin keine „Corporate Identity" mehr, sondern achte im Team auch auf meinen Vorteil. Ich gebe es auf, im Stillen zu hoffen, dass die anderen schon merken werden, wenn es nicht fair ist, sondern ich lerne, meine Forderungen klar auszudrücken. Ich werde keine Leistungen mehr erbringen, ohne dass mir Bewegungsfreiheit garantiert wird.

Das Saturnquadrat auf den Jungfrau-Merkur lässt sich durch diese Geschichte gut beobachten. Lisas Erfahrungen während des letzten Jahres verdichten und konzentrieren sich, bis sie deutlich ihrer inneren Aussage, einem alten Glaubenssatz gegenübersteht: *Erst wenn ich meine Nützlichkeit unter Beweis stelle, bin ich liebenswert.* Ein Kind, das so erzogen wird, glaubt, dass ihm keine Belohnung zusteht - weil es ja nur die Bedingungen erfüllt, die ihm seine Existenzberechtigung verschaffen. So baut sich um diesen Satz ein Wahrnehmungsmuster, das auf Abhängigkeiten und Kontrolle begründet ist. Abhängig macht sich der Jungfraumerkur, indem er Menschen „braucht", denen er beweisen kann, dass er etwas Besonderes vollbringt, also Menschen, die nehmen, ohne die entsprechende Gegenleistung zu bringen. Da diese aber meistens auch keine Führungseigenschaften besitzen, übernimmt Lisa dann ungefragt deren Verantwortung und übt so Kontrolle aus, was dann wiederum die Gesamtsituation stagnieren und scheitern lässt. Zurück bleiben Erschöpfung und Frustration und der fehlende Erfolg.

Nachdem die Wirkung des Glaubenssatzes erkannt ist, kommt wie häufig der Punkt, an dem scheinbar nichts mehr weitergeht. Denn das saturnale Erkennen und Annehmen führt zu einer wirklichen inneren Ablösung, einem Schlussstrich hinter einem Kapitel der Vergangenheit. Dann erst, als Lisa durch das Aufgeben wieder Luft zum Atmen gewinnt, kann auf kreative Weise umstrukturiert werden. Die Werte verschieben sich mit dem Anerkennen des persönlichen Wertes. Sobald diese im passenderen Verhältnis stehen, kommen auch der Mut und die Freude am Leben zurück. Mit dem Abschied geht immer auch ein Neuanfang einher. Jetzt kann Lisa die saturnale Energie dafür nutzen, Klarheit zu schaffen und geschäftliche Vereinbarungen treffen, die die Firma auch bewahren und tragen werden. Das „geistige Kind" gesundet, und auch für ihr irdisches Kind, ihren Sohn, entsteht mehr Raum. Je besser sie lernt, sich abzugrenzen, desto stärker wächst das Vertrauen in ihren Selbstwert. Hoffnungslose „Fälle" braucht man nicht ewig zu bearbeiten. Im Nachhinein ist diese schwierige Klippe gemeistert und der Spaß an der Arbeit mit Merkur (den Übersetzungen) zurückgekehrt.

—Lisa 21. 08. 1951, Nienburg, Weser, 9h00m MEZ

Teil II

Pluto

Loslösung
Verwandlung

Das Seehundfell

Es lebte einmal ein sehr einsamer Robbenfänger inmitten der kalten Gletscher des Eismeeres. Die vielen Tränen, die er schon vergossen hatte, hinterließen tiefe Falten auf seinem vom Wetter gegerbten Gesicht. Er fühlte sich von aller Welt verlassen und sehnte sich nach einem Menschen, mit dem er sein Leben teilen konnte. Er liebte die Robben und achtete ihr Leben und ihren Tod. Niemals fing er mehr, als er zum Überleben brauchte.

Eines Nachts paddelte er zwischen den Eisschollen herum, um doch noch einen erfolgreichen Fang zu machen. Der Mond schien silbern über einen der glitzernden Felsen, auf dem sich etwas bewegte. Es waren nackte Frauen, die sich im Tanz wiegten und lachten und sangen. Tief bewegt hielt der Robbenfänger inne, und alle Traurigkeit fiel von ihm ab, während er unbemerkt Anteil nahm. Er schaute umher und entdeckte einige Robbenfelle, die auf den Felsvorsprüngen abgelegt worden waren. Eines davon versteckte er flugs unter seiner warmen Winterjacke. Dann hörte er, wie eine der Frauen mit der wunderbarsten Stimme, die er je vernommen hatte, etwas rief. Eine nach der anderen schlüpfte daraufhin in je eines der Felle und glitt als Seehund hinunter in die Wellen. Doch eine blieb zurück und suchte ihr Fell.

Der Robbenfänger, ganz hingerissen von ihrer Erscheinung, bat sie sogleich bei ihm zu bleiben und seine Frau zu werden. Sie aber antwortete: „Nein, das geht nicht, ich gehöre zum Anderen, dem Dort-Unten." Der Robbenfänger aber hörte nicht auf zu betteln und versprach: „In sieben Sommern gebe ich dir dein Fell zurück, wenn du es dann noch willst. Du kannst dann noch einmal frei entscheiden, wohin du gehörst." Zögerlich, nach eingehender Prüfung, willigte die Robbenfrau ein.

Nachdem sie eine Weile miteinander verlebt hatten, gebar die Robbenfrau einen Sohn, dem sie in den vielen Winternächten Geschichten von den Wassertieren erzählte. In den märchenhaften Ausflügen erfuhr der Sohn vom Leben der Robben, der Wale, der Lachse und vielen anderen und hatte so seinen Spielgefährten einiges Wissen voraus.

Nach einigen Jahren jedoch begann die Haut der Robbenfrau auszutrocknen. Raue Falten spannten sich über ihr Gesicht und spröde Schuppen bildeten sich am ganzen Körper. Schön war sie nicht mehr, und auch ihre Stimme wurde immer kratziger. Der Glanz in ihren Augen war erloschen, und sie schleppte sich trübe dahin. „Gib mir mein Fell zurück", bat sie den Robbenfänger unter trockenen Tränen: „die Zeit ist gekommen." „Niemals", brüllte dieser wütend. „Dann verlässt du mich!" „Das weiß ich noch nicht", antwortete die Robbenfrau, „aber ich weiß, dass du dein Versprechen halten und mir zurückgeben musst, was mir gehört. Dann sehen wir weiter." „Du willst uns im Stich lassen", brüllte der Robbenfänger und rannte wütend hinaus in die Nacht.

Davon wachte der Sohn auf. Er weinte und hörte gleichzeitig das Rufen einer Stimme, die wie ein Raunen klang. Immer und immer wieder rief die Stimme, bis sich der Sohn auf den Weg machte und suchte. Am Strand angekommen fand er einen Seehund, dessen Schnurrbarthaare schon ganz weiß geworden waren. Dieser wies mit seiner Flosse auf ein in den Felsen verstecktes Bündel. Der kleine Sohn nahm das Bündel an sich. Es duftete wunderbar, ganz so wie seine Mutter, und ihre Liebe schien ihn zu umhüllen wie ein warmer Mantel. Der uralte Seehund versank wieder in der Tiefe des Meeres.

Zuhause angekommen empfing ihn dankbar seine Mutter und schlüpfte sogleich in das Fell. Sie nahm ihr Kind in die Arme und lief dem Meer entgegen. Gemeinsam tauchten sie in die Unterwasserwelt. Seltsamerweise konnten sie mühelos atmen. Nach einiger Zeit gelangten sie in eine glitzernde, funkelnde Wasserstadt. Dort wurden sie festlich empfangen. „Wie ging es dir an Land, Tochter", fragte der alte Seehund. Die Robbenfrau antwortete: „Ich habe dort oben einen Mann verwundet, der mich unbedingt halten wollte, aber ich konnte nicht bleiben. Ich wäre bald gestorben." „Und was wird aus meinem Enkelsohn?" fragte der Alte. „Er muss wieder zurück auf die Erde. Seine Zeit ist noch nicht gekommen, er kann noch nicht für immer bei uns bleiben", wusste die Mutter weinend. Die anderen Wasserwesen weinten mit, denn es war die Wahrheit.

In den kommenden sieben Tagen und Nächten genas die Seehundmutter. Ihre Haut glättete sich und die Augen strahlten wieder. Dann nahte der Abschied. Gemeinsam mit dem alten Seehund trug sie den kleinen Sohn zurück ans Meeresufer. „Mein Lieber", sprach sie sanft, „ich bin immer bei dir. Berühre, was ich berührt habe, und du wirst einen Atem spüren, der meiner ist. Der wird dich singen lassen und dir Geschichten schenken." Dann herzte und küsste sie ihr Kind und verschwand mit dem Großvater in den Tiefen des Meeres.

Der Sohn wuchs zum Mann heran, dessen Geschichten und Lieder die anderen erfreuten und sie an ihre Seelenkräfte erinnerten. Heute noch sieht man ihn auf den Felsen knien und Zwiesprache mit einer Robbe halten, die niemals jemand fangen kann - sie wird die Glänzende genannt, die mit den weisen, wilden, seelenvollen Augen.*

---

*Aus: *Die Wolfsfrau*, Clarissa Pinkola-Estes, Heyne, 1993

Plutotransite –
den Glanz in den Augen der Robbenfrau wieder finden

Verlassen sein und Sehnsucht

Das Märchen vom Robbenfell enthält viele Elemente, die auch bei Plutotransiten zum Tragen kommen. Es beginnt mit dem Robbenfänger, dessen psychischer Zustand, wie häufig bei der Einleitung von plutonischen Zeiten, ganz instabil ist. Er leidet unter Einsamkeit und sehnt sich nach einem anderen Menschen. Die Sehnsucht lässt ihn unruhig werden. Auch bei sich nähernden Plutotransiten fühlt man sich häufig so, als ob nichts mehr stimmte, und sehnt nach etwas meist Unbenennbarem. Nicht selten entwickelt sich daraus ein fast einsgerichtetes Begehren, das sich bis zur Besessenheit steigern kann. Das Bewusstsein des Robbenfängers hier im Märchen möchte sich also binden.

Faszination und Haben wollen

Nachts im Mondenschein begegnet er den tanzenden Robbenfrauen und ist fasziniert. Ihre Schönheit wirkt wie Balsam für seine Seele. Wir erfahren, dass seine Traurigkeit jetzt verflogen ist. Pluto hat ihn erwischt. Jetzt will er das, was er sieht, haben. Deshalb begeht er einen Raub. Er versteckt das Robbenfell, die schützende Haut einer der Seelenfrauen. Robben mit ihrem verspielten Charakter als Meerestiere stehen für die sensiblen, wilden Urkräfte des Unterbewussten. Dass diese ganz besonders sind und Zugang zu der tiefen Seelenebene haben, können wir der bezaubernden Stimmkraft entnehmen, die ihnen zu Eigen ist. Wir können die Robben in diesem Zusammenhang der höher entwickelten Plutoenergie zuordnen. Indem der Robbenfänger das Fell raubt, verhindert er, dass sich eine der unterirdischen Meeresfrauen zurückverwandeln kann. Er glaubt aufgrund seiner verzweifelten Lage, dass damit sein Problem gelöst ist. Verliebt (oder völlig betört? Schließlich hat er sie nicht ausgewählt, sondern einfach die genommen, die übrig war) bietet er dieser Robbenfrau an, sich nun ganz an ihn zu binden und bei ihm zu bleiben. Ein durchaus ehrenwertes plutonisches Angebot. Die Robbenfrau verrät ihm gleich zu Beginn, dass sie nicht sein werden kann. „Nein, das geht nicht. Ich gehöre zum Anderen, dem Dort-Unten." Doch er ist nicht fähig, zu hören. Sein Begehren macht ihn taub für ihre klare Botschaft, die Wahrheit. (Auch das ist in plutonischen Zeiten keine Seltenheit.) Weder interessiert den Faszinierten wirklich, wen er vor sich hat, noch interessieren ihn etwaige Naturgesetze. Jetzt, in seiner vertrauten Welt will er sie haben – um seine Sehnsucht zu stillen und seine Traurigkeit zu trösten.

Einen Pakt eingehen

Der Robbenfänger ist bereit, alles zu versprechen, um die Robbenfrau zu bekommen. Loslassen kommt für ihn nicht in Frage. Nach einem vollen Saturnzyklus, sieben Jahren, soll er ihr das Fell wieder zurückgeben. Das ist schon jetzt fraglich, denn allzu eifrig will er nur das Eine, wie sollte er jemals wieder davon lassen können? Deshalb zögert die Robbenfrau auch, bevor sie zustimmt. Warum sie zustimmt, wissen wir zu diesem Zeitpunkt nicht. Vielleicht hat auch sie Sehnsucht nach neuen Erfahrungen, vielleicht tut sie es auch, um dem kommenden Sohn ins Leben zu helfen, vielleicht ist sie auch da, um eine Lektion zu erteilen über den Preis, den wir früher oder später für eine Verstrickung zahlen müssen - und wenn sie sich noch so gut anfühlt...

Einweihung des Seelenkindes

Die Verbindung findet also statt, und ein Seelenkind entsteht daraus. Das Kind wird von der Robbenfrau in die Geheimnisse der Anderen Welt eingeweiht. Sie erzählt ihm Geschichten, die sich von denen unterscheiden, die seine Spielgefährten zu hören bekommen. Auch das passiert, wenn Pluto sich nähert. Plötzlich ist man bereit für tiefere Weisheiten und sucht nach dem Hintergründigen, welches alles durchwirkt. Es ist, als ob sich die Sichtweise nach innen richte, um dort den verborgenen Zusammenhängen auf den Grund zu gehen. Gut ist es natürlich, wenn man von einer weisen, entwickelten Person eingewiesen wird, die den Weg ihrerseits schon gegangen ist. Die Robbenfrau als weise plutonische Instanz, die sich mit dem Leben in der Anderen Welt auskennt, ist ein solches Wesen für den Sohn.

Kräfteverlust aufgrund der beschränkten Rolle

Trotz allem, als der Zeitraum des Versprechens sich dem Ende nähert, verliert die Robbenfrau ihre Kraft, denn sie ist nicht mehr am richtigen Ort für ihre Entwicklung. Zu lange war sie von der Heimat entfernt und bewegte sich in Umständen, die nicht ihr ganzes Wesen einbanden, sondern sie auf eine bestimmte Rolle reduzierten. Eine Robbenfrau kann nicht nur Mutter und Ehefrau sein! Aber genau das genügte anscheinend dem etwas ignoranten Robbenfänger. Ihre Menschenhaut trocknet aus, die Augen verlieren ihren Glanz, ihre Stimme wird kraftlos. Jetzt kommt die unangenehme Zeit der Plutotransite. Die Illusion verliert ihre Faszinationskraft, und die Wirklichkeit mit ihren zerstörerischen Aspekten zeigt sich. Sind diese zu stark unterdrückend für die Seele, weiß diese, dass sie die Situation verlassen muss.

Das gebrochene Versprechen -
Festhalten, wenn Loslassen gefragt ist

Als die Robbenfrau ihren Mann an sein Versprechen erinnert, wird dieser wütend. Schon zu Anfang des Märchens haben wir erfahren, dass er unter Verlassenheit litt. Daran hat er bisher noch nicht gearbeitet. Er ist seiner Trauer nur entflohen, indem er sich die Robbenfrau „auslieh", und zwar mit räuberischen Methoden. Deshalb wird er zornig, aus Angst, wieder da zu landen, wo alles begann. Wut kommt auf zum Höhepunkt der Plutophase. Das Liebste soll mir genommen werden! Nun hält man gewöhnlich fest, genau wie der Robbenfänger. Er will nicht verlieren, weder sie noch den Status Quo, den er mit ihr innehat. Das verrät uns, dass er sich nicht allzu sehr mit ihr auseinandergesetzt haben kann. Hätte er sonst so wenig Vertrauen? Die Robbenfrau war ihm bis dato eine Hilfe in seiner Entwicklung. Nun ist es an ihm, einen Schritt zu tun, loszulassen und die für ihn sichere Situation in eine Situation der freien Wahl zu verwandeln. „Ich weiß nicht, was ich tun werde", sagt die Robbenfrau, „aber ich weiß, dass du dein Versprechen halten und mir geben musst, was mir gehört." Der Robbenfänger ist jedoch auf keinen Fall bereit, ein Risiko einzugehen und der Ungewissheit zu vertrauen. Deshalb verlässt er die Situation, anstatt zu seinem Wort zu stehen und seiner plutonischen weisen Geliebten ins Angesicht zu schauen, während sie ihre ureigenste Wahrheit erspürt und ihr gemäß handelt. Damit ist die Entscheidung getroffen und der Verlust besiegelt. Die Robbenfrau, ihrer Freiheit beraubt, wurde betrogen und weiß, dass sie unter diesen Umständen sterben muss, wenn sie weiterhin bleibt. Das Leben auf der Erde in einer Partnerschaft, die sie um die tiefen Wurzeln ihrer Herkunft beraubt, hat hier für sie ein Ende. Wer weiß, wie das Märchen sich weitergesponnen hätte, wäre der Robbenfänger ein wenig reifer gewesen und hätte ihr wirklich die freie Wahl überlassen...

Dem Schicksal seinen Lauf lassen

Nun wirkt das, was man vielleicht Schicksal nennt. Der Ahne der Robbenfrau ruft, und das Seelenkind findet mit seiner Hilfe die wirkliche Haut seiner Mutter. Gleich erkennt es dessen Bedeutung: Ihre wahre Haut duftet, und im Erkennen fühlt der Sohn auch ihre ganze Liebe.

Jetzt ist der Fortgang nicht mehr aufzuhalten. Die Robbenfrau verwandelt sich zurück und nimmt ihr Kind, um ihm ihre Welt zu zeigen. Um nach Hause zurückzukehren, muss sie tief eintauchen. Weil der Weg aber richtig ist, kann auch ihr erdgeborenes Seelenkind unter Wasser atmen. Für uns bedeutet das, uns ganz der Plutozeit anzuvertrauen. Die Fahrt geht tief hinunter bis auf den Meeresgrund, aber es schlummern auch verborgene Fähigkeiten in uns, die uns dorthin tragen können. Unter Wasser kann die Robbenfrau jetzt wieder ihren Artverwandten begegnen. Es handelt sich um weise Meeresbewohner, die sie willkommen heißen. Sie erklärt dem Vater kurz, was vorgefallen ist, ohne all zu viel Bedauern an den Tag zu legen. „Ich habe dort oben einen Mann verwundet, der mich unbedingt halten wollte", sagt sie, „aber ich konnte nicht bleiben. Ich wäre bald gestorben."

Das ist die Wahrheit. Da der Robbenfänger nicht bereit war, sich in aller Tiefe auf sie einzulassen und ihr zu vertrauen, wäre sie, da sie nur einen sehr begrenzten Ausschnitt ihrer umfassenden Wesenheit leben konnte, tatsächlich gestorben. Er hatte einfach versäumt, seine Entwicklung fortzusetzen. Für ihn war es genug, dass sich sein Wunsch erfüllte. Er hatte eine Frau, wenngleich auch durch Raub gewonnen, an sich gebunden. Als sich die Lebenssituation und die Partnerschaft in eine freie, kreative verwandeln hätte können, versagt der Robbenfänger. Die Psyche des Robbenfängers ist aufgrund seiner eigenen nicht-geleisteten inneren Seelenarbeit unfähig, zuzulassen, dass sich die geraubte Robbenfrau in eine reife Partnerin verwandelt und damit auch die Partnerschaft auf einer tieferen Ebene weitergeführt werden kann. Tiefe instinktive Seelenanteile lassen sich aber nicht rauben und betrügen. Sie verlassen die Situation, bevor sie erstickt werden, und ziehen sich „nach Hause", in die Tiefe des Meeres zurück. Dahin, woher sie gekommen sind. (Das Verlassen des „Gefängnisses" ist deshalb auch kein Verlust für die Seele, sondern ein Gewinn und ist deshalb nicht im Geringsten bedauernswert.)

Wahrscheinlich ist es deshalb auch bedeutungslos für das Märchen, wie es mit dem Robbenfänger weitergeht. Pluto ist eine Chance, in die man eintauchen, der man sich über-lassen und anvertrauen, aber die man nicht ergreifen kann (im Sinne von Festhalten).

Regeneration durch die Heimkehr – Abschied vom Seelenkind

Die Robbenfrau ist jetzt wieder eingebunden am richtigen Ort, der sie nährt und gesunden lässt. Innerhalb von nur sieben Tagen ist ihre ursprüngliche Schönheit wieder hergestellt, und ihre Augen beginnen zu strahlen.

Nun naht die schmerzliche Phase des plutonischen Geschehens: Mutter und Kind müssen sich trennen. Auch die Robbenfrau muss Verzicht leisten, um der inneren Wahrheit gemäß zu leben. Offensichtlich hat sie die Sicht, das heißt Einblick in den Lauf des Schicksals, sonst wüsste sie nicht so sicher, dass die Zeit des Kindes noch nicht gekommen ist, um in ihrer Anderen Welt zu bleiben. Das Seelenkind muss seinen persönlichen Individuationsprozess selbst durchlaufen. Die anderen Wasserbewohner stimmen ihr zu. Das Kind muss zurück an Land, um sich entwickeln zu können. Der Abschied ist schmerzlich, unter Tränen. Dies weist auf die tiefe Bindung zwischen Sohn und der Unterwasserwelt. Alle weinen.

Leben in Berührung

So tief berührt kann der Sohn aber in Zukunft ein ungewöhnliches Leben mit besonderen Fähigkeiten leben. Er kämpft nicht gegen sein Schicksal an, sondern fügt sich hinein. Nun kann er das plutonische Geschenk in Empfang nehmen. Die Robbenfrau verrät ihm ihr Geheimnis: „Ich bin immer bei dir", sagt sie. „Berühre, was ich berührt habe, und du wirst einen Atem spüren, der meiner ist." Hat die Seele erst einmal wirklichen Kontakt aufgenommen und Vertrauen in die Herkunft entwickelt, kann ihr dies durch nichts mehr genommen werden. Sie kann jetzt überall und von allem berührt werden. Besondere Fähigkeiten bilden sich aus, die andere wiederum zu berühren vermögen. Wir erfahren, dass der Sohn Geschichten und Lieder aus seinem Inneren schöpfte, aus der Verbindung zu seiner Mutter, die andere an Vergessenes erinnern konnten. Ist man Pluto begegnet, erwächst daraus unerschütterliches Vertrauen, denn die Todesangst und Verlustangst ist besiegt.

Immer wieder nimmt sich der Sohn Zeit, um mit der Robbe Zwiesprache zu halten. Er festigt durch diese Praxis seine Weisheit. Unsere Robben(pluto)frau ist unzerstörbar, ihr kann weder etwas genommen, noch kann sie gefangen werden, denn sie ist die verborgene Kraft, die aus den weisen, wilden, seelenvollen Augen strahlt - der Glanz.

- Magie - Schwellen - Übergänge -
- Schwellenhüter -

„Welches Gefühl es wohl wäre, wie eine Schlange die Haut abzustreifen, wenn sie zu klein geworden ist?
Das Unwohlsein, das die meisten an der Schwelle zu etwas Neuem verspüren,
lässt sich wohl mit diesem Gefühl vergleichen.
Tatsächlich hat jede neue Phase im Leben einen schwierigen Anfang...
Meine Seele trägt wie mein Körper das Geheimnis von Wandel und Wachstum in sich."

—Aus: *„Jeder Morgen bringt eine neue Hoffnung"*,
Karen Casey und Martha Vanceburg

Pluto ist die tiefste magische Weisheitsinstanz in uns. Pluto lässt sich mit einem Kelch vergleichen, der nicht nur die persönlichen, sondern alle Erfahrungen der an unserer Geschichte beteiligten Personen und Faktoren gesammelt hat. Deshalb weiß Pluto auch den Weg heraus, sobald man bereit ist, sich den inneren Geheimnissen zu stellen und sie zu lüften.

Wir alle leben inmitten unserer Projektionen, die sich auf magische Weise so formieren, wie wir es glauben. Der magische Klebstoff, der zu bestimmten, sich wiederholenden Erfahrungen führt, heißt Pluto. Denn es ist die persönliche Magie der Anziehung, die bestimmte Umstände ins Leben ruft und die Rollen - die die wir selbst spielen, aber auch die, die wir den anderen zuteilen - festlegt. Das Schwierige an der Plutoenergie ist, dass sie unsichtbar ist und sich schwer greifen lässt.

Dass sie eine enorme Wirkung hat, lässt sich zum Beispiel erfahren, wenn man Familienaufstellungen oder Planetenaufstellungen besucht. Was passiert da genauer? Man sucht sich Stellvertreter für bestimmte Persönlichkeitsanteile bzw. Familienmitglieder und diese spielen nun in der bekannten Weise Ausschnitte unserer Geschichte. Woher aber „wissen" sie so genau, was sie zu tun haben, ohne konkret in unsere Geschichte eingeweiht worden zu sein? Sie formieren sich so, wie es unsere (Pluto-) Magie zulässt, sie machen das Feld der magnetischen Anziehungskräfte sichtbar, das in uns wirkt - dadurch, dass wir sie für einen gewissen Zeitraum ermächtigt haben, Teil unserer Geschichte zu werden. Bleibt dieses magische Feld unbewusst, geschieht es während wiederkehrender Abschnitte im Leben, dass man hängen bleibt, das Gefühl hat, gegen Schatten zu kämpfen und wie von unsichtbarer Macht zurückgehalten wird. Das ist ein deutlicher Hinweis auf einen unerlösten Teil des Unbewussten, der unerkannt eine Art Eigenleben mit einer Eigendynamik führt und nicht in die Gesamtpersönlichkeit integriert ist. Ein vielleicht „plutonischer Schattenanteil", der aufgrund seines abgespaltenen Daseins verhindert, das ein anstehender Entwicklungsschritt ausgeführt werden kann.

Immer wieder kommt man im Leben an wichtige Übergänge, Schwellen, die überschritten werden möchten und einen neuen Lebensabschnitt einläuten. Diese Schwellen lassen sich mit Hilfe von Plutos Weisheit überschreiten. Mit dem Gefühl, an der Schwelle zu stehen, gehen normalerweise große Unsicherheit, Verzweiflung bis hin zu Panikattacken,

Orientierungslosigkeit, extreme Zweifel, die alles in Frage stellen, manchmal sogar Depressionen, Albträumen und Schlaflosigkeit einher. Der Zwischenzustand zwischen der alten und der neuen Ebene ist unerträglich. Schwebend, ohne Kontakt mit dem Boden, fällt das Bewusstsein und kann nicht viel mehr tun, als warten. Was ist mit mir los? Nichts lässt sich greifen, die bekannten Mechanismen funktionieren nicht, während alles dem persönlichen Einfluss zu entgleiten scheint. Angst vor dem Neuen heißt die innere Panik. Jedoch muss das Neue durch einen Ablösungsprozess des Alten erst „erlöst werden", damit sich die damit verbundene vertraute Rolle wandeln kann und eine unentwickelte oder verloren gegangene Fähigkeit geboren wird, ans Licht tritt. Um durchzukommen, braucht man gutes Rüstzeug, wie Mut, Risikobereitschaft, Offenheit und Ehrlichkeit sich selbst gegenüber - kurz ein gutes Verhältnis zur eigenen plutonischen Instanz.

Die plutonische Instanz hat magische Hilfsmittel, z.B. Rituale zur Hand, um gekonnt die Neugeburt vorzubereiten. Da ein Mensch, der im Begriff ist, über eine Schwelle zu gehen, auch in Kontakt mit den neuen Gesetzmäßigkeiten der dort vorherrschenden Magie treten muss, braucht er mehr als die seiner bisherigen Erfahrung entsprechenden ritualisierten Handlungen (die Gewohnheiten). Die Seele braucht ein angemessenes Ritual, um die Tür zum neuen Erlebnisraum zu öffnen.

Unsere Ahninnen hatten für die großen Übergänge (wie Geburt, Pubertät, Heirat, Kinder ins Leben bringen, Sterben) sinnvolle Rituale entwickelt, wobei die Betroffenen, die bereit waren, die Schwelle zu überschreiten, von anderen, bereits Erfahrenen eingewiesen wurden. Ein Ritual unterscheidet sich von den gewöhnlichen Handlungen in mehreren Punkten. Zum einen ist es wiederholbar, es besitzt damit eine gewisse Form, und es ist unumkehrbar. Das bedeutet, wenn die Veränderung, die das Ritual besiegelt hat, aufgehoben werden soll, bedarf es eines neuen Rituals. Ein weiteres Merkmal des Rituals ist das Motiv, eine Ebene, die über sich selbst hinausweist und transzendenten Bezug hat. Es verbindet die Seele mit ihrem Ursprung, ihrer Quelle tiefen Vertrauens und führt gleichzeitig in die irdische Erfahrung. Dann beinhaltet ein Ritual auch ein Opfer. Das Überholte wird geopfert, damit Raum für das Neue entsteht. Dies lässt sich immer mit dem Gefühl „zu sterben" vergleichen. Letztendlich wird ein wirkliches Ritual einen spürbaren Wechsel bewirken, der von Außenstehenden wahrgenommen werden kann.

Nach Angelica-Benedicta Hirsch sind Übergangsrituale in drei Phasen gegliedert.[*]

1. Die Absonderung vom bisherigen Lebensbereich
2. Die Einweihung in den neuen Lebensabschnitt
3. Die Übernahme der neuen Aufgabe

Bei jedem wichtigen Pluto-Transit überschreiten wir innere Schwellen. Damit kommt Bewegung in die Magie der Projektionen, die wir als Realität erfahren. Solange die innere Magie sich in ihrem Wandlungsprozess befindet, haben wir normalerweise Angst. Denn das Bekannte ändert sich, und wir müssen für eine Weile sogar relativ tatenlos dabei zusehen. Nicht selten haben wir an diesem Punkt das Gefühl, keinen Einfluss mehr zu haben, ohnmächtig inmitten des Lebens zu stehen, ohne Zugriffsmöglichkeiten.

---

[*] Hirsch, Angelica-Benedicta: *An den Schwellen des Lebens*, Atmosphären Verlag, München 2004

Der plutonische Erfahrungsraum ist voll von Ohnmachtsgefühlen. Hier sind alle die Momente gespeichert, in denen wir uns während aller Leben, von der Kleinkindzeit an bis heute hilflos ausgeliefert fühlten, Opfer von Übergriffen wurden, von Manipulation, von politischen Verhältnissen, Krieg, Folter und Gewalt. Hier finden wir die Erfahrungen, die Täter-Opfer-Verhältnisse und damit einhergehende Machtkämpfe mit sich bringen. Häufig hat man zu plutonischen Zeiten Angst, nach innen zu schauen, weil das Grauen, das sich dort verbirgt und der Aufmerksamkeit bedarf, scheinbar nicht auszuhalten ist. Verborgene Traumata oder sehr schmerzhafte Erinnerungen können an die Bewusstseinsoberfläche drängen. Und doch ist genau ein solcher zentraler Konflikt anzuschauen. Grundsätzlich gilt: Wir bekommen nur soviel Einsicht und Bewusstheit verliehen, wie wir auch aushalten können bzw. bereit sind, auszuhalten. Möglicherweise wollen unterdrückte Gefühle, Ängste und Verzweiflung unserer AhnInnen durch uns gelöst werden. Pluto ist eine sehr tief im Unbewussten verankerte Schicht. Manchmal weinen wir dann ihre Tränen und erlösen so eine Geschichte, die sich wie ein roter Faden durch das Unbewusste mehrerer Generationen zieht.

Die plutonische Energie ist eine mächtige Schwellenhüterin. Unerbittlich prüft Pluto, ob wir bereit sind, hinüber zu gehen. Röntgenstrahlen scheinen die dunkelsten Winkel innerhalb unserer Persönlichkeit auszuleuchten, damit wir heranwachsen und uns die darin gebundene Energie zur Verfügung steht.

Vielleicht sollten wir uns an dieser Stelle mit Schwellenhütern in Märchen und Mythen beschäftigen. Es sind entweder wilde Höllenhunde, Sphingen, Drachen, Schlangen, dämonisch aussehende Wesen und mehr. Sie bewachen den Eingang zu einem geheimen Raum, einer anderen Welt oder einem Heiligtum. Nur, wer reinen Herzens ist und es versteht, ganz bei sich und seinem Vorhaben zu bleiben, kann sie passieren.

Was sagt uns das? Damit wir die Schwelle überschreiten können, müssen unsere Schattenanteile zu Verbündeten geworden sein und ihr Einverständnis geben. Die wilden, ungebändigten Anteile, die Ängste, Aggressionen und zerstörerischen Kräfte müssen zu unserem Schutz bereit sein und in die Gesamtpersönlichkeit eingebunden werden, damit sie den Weg des Fortschreitens freigeben. Das ist die schwierige Aufgabe, die sich bei Pluto-Transiten stellt.

Hilfreich ist es, sich bei einem Pluto-Transit die Situation des Übergangs und die Aufgabe des Überschreitens einer Schwelle zu verdeutlichen.

Übung: Die Schwelle finden

Versuche, in wenigen Worten zu formulieren, welche Bereiche deiner derzeitigen Lebenssituation dir Unbehagen bereiten. Wovor hast du Angst? Wie könntest du dein inneres oder äußeres Phantom benennen, das dich derzeit festhält? In „was" bist du gefangen, bzw. wo verhältst du dich wie eine Gefangene?

Dann dehne dich mit Hilfe deines Bewusstseins in dem dir vertrauten Raum ganz aus, bis du jeden Winkel deiner bekannten Welt erfüllt hast. Stell dir dabei vor, dass du Licht bist, das deine Welt, einschließlich der Beziehungen, die du geknüpft hast, erhellt.

Formuliere erneut, wie du dich mit dieser beleuchteten Welt fühlst. Bündele nun das Licht in einen Strahl, der in die Bereiche leuchtet, die dir nicht so angenehm erscheinen, dorthin, wo du faule Kompromisse lebst. Diese Bereiche bezeichnen deine Schwellen, unsichere Bereiche, in denen du noch einen Schritt machen kannst.

Stelle dir vor, du würdest die damit verbundenen Kompromisse aufgeben. Welche Energie stände dir dann zur Verfügung? Versuche den positiven Wert klar zu benennen. Welches Risiko ginge damit einher?

Überprüfe diese Überzeugungen! Formuliere deinen Wunsch! Wähle die zurzeit wesentliche Schwelle für dich aus! Was brauchst du, um die Schwelle überschreiten zu können? Welche Art der Unterstützung? Welche Instanz in dir kannst du als Schwellenhüter einsetzen? Überprüfe, ob die Instanz mitmachen will?

Gehe dann bewusst über die Schwelle. Was erwartet dich und kommt dir entgegen? Sprich jetzt aus, welchen Teil von dir du erlöst hast, z.B. „Ich habe die Gruppenfrau erlöst." Oder: „Ich habe die Kriegerin erlöst." Oder: „Ich habe die Liebende erlöst."

Versuche, die Freude an der gewonnenen Erkenntnis zu teilen. Bereite eine Art „Opferhandlung" vor, indem du z.B. ein kleines Fest feierst, um die Geburt des erlösten Teils zu feiern und diesen zu stabilisieren.

Nicht nur die inneren Schwellen erfordern unsere Aufmerksamkeit, sondern auch die äußeren. Es tut z.B. gut, sich während einer Übergangszeit der eigenen Haus- und Eingangstüren bewusst zu werden. Über diese muss man nämlich schreiten, um Eingang zu den intimeren Bereichen des Lebens zu finden. Die Türschwelle ist somit der delikate Zwischenbereich, der zum einen Fremde fernhält und zum anderen Freunden Einlass gewährt. Sie ist der magisch-plutonische Bereich, der sowohl schützt als auch verwandelt. Denn sind erst einmal Besucher im häuslichen Bereich, ändert sich mit ihnen sofort die Atmosphäre. In alten Zeiten wurden nahe der Schwelle Opfergaben für die Geister dargebracht. Es stimmte diese freundlich und hielt sie davon ab, hinein zu kommen. Außerdem brachten unsere VorfahrInnen glücksverheißende Symbole an der Eingangstür an, z.B. Hufeisen, schützende Zweige aus Eberesche oder anderem Gehölz, Glocken und sich im Wind bewegende Fahnen, Stoffe oder Girlanden. Auch phallusartige Symbole, die dem Schutz dienten, waren gebräuchlich.

Türschwellen-Magie

Besorge dir Räucherwerk und reinige sämtliche Türschwellen, beginnend bei dem Garteneingang. Sammle dich und frage dein Inneres, welche Besucher du gerne siehst. Welche Einstellung sollten sie haben? Wie sollte ihre Haltung dir gegenüber sein? Prinzipiell: Welche Energien sind willkommen und welchen möchtest du keinen Einlass gewähren? Fahre mit dem Räuchern fort, während du deine Wünsche formulierst. Dann beginne deine Türen zu schmücken. Bringe schützende Elemente und glücksbringende Elemente an. Male vielleicht auch einige dir vertraute Symbole und sorge so dafür, dass deine Schwellen lebendig werden. Pflanzen und Statuen, vielleicht auch Edelsteine können hierbei hilfreich sein.

Gut geschützt kann sich die persönliche Lebensmagie einfach besser entfalten. Und sind wir auf der Plutoebene, haben wir die magische Wirklichkeit betreten. Auch der persönliche Schutz wird gerade zu Schwellenzeiten wichtig. Während des Plutotransits kann man wesentlich besser beobachten, welche energetische Wirkung andere Menschen auf einen haben. Es gibt zum Beispiel Menschen, die nicht wirklich am Austausch interessiert sind, sondern die kommen, um sich Energie zu holen. Solche „Räuber" erkennt man daran, dass sie scheinbar um Rat suchen, aber nicht gewillt sind, zu hören. Sie halten sich für gewöhnlich solange in der Nähe auf, bis sie genug Energie getankt haben. Dann gehen sie wieder, und man fühlt sich müde, erschöpft oder leer, manchmal auch frustriert. Dem anderen geht es wesentlich besser - während er beschwingt davoneilt, sitzt man selbst da wie ausgebrannt. Häufig zieht es dann im Solarplexus oder auch im Herzbereich. Dies alles findet auf einer sehr unbewussten Ebene statt. Niemand kommt absichtlich, um Energie zu rauben, und niemand gibt diese absichtlich her. Es passiert einfach. Ich habe einige mir nahe Menschen untersucht und festgestellt, dass jeder ganz verschiedene ungeschützte Türen oder auch Löcher in seinem Lichtkörper (der Aura) hat. Oft befinden sich diese hinten, an der Rückseite des Körpers. Man kann sie fühlen, wenn man die Hände locker in ungefähr zwanzig Zentimeter Abstand hält und dabei den Körper einer anderen Person untersucht. Da, wo die ungeschützten Eingänge sind, weht ein leiser, kühler Wind. An diesen Türen ist es ebenfalls wichtig, Lichtschutz anzubringen. Am besten visualisiert man dort einen leuchtenden Schirm, die Farbe kann variieren. Seltsamerweise reagieren die Energieräuber sofort auf den geschützten Zustand. Entweder gehen sie gleich wieder oder sie hören zum ersten Mal zu. Denn nun sind sie in der Eigenverantwortung, was auch für sie viel besser ist.

Dies mag alles ein wenig befremdlich klingen. Aber der Unterschied zwischen Saturn und Pluto ist einfach gewaltig. Während wir saturnale Prozesse durch analytisches Vorgehen klären können und durch Entscheidungen das Lebensgerüst korrigieren oder verändern, reicht dies bei plutonischen Prozessen nicht aus. Pluto führt ganz hinein, in die unsichtbare magische Wirklichkeit, immer tiefer, solange, bis wir ihr nachgeben und sie anerkennen. Aus diesem Grunde ist eine richtige Krise auch ein kostbares Geschenk, denn sie bringt uns letztendlich tiefer in unsere gelebte Spiritualität, manchmal auch bis zum wirklichen Urvertrauen.

Andere Leben

Pluto ist sozusagen die Lebenskraft pur, der Pulsschlag, der aller Form das Leben verleiht. Als Energie birgt Pluto das Wissen um den Schmerz, das Leid **aller** lebenden Wesen. Während eines Plutotransits kann man immer auch einen Teil des Schmerzes befreien. Allerdings geht es erst hinein und dann erst wieder heraus.

Um Pluto auf die Spur zu kommen, reicht die Betrachtung eines Lebenszeitraums nicht aus. Das alte Wissen beinhaltet alle Erfahrungen, die im kollektiven Weisheitsgefäß zusammengetragen wurden. Aus ihnen ergibt sich das, was wir Magie nennen. In plutonischen Zeiten ist das Weisheitsgefäß geöffnet, und wir können hineinschauen. Einen Blick hinein werfen. So tief, wie wir es zulassen. Weisheit entsteht aus transformiertem Schmerz. Sie setzt sich zusammen aus den geweinten und eingefrorenen Tränen unserer Vorfahren und Vorfahrinnen, wobei es auch unsere Aufgabe sein kann, diese Tränen für sie zu weinen, aus dem Kampf ums Überleben, aus vielen Todeserfahrungen, aus Liebesleid, aus ungeborenen und geborenen Kindern, aus allem, an dem das Herz je hing und das wieder losgelassen werden musste. Weisheit weiß, dass Leben auch den Tod mit sich bringt. Mit jedem Plutotransit geht auch ein kleines oder größeres Sterben einher. Eine Vorstellung, eine Sichtweise, eine Situation, ein Haus, ein Partner, vielleicht auch ein Tier (je nachdem) möchte losgelassen, „geopfert" werden, um das Neue zu erlösen. Ein solcher Prozess **ist** schmerzhaft. Und doch lassen sich ohne die vielen kleinen Tode keine Schwellen überschreiten.

Schattenanteile

Plutonische Zeiten führen hinab in die seelische Unterwelt. So tief, bis kollektiv verdrängte Wahrheiten gefunden werden. Ein plutonischer Ort ist kein schöner Ort, sondern einer der Angst, bisweilen des Grauens oder der Dunkelheit. Normalerweise spalten wir das Ungute, Unschöne, das Gift in unserem Geist ab und projizieren es auf andere. Denn wir sind verhaftet mit dem, was wir mögen und aufgrund unserer Erfahrungen mit „gut" bewertet haben. Nähert sich nun Pluto einem Geburtsplaneten, wird auch die verborgene verdrängte Kehrseite der jeweiligen Thematik beleuchtet. Meist geht damit ein Erschrecken einher. Das, was man am wenigsten wollte, ist plötzlich zu einer Facette der Wirklichkeit geworden, und das Bewusstsein kann zunächst einmal nicht damit umgehen. Zu plutonischen Zeiten erfahren wir, wie wir beispielsweise auf Verrat, Verlust, Untreue reagieren. Oder es manifestiert sich eine solche Unzufriedenheit, dass sich erst einmal eine Depression einstellt. Gepaart mit Angst, die sich bis zu Panik, Desorientierung, Angst, verrückt zu werden, etc. steigern kann, kämpfen die sicheren Anteile darum, der tiefer liegenden Wildheit auszuweichen. Die jedoch möchte angetroffen und integriert werden.

Ein persönlicher Schatten kann vielerlei Gestalt annehmen. Manchmal sind es Geheimnisse der Ahnen und Ahninnen, die verborgen weitergegeben wurden, ohne jemals ihre Magie zu verlieren. Das heißt, sie leben immer noch als unbewusste Mitgestalter der Wirklichkeit. Solche Geheimnisse formen die Wirklichkeit so stark, dass man immer wieder an der gleichen Stelle im Leben meint, gegen eine unsichtbare Wand anzurennen. Es geschieht wie von Zauberhand genau das Gleiche wieder und wieder und lässt sich nicht ändern. Ein deutlicher Hinweis, dass wir es hier mit einem Schattenanteil zu tun haben. Da noch keiner unserer Vorfahren eine Lösung wusste oder an dieser Stelle weiter kam, fällt sie uns auch nicht ein. Umso größer die Verzweiflung, dass es „schon wieder so ist". Plutonische Geheimnisse und Gefühlsmagie sind sehr tief im Unbewussten verwurzelt. Fast könnte man sagen, es ist der Klebstoff, der die Bindungen, die wir eingehen, zusammenhält.

Erlösen

Erlösen heißt, etwas, das unter einem Bann steht, zu befreien. Zu Beginn eines Pluto-Transites ahnt man nicht einmal, dass es etwas zu erlösen gibt. Denn zunächst sind die Schattenaspekte aktiv. Rache, Eifersucht, Neid, Hass, Trauer, Enttäuschung, Ungerechtigkeit, Wut, irgendein Gefühl der Negativpalette wird übermächtig. Normalerweise gelingt es, diese unschönen Gefühle zu verbergen oder unter Kontrolle zu halten. In plutonischen Zeiten treten sie mit aller Macht an die Oberfläche. Denn auch sie gehören zu unserem Weisheitsschatz und haben eine gehörige Menge an Kraft an sich gebunden. Das merkt man besonders dann, wenn sie einen im Griff haben. Denn man ist wenig geübt, mit ihnen umzugehen, zu sehr war man damit beschäftigt, sie ins Verborgene zu verdrängen. Da aber Zerstörung zum Erfahrungskreis des Ganzen dazugehört, werden die zerstörerischen Anteile mit Plutos Daherkommen aktiv. Nun besteht die große Kunst darin, diese Negativanteile in persönliche Verbündete oder Schutzkräfte zu verwandeln. Dies kann Schritt für Schritt gelingen, wenn man einige Regeln einhält.

1. Hüte dich vor Schuldzuweisungen. Besinne dich ganz auf dich und deine Kraft. Du bist diejenige, die ihre Negativprojektion auslebt. Es sind **deine** negativen Gefühle, die aktiv sind.
2. Nimm dich der negativen Gefühle an. Sorge für sie. Gib ihnen Raum, um da sein zu dürfen. Halte dich aus. Halte aus, was dir der Wahrheitsspiegel zeigt. Höre aufmerksam auf deine innere Stimme, auch wenn du sie am liebsten abstellen oder betäuben möchtest.
3. Versuche, ihnen eine Form zu geben. Welche Person, welches Wesen könnte eine solch intensive Ansammlung von negativen Gefühlen tragen? Male dieses Wesen.
4. Gib dem Phantom einen Namen. Verwandle es in einen Ansprechpartner.
5. Widme dich dem Schattenwesen solange, bis du es anerkennen und akzeptieren kannst.
6. Versuche, dich in es einzufühlen. Was könnte seine Motivation sein?
7. Erschrecke nicht, sie ist nicht „gut".
8. Kannst du die Motivation in eine dich schützende Kraft verwandeln?

Ist dies gelungen, ist das schon die halbe Miete. Es ist lebensnotwendig, dass wir uns während Plutonischen Zeiten aus dem Opfer-Täter-Geschehensmuster befreien. Wir müssen es praktisch an der Wurzel durchtrennen.

Ob wir das Haus verlieren, die Eltern, den Lebensgefährten, die beste Freundin, das Gesicht oder anderes, mit dem wir uns stark verbunden meinen - solange wir uns in Rachegedanken oder Selbstmitleid ergehen, bleiben wir an den Verlust gebunden und in der Vergangenheit stecken. Wir haben dann nicht unser gesamtes Energiepotential zur Verfügung und erschöpfen uns, indem wir auf der Stelle treten und um den Verlust kreisen. Genau dies aber passiert normalerweise in Plutozeiten. Reduziert auf die sich verselbstständigenden Negativgefühle, geben wir ihnen mit unserer Aufmerksamkeit immer mehr Kraft. So werden sie stärker und stärker und nehmen uns das Ruder aus der Hand. Ganz im Bann einer schwer zu bändigenden Erfahrung stehend, vergessen wir bisweilen sogar, wer wir sind. Das ist die „schwarze" Magie des Unbewussten. Häufig haben verschiedene Vorfahren bereits eine ähnliche plutonische Erfahrung gemacht und die damit verbundenen Gefühle nicht verarbeitet, deshalb ist es auch so schwer, auf das innere Geschehen Einfluss zu nehmen. Das psychisch Vererbte wirkt und vernebelt die Sicht. Wir wollen mit aller Macht zurückhaben, was bereits verloren ist. Nun tobt ein Kampf, der sich aber – und das ist gewiss – irgendwann erschöpft. Es bleibt zunächst nichts zu tun, als sich zu ergeben. Anzunehmen, was ist.

ÜBUNG: DEN SCHATTEN FINDEN

Suche Informationen über die Geschichte der Frauen deiner Familie. Vertiefe dich in Fotos, Familienbücher, Stammbäume. Male dich, deine Mutter, deine Großmütter und deine Urgroßmütter auf ein Blatt Papier. Das brauchen keine Portraits zu sein. Es genügt, dein Gefühl für die einzelnen in Formen und Farben auszudrücken. Versuche, dich in sie einzufühlen. Was war wohl das Geheimnis deiner Großmütter, deiner Mutter? Mit welchem Gefühl konnten sie nicht umgehen? Was war wohl ihr persönliches Drama? Stell dir deinen Plutobereich vor, wie einen Kelch, in dem Erinnerungen gelagert sind. Male diesen Kelch und fülle ihn mit den Erinnerungen deiner Vorfahrinnen. Versuche, ihn im Körper zu lokalisieren. Wo ist dieser Kelch in dir aufbewahrt? Wandle die Erinnerungen in Symbole um. Gib diese Symbole deinen Ahninnen zurück. Sage ihnen, dass du ihre Empfindungen anerkennst, dass sie aber in ihrer Verantwortung liegen, nicht in deiner. Beobachte genau, welche Reaktionen das bei dir auslöst. Kannst du zurückgeben, ohne dich schuldig zu fühlen? Normalerweise füllt sich jetzt der Kelch mit deinem ursprünglichen Lebensgefühl. Wie sieht das aus? Welche Farbe, welche Qualität hat es? Was könnte sich in deinem Leben ändern, wenn du diesen Teil zu leben beginnst? Wie ist das veränderte Körpergefühl?

Meine Mutter litt an Ungewolltsein und Schuld. Meine Großmutter litt an Enttäuschung. Sie wurde schwanger verlassen. Meine andere Großmutter litt an Trauer über den Verlust ihres im Krieg gefallenen Mannes. Alle Frauen zogen ihre Kinder alleine groß und lebten nicht mit den Vätern ihrer Kinder zusammen. Mir fehlen vier Geschwister, die nicht auf die Welt kamen, weil sie bereits vor meiner Geburt abgetrieben wurden. Der Kelch füllt sich mit der Bitterkeit meiner enttäuschten Oma. Sie hat die Form einer kleinen Säge, die Liebe gleich in Schmerz verwandeln kann. Die eingefrorenen Tränen des Verlusts meiner anderen Großmutter verwandeln sich in eine rote Plastikrose, die sich mit dem Leben arrangieren kann, ohne dies jedoch mit ihrem Duft zu beleben. Das Ungewolltsein und die Schuld der Mutter verwandeln sich in ein klebriges schwarzes Loch, das Taubheitsgefühle auslöst und unsichtbar macht.

Ich gebe das schwarze Loch zurück. Die Schuld ist nicht meine und auch nicht deine. Ich ehre deinen Schmerz. Ich gebe die Säge zurück. Die Bitterkeit ist nicht meine, ich brauche nicht, wie du, jedes Nähegefühl gleich zu durchtrennen. Ich erkenne deine Enttäuschung an, aber sie ist nicht meine. Die Rose ist für dich Oma, ich trauere mit dir um meinen Großvater.

Übrig bleibt der Schmerz um die verlorenen Geschwister. Der ist meiner. Mir fehlt die große Familie bis heute. Aus diesem Schmerz heraus hat sich die Schattenfigur in mir gebildet. Es ist eine schwarze Frau, verführerisch, die keine Bindungen eingeht. Sie gehört niemandem, sondern ist dem Tod verpflichtet. Sie lebt ein eigenwilliges Leben, das niemand braucht. Eigentlich wartet sie drauf, zurückzukehren. Zu ihr passen unzuverlässige Partner, die ihrerseits keine Bindung eingehen. Sie ist das vorprogrammierte Beziehungsleid.

Ich male die vollzählige Familie von sieben Mitgliedern. Das tut gut. Die Schattenfrau weint.

Unverarbeiteter Verlust kann zu vielen Verdrängungsmechanismen führen. Ganz gleich, wie diese beschaffen sind, wird immer wieder das Thema Verlust auftauchen, sich bestätigen und die Erinnerung nähren. Immer wieder wird die Schattenfigur dann wach werden und die anderen Persönlichkeitsanteile davon überzeugen, dass dies die Wirklichkeit ist. Während Plutotransiten kommen diese Negativ-Verhaftungen ans Tageslicht. Jetzt bricht normalerweise Panik aus. Hier wurde noch nie eine Lösung gefunden. Was tun?

Ich trete in Kontakt mit der Schattenfrau. Sie gibt ihre Einstellung preis. Sie hasst das Leben, weil es Liebe ist. Sie aber fühlt sich um die Liebe betrogen. Deshalb hält sie sich fern. Sie hat auch eine sehr spirituelle Komponente, die sie allerdings einsetzt, um sich vor der Liebe zu schützen.

Ich bin schockiert. Eine untreue Todesbringerin sitzt in mir und führt eine Art Eigenleben, weil ich sie nicht beachtet habe. Eine Lebenshasserin, eine Liebestöterin, eine Rächerin. So geht das nicht. Ich danke ihr, dass sie mich bis hierher gebracht hat. Jetzt wird es Zeit, sich zu verändern. Sie hat einen Haufen Kraft. Selbst wenn alle Ressourcen aufgebraucht sind, hat sie Vertrauen, dass es weitergeht, denn sie fürchtet den Tod nicht.

Aha, hier kann ich einhaken. Das ist ja toll. Vielleicht braucht sie das Leben nicht zu hassen, wenn sie sich ihrem Schmerz stellt? *„Ich wollte nie alleine sein"*, sagt sie. Ich wollte immer gemeinsam mit der Familie sein. Alles ist mir genommen worden, und dann sollte ich noch das Loch in der Mutter füllen. Das ist mir zu viel. Ich möchte mal nur für mich verantwortlich sein: Schlafen, nichts tun, umsorgt werden, dann kann ich dem Leben etwas abgewinnen. Aber bisher war es nicht so. Immer sollte ich retten und trösten - das sehe ich nicht ein. Deshalb bin ich in die Verweigerung gegangen. Jetzt bin ich erschöpft.

Sie kann sich neu beleben, wenn sie sich der Gruppe öffnet und der Gruppendynamik vertrauen lernt. Ich möchte sie einer neuen Familie zuführen.

Die Lösung heißt erst einmal: *Mit Freude sorge ich für die Vollständigkeit meiner Familie.* Ich male mir eine Sonne mit sieben Strahlen und besetze die mit Gruppen, denen ich mich zugehörig fühle. Das tut gut. Die Schattenfrau ist interessiert. Sie freut sich jetzt, eingeladen zu sein und dazu zu gehören. Gerne tauscht sie sich mit anderen Familienmitgliedern über deren Schattenseiten aus.

Einige Wochen später ist sie dann tatsächlich zu meinem Schutz bereit. Sie kann sehr genau prüfen, welche Bindungen lohnend sind und welche bloß meine Energie rauben.

Trotz allem komme ich im Alltag immer wieder zu der gleichen Erkenntnis, die mich nicht weiterbringt und für die es keine Lösung zu geben scheint. Es gibt in mir eine magische Bindungsenergie, die auf Depressive, besonders Mütter, reagiert und im Zusammentreffen dann automatisch Verantwortung für diese Personen übernimmt. Der Dienst, den ich dann leiste, ist objektiv unangemessen, d.h. ich fühle mich ganz selbstverständlich verpflichtet, zu helfen. Fast ist es so, als sei ich für das Leben Verzweifelter verantwortlich.

Die Dichte der Erfahrung und das Gefühl, keine Wahl zu haben, deuten auf einen plutonischen Zwangsmechanismus hin, aus dem ich mich nicht lösen kann. Ich bitte also eine Therapeutin um Hilfe. Diese begleitet mich auf einer Innenreise.

FOCUSING ZUM PLUTONISCHEN BINDUNGSTHEMA

Das Thema heißt: *Wie kann ich mich aus der scheinbaren Verpflichtung gegenüber depressiven Müttern lösen?*

Jenes Thema macht sich in meinem Körper als Druck und Übelkeit im linken Eierstock bemerkbar. Das innere Bild, das dazu entsteht, ist ein mit schwarzem Plastikband umwickeltes Endstück des Eierstocks. Der Bereich, an dem die Eier sich lagern, ist komplett umschnürt, so dass anscheinend auch kein Blut durchdringen kann. Damit verbunden ist ein Gefühl des Ekels und der Abscheu. Die Situation scheint unlösbar. Je weiter wir in dieses Bild vordringen, desto weniger Luft bekomme ich. Meine ganze linke Seite ist nun betroffen, einschließlich der linken Seite der Luftröhre. Es gelingt mir jedoch, unter dem Bild hindurchzuatmen und so ein wenig Abstand zu gewinnen. Das Gefühl ist: So war es schon immer, genauer, seitdem sich die ersten Zellen in mir ausbildeten, um zu einem Eierstock zu werden. Mit dieser Erkenntnis befreit sich blitzartig eine Erinnerung: Seit diesem Zeitpunkt „weiß" ich, dass ich das fünfte Kind in der Familie wäre. Die anderen vier wurden abgetrieben. Die Erinnerung setzt eine große Traurigkeit in Bewegung. Ich weine darum, dass wir uns nie getroffen haben. Nun löst sich auch die schwarze Umschnürung um meinen Eierstock. Es fallen die Embryos heraus, die ich nun ins Licht schicken kann. Ich habe in mir eine Erinnerung gebunden, die zum einen nicht zu mir gehörte (es war die Erfahrung meiner Mutter, die sich in mir weitertransportierte) und zum anderen dafür sorgte, dass ich immer unter einem „unbenennbaren" Gefühl des Verlustes litt. Die große Trauer brachte das steckengebliebene Gefühl wieder in den Fluss. Es scheint mir in der Vorstellung zudem so, als seien nun auch die ungeborenen Geschwister befreit und könnten jetzt zu wahren Lichtwesen werden, die sich weiterentwickeln. Eine enorme Last der Verantwortung fiel von mir ab. Das Körpergefühl änderte sich, und der linke Eierstock schien gesund zu sein und frei. Gleichzeitig war ich gelöst und glücklich, eine Menge Kraft kehrte zurück.

In den kommenden Wochen merkte ich deutlich, dass ich eine gesunde Distanz zum Thema gewann. Ich konnte Depressiven begegnen, ohne handeln zu „müssen", ich hatte die Wahl. Ich merkte, dass es genügt, dazusein, und es gut tut, den anderen in seiner Verantwortung sich selbst gegenüber zu lassen. So kann auch der sich bewegen und die ihm angemessenen Schritte finden. Die ungesunde unbewusste plutonische Bindungsenergie war befreit und verwandelt worden. Eine gewisse Leichtigkeit schloss sich an den Prozess an.

Wahrheitsfindung

Pluto als transformierte Energie hat die Weisheit der Unterwelt inne. Wenn wir den Tod nicht fürchten, nicht herbeisehnen, sondern achten und als Teil des Lebensprozesses integrieren, entsteht die Freiheit des Geschehen-lassen-könnens. Plutos Röntgenstrahlen prüfen die Motivation: Was hält mich in Gang? Aus welchen verborgenen Motiven heraus handle ich? Lebe ich der Wahrheit gemäß?

Wahrheit ist wie eine Zwiebel, die sich erst beim Häuten herausschält. Es mag z.B. sein, dass ich mir ein harmonisches, integriertes Leben wünsche, aber diesen Wunsch als Anspruch mit mir herumtrage. Pluto ist da unerbittlich und lehrt: Lebe deine Wünsche und übernimm dafür die Verantwortung. Sorge dafür, dass sich deine Motivation umsetzt.

Hass

Bei einem Vortrag über tibetische Medizin sprach der mittlerweile verstorbene Leibarzt des Dalai Lama, G. Choedrak, in hohem Alter über die Jahre der Folter, die er durch den Aufenthalt im chinesischen KZ ertragen und überlebt hatte. Ohne Vorwurf sprach er über unendlich grausame Dinge, die ihm angetan wurden, dabei lächelnd seine Gebetskette drehend. Ein Auge war völlig erblindet, u.a. war ihm auch das während einer Folter genommen worden. Er hatte sechs Monate in Einzelhaft zu einer Kugel zusammengeschnürt verbracht, mehrere Jahre im Steinbruch überlebt, wobei er als Jahresration für seine Ernährung ein Pfund Mehl erhielt, u.v.m. Er musste zusehen, wie alle seine Mitgefangenen an Schwäche starben. Er war der einzige Überlebende. Er sagte, das Geheimnis sei: Er hätte niemals seine meditative Haltung aufgegeben. Er hätte mit aller Kraft das Wissen aufrecht erhalten, dass alles, was ihm widerfährt, Illusion sei, ein Spiegel seines eigenen Geistes, nicht mehr und nicht weniger. Was ihm geschah, musste die Konsequenz einer Fehlhaltung in früheren Leben sein. Es galt, dies zu erkennen und sich nicht mit der Erfahrung zu identifizieren. Dann sprach er leise und eindringlich weiter:

> *„Das kleinste Fünkchen Hass verbindet dich mit deinem Gegner und gibt ihm Macht über dich. Dieses Gefühl gilt es, an der Wurzel zu durchtrennen. Und so ist es unmöglich, das dir jemand das Leben nimmt, bevor die Zeit dazu reif ist..."*

Ich war damals von seinem Vortrag zutiefst berührt.

Spannend ist es, sich in ungewohnten, unangenehmen und feindseligen Situationen zu erleben. Welche Reaktionen steigen in dir auf? Wirst du auch feindselig? Es ist ungeheuer schwer, dies nicht zu tun. Wenn ja, was zwar normal ist, lebt man, den Worten des tibetischen Arztes zufolge, nicht der Wahrheit gemäß. Denn die bedeutet uns, unter keinen Umständen den Kontakt zur allumfassenden Liebe zu verlieren. Darin zu ruhen wie in einem Pool. Aus dieser Haltung heraus, kann nichts „Böses" geschehen, denn die Wahrheit lässt sich nicht zerstören. Werde ich aber verletzt und reagiere darauf nicht, mache ich mich dadurch nicht gleich zum Opfer. Eher entsteht dadurch Raum, und der Angriff verpufft im Nichts. Hänge ich meine Gedanken nicht an die Verletzung, sondern lasse sie ziehen, wird mein Lebensfluss nicht von ihr beeinträchtigt. Nur die Verhaftung, die durch Rachegedanken geschürt wird, hält die Wahrnehmung in einem höllengleichen Raum fest. So manifestiert sich Ungewolltes. Wenn ich mir Frieden wünsche, muss ich selbst bereit sein, negative Geistesgifte zu erkennen und loszulassen. Wahrscheinlich ist dies eine Übung, die einen zumindest ein Leben lang beschäftigen kann.

Normalerweise sind wir dem „Auge um Auge, Zahn um Zahn verhaftet". Doch daran schließt sich leider: „Wie man in den Wald hineinruft, schallt's wieder raus."

Integriere ich das Wissen um plutonischen Tod und Zerstörung mehr, erkenne ich dann das Leid, das daraus entsteht, dass jeder lebt, als hätte er nur das eine Leben. Ich erkenne dann das Leid, das daraus entsteht, dass man haben will und daran festhält. Ich erkenne das Leid, das aus Gier entsteht, aus abhängiger Leidenschaft und aus Bösartigkeit, aus Hass, aus Verrat und Betrug. Ich erkenne, wie sehr sich jemand selbst verletzt, wenn er andere verletzt. Dann entsteht tiefes Mitgefühl mit der Unwissenheit, die Zerstörung und Tod leugnet. Sie hält den Geist in einem Sog des Immer-mehr-haben-wollens gefangen, in ewiger, unersättlicher Gier nach mehr.

Wenn ich weiß, dass alles auch ein Ende hat, kann ich den Augenblick genießen, anerkennen, ganz ausschöpfen, ohne daran hängen zu bleiben. Ich kann mich offen und vertrauensvoll in etwas hineinbegeben und auch wieder herausgehen oder andere herausgehen lassen. Denn ich brauche die Wirklichkeit oder die Begegnungen nicht mehr zu manipulieren.

Manipulation

Wenn ich davon überzeugt bin, die wichtigste Person im Universum zu sein, möchte ich, dass alle anderen das auch merken. Sie werden dann zu austauschbaren Handlangern meines schon im Ansatz falschen Grundbedürfnisses. Wenn sie tun, was ich will, sind sie gut, ansonsten schlecht. Ich brauche also dann immer neue Handlanger, die ich benutze, um mich gut zu fühlen. Auch das ist ein ganz natürliches Szenarium, das beinahe jedes Ego entwirft. Und doch tut es gut, immer mal wieder über den eigenen Schatten zu springen und z.B. einem Menschen die Hand zu reichen, der „falsch" gehandelt hat. Denn so lässt sich neuer Erfahrungsraum betreten. Falsch und richtig relativiert sich völlig unter Plutotransiten. Es geht eher um die Erfahrung des Hinein und Hinaus, wobei die Dimension der Tiefe der Erfahrung über den Erfolg bestimmt.

Plutonische Begegnungen*

Plutonische Energie wird mit dem Unterleib in Verbindung gebracht und mit Sexualität. Normalerweise werden Kinder in einem sexuellen Akt empfangen und gezeugt. Dieser kann sehr schön und innig aber auch gewaltsam und scheußlich sein. Unsere Eltern und die Art ihres Zusammenspiels zogen uns magisch an. Manche sprechen vom „karmischen Wind", der einen zwingend zu den Eltern hingepfiffen hat. Etwas in ihrem Zusammensein, in ihrer Art hat uns so sehr entsprochen, dass es kein Zögern gab.

Der Moment der Zeugung hat stattgefunden. Der Samen des Vaters hat sich auf dem Weg zum Ei der Mutter gemacht, es erreicht und - wir waren dabei. Nun mussten wir uns aber noch erfolgreich einnisten und so lange im Mutterleib verweilen, bis ein eigenes unabhängiges Leben möglich wurde.

ÜBUNG ZUR EMPFÄNGNIS

Besorge dir zwei verschieden farbige Klumpen Ton (jeweils ein Kilo).

VORBEREITUNG:

Schneide dir ein Stück ab und spüre den Ton lange in deinen Händen. Lasse sie sich langsam an das Material gewöhnen, lass sie kneten und quetschen und formen.

1. AUFGABE:

Wie hat deine Mutter dich empfangen? Halt einen Moment inne, mach die Augen zu und lass dich spüren, wie es war, im Bauch deiner Mutter zu landen. Manche empfinden sich gleich willkommen und angenommen, landen weich und zärtlich. Andere haben Mühe, anzudocken.

Ich habe sofort das Gefühl, als würde ich aufgespießt. Aus dem Ton forme ich eine Schale, die in der Mitte eine Spitze, einen Stachel hat. Mich selbst forme ich aus dem andersfarbigen Ton als eine halbe Kugel, die von dem Stachel durchbohrt in der Halbschale landet.

2. AUFGABE:

Wie hast du dich eingenistet? Mach wieder die Augen zu und spüre dem nach, wie es dir gelungen ist, dich festzusetzen. Du warst erfolgreich, du wurdest ausgetragen.

Wieder fühle ich ihr Greifen nach mir fast gewaltsam. Ich spüre aber auch, wie ich nach ihr greife, fast als krallten wir uns ineinander. Ich forme zwei verschieden farbige Halbschalen mit Fingern, die ich ineinander füge und miteinander verbinde, zu einer Kugel verklebe.

---

* P.N.

3. Aufgabe:

Wie hast du dich in der Folgezeit im Mutterleib gefühlt? Der Bauch deiner Mutter wird angepasst an dein Wachstum größer. Was ist dein Hauptgefühl für den Rest der Schwangerschaft: Sicher, fest, geborgen, unruhig etc.?

Ich forme ein Füllhorn als Mutterbauch und lege mich selbst dort hinein, ich bin aufgehoben und mit allem in Kontakt, was das Füllhorn bedeutet: Es ist ihr Gefühlsreichtum im Guten wie im Schlechten, von ihm bin ich umgeben, aber nicht gewürgt. Das Tonobjekt sieht aus wie eine Eistüte mit einer Kugel, die in sie hineinpasst und grad eben beweglich ist.

Es ist eine Leistung, sich im Mutterbauch einzunisten. Diese Tatsache wird aber von uns, denjenigen, denen es gelungen ist, völlig vergessen. Erst wenn wir selbst Fehlgeburten erleben oder eine Freundin eine Fehlgeburt erleidet, wird uns schmerzlich klar, dass diese Tatsache nicht selbstverständlich ist. Diese erste Bindung einzugehen, muss gelingen, damit wir uns überhaupt entwickeln können.

Diese erste Bindung ist meines Erachtens mit Pluto verbunden. Der Geburtsprozess selbst - vor allem die Austreibungsphase - hat dann weiteren plutonischen Charakter. Die Zeit für den Wechsel ist reif, eine Schwelle will überschritten werden, das Kind wird durch den Kanal hinausgezwängt: Diese Tunnel-Erfahrung wird uns später während der Plutotransite wieder begegnen. Sie zeigt sich z.B. in dem erschreckenden Gefühl, dass über Phasen kein Licht am Ende des Tunnels in Sicht ist, dass wir uns ohnmächtig eingezwängt fühlen, dass alles stagniert, es nicht vor und zurück geht, bis schließlich und endlich doch wieder Bewegung entsteht und wir bemerken, dass sich etwas Neues bereits in Vorbereitung befand - eine Neugeburt steht an. Manche von uns haben aber auch erlebt, dass sie auf die Welt geholt wurden, weil das Zusammenspiel von Mutter und Kind nicht hinreichend für eine normale Geburt war. Manchmal ist einfach Hilfe von außen nötig. Dies gilt auch für die Schwellen, die während der Pluto-Transite überschritten werden wollen.

Es ist interessant, die Mutter nach den Umständen der Geburt zu befragen, die Perspektive des Kindes, die doch sehr anders sein kann, müssen wir aber von innen her aufspüren.

Stanislav Grof, der Experimente mit LSD gemacht hat, schreibt über die Erfahrungen der Austreibungsphase, die Menschen während des LSD-Trips erinnern können, dass sie ähnliches berichten:

Mit der allmählichen Fortbewegung des Fötus durch den Geburtskanal geht ein gewaltiger Kampf ums Überleben einher, „... massiver mechanischer Druck von außen sowie häufig Sauerstoffmangel und drohendes Ersticken. In der letzten Phase der Geburt kann der Fötus in enge Berührung mit biologischen Stoffen wie Blut, Schleim, Fruchtwasser, Urin oder gar Kot kommen." (S.117). Die Bilder, die sich an diese Phase knüpfen, sind nach Grof häufig die von Titanenkämpfen, Vulkanausbrüchen, Kriegen, dem Kampf mit wilden Tieren, dem jüngsten Gericht, dem Kampf von Dämonen und Engeln etc. Manche werden erinnert an Folter, Selbstopfer, Hinrichtung und Vergewaltigung. Dieses Leiden kann mit intensiven sexuellen Gefühlen einhergehen. Ein gewaltiges Feuer der Zerstörung und Umwandlung wirkt. Geburt und Tod sind in naher Verbindung, Tod und Wiedergeburt in einem erfahrbar und von großer spiritueller Kraft.

Je nach Geburtsverlauf werden die einen oder anderen Eindrücke tiefer und bestimmender. Die Kinder, die gut überleben, erfahren nach der Austreibungsphase und dem Durchgang die „Belohnung" in einem Gefühl von Befreiung. Auch dies ist analog zum Transitgeschehen.

Die vierte Ebene nach dem Einnisten und Drinbleiben und nach der Austreibungsphase, die ich mit Pluto in Verbindung bringe, ist die extrauterine Zeit der ersten Monate im Zusammenspiel von Mutter und Baby. Wie ist es nun möglich, dass zwischen Mutter und Kind ein Austausch geschieht, der nährend und schützend ist, der zuverlässige Sicherheit bietet, in dem sich Vertrauen bildet bzw. Urvertrauen bestätigt? Welcher Art ist ihre Bindung?

Wenn wir uns tief auf die eigene Geburtserfahrung einlassen, vielleicht Bilder anschauen, wie „ein Kind entsteht", Bilder, die den Verlauf der Schwangerschaft und die Geburt zeigen, kann uns das anregen, zu malen oder wiederum mit Ton zu experimentieren, um das, was wir empfinden, auszudrücken. Wir können sozusagen unser Gefühl zu unserer Geburt aus dem Ton heraus arbeiten.

Auch das Ankommen in der Familie lässt sich nachempfinden (siehe dazu das Handbuch...) und in Aufstellungen neu erleben.

Wichtig ist bei alle dem, wie wir gelernt haben, uns zu binden und eine Bindung zu halten. Pluto ist der Planet, der uns lehren will, uns einzulassen und beizeiten loszulassen. In der hinreichend guten Beziehung zwischen Mutter und Kind wird dem Baby diese Loslösung erlaubt. In angemessener Weise kann es lernen, dass Weggehen gleichzeitig Wiederkommen bedeutet, dass es selbst weg- und wieder hinkrabbeln kann, und es kann nach und nach seinen Radius bei der Weltentdeckung vergrößern, ohne dass es dabei überfordert oder verlassen wird.

Wann immer uns Pluto im Transit aufsucht, wird Bindung und Loslösung ein Thema sein: Oft müssen wir uns erst von Altem, Überlebtem lösen, damit etwas Neues, Frisches oder sogar Passenderes in unser Leben treten kann. Dass Pluto immer wieder kommt, zeigt, dass Bindung und Lösung ein Tanz sind, der sich auf jeden Fall fortsetzt, bis wir unseren Körper loslassen müssen.*

---

* P.N.

Plutonischer Missbrauch
Abhängigkeiten und Ohnmacht

Nicht selten begegnet man während der Unterweltsreise eines Plutotransits nicht nur den magischen, sondern auch sexualmagischen Aspekten der Lebensschnur. Magisch heißt in dem Zusammenhang, dass man sehr stark an etwas gebunden ist, sei es durch Vereidigung in früheren Leben oder durch Versprechen, die gegeben wurden. Allerdings hat man dies längst vergessen. Natürlich sehen die magischen Aspekte in diesem jetzigen Leben „ganz normal" aus. So kann es während eines Plutotransits passieren, dass man sich z.B. „unsterblich" verliebt - die karmischen Anziehungskräfte sind viel stärker als gewöhnlich. Vielleicht fühlt man sich an jemanden gefesselt, obwohl man weiß, dass diese/r nicht gut für einen ist. Da man sich des karmischen Zusammentreffens aber nicht bewusst ist, können sich nun allerlei auch sexualmagische, missbräuchliche Situationen manifestieren, in denen möglicherweise Karma gereinigt wird. Ohnmachts- und Abhängigkeitsgefühle werden wach. Vielleicht entsteht auch der vergebliche Versuch, die Lebenssituation zu kontrollieren. Dennoch heißt die Lektion: Verluste integrieren! So geht es unter Umständen darum, ein altes Versprechen aufzulösen, mit dem ein ganzes Lebensmuster verbunden sein kann, eine entstandene Schuld abzutragen oder durch tiefen Schmerz zu einer verborgenen Erkenntnis zu gelangen. Die innere Unterwelt birgt viele Geheimnisse.

Das Herz der mythologischen Unterwelt wird durch Vertrauen betreten. Allerdings entwickelt sich das wirkliche Vertrauen erst dann, wenn die verborgenen Schwüre und Eide gelöst sind, die der Wahrheitsfindung im Wege stehen. Hier braucht es oft erfahrene BegleiterInnen, die bei der Loslösung mithelfen.

Zuflucht finden

Da es so tief in die Unterwelt hinabgeht, bis die Seele ihre Quelle gefunden hat, die sie wieder mit frischer Energie versorgen kann, ist eine plutonische Zeit auch eine Zeit der inneren Suche. Wenn ich alles verloren habe, an dem mein Herz hängt, was ist dann noch von mir übrig? Ist es gelungen, den Abschied zu akzeptieren, das Sterben des Alten zuzulassen, dann bin ich in einem delikaten, empfänglichen Zustand. Hingebungsvoll kann ich mich dann der unsichtbaren Welt widmen. Ich kann mir wünschen, Befreiung zu finden. Ich kann mich auf den Weg machen und einen Ort der Zuflucht aufsuchen. Jetzt haben es diejenigen, die bereits auf einem spirituellen Weg sind, leichter. Sie können tiefer eintauchen in die verborgenen Zusammenhänge und frisch gestärkt wieder auftauchen. Sie können ihre LehrmeisterInnen aufsuchen, um ihren Rat entgegenzunehmen. Sie können Zwiesprache mit ihrer „Robbenfrau" halten und sich von ihrem tiefen Wissen verzaubern lassen. Sie können etwas finden und es als Geschenk in die Welt tragen. Sie lassen sich berühren und von ihnen geht eine frisch gewachsene Faszinationskraft aus. Sie sind ein wenig unerschütterlicher geworden oder auch in der Schwellenzeit gereift. Tief eingebunden in den Erfahrungsraum der weisen AhnInnen, kennen sie ihre Zugehörigkeit ein bisschen besser. Das nennt man Vertrauen.

Andere aber machen sich an dieser Stelle auf den Weg, denn auch sie ahnen, dass es Bindungen gibt, die über den sichtbaren Erfahrungsraum hinausgehen. Sie brechen auf, um die Natur ihres Geistes zu finden und nähern sich so der Quelle an.

Hierzu eine Traumreise, die zu dem plutonischen Erfahrungsschatz der Urmütter führen möchte:

Willkommen am Weisheitsort des Mutterwissens

Eine Gruppe von Frauen sitzt im Kreis und hält sich an den Händen, wobei die linke nach oben zeigend empfängt und die rechte nach unten gerichtet weitergibt. Eine Frau leitet die Übung an:

Die Mondin steht über dem Kreis der Frauen, klar und voll. Nimm wahr, wie sie einfach da ist und durch ihre rhythmische Bewegung das Licht der Sonne reflektiert. Sie braucht dafür nichts zu tun. Es genügt, dazusein. Nimm wahr, wie sich die Mondin einfach zur Verfügung stellt, das spiegelnd, was ihr in der Bewegung begegnet. Sie sinkt jetzt in den Kreis der Frauen herab bis auf Nabelhöhe und strahlt dabei, als Kugel umherwandernd, sich drehend silbernes Licht in den Körperbereich jeder Frau. Jede wird berührt. Wenn das Licht voll auf dich scheint, ist die Mondin Spiegel. Du kannst dich darin erkennen. Im Widerschein kannst du dich sehen. Voll und leer wird sie und bleibt doch selbst die Gleiche. Das Licht nimmst du auf durch das Nabelchakra. So kannst du sein wie sie, dich stetig wandeln und in den Prozess vertrauen.

Nun lösen die Frauen die Hände und legen sich hin, mit den Füßen zur Mitte. Es entsteht ein Stern. Dabei löst sich dein Lichtkörper aus deinem Körper und geht auf die Reise. Du findest dich in einer natürlichen Umgebung wieder. Spüre die Atmosphäre und schaue dich um. Du entdeckst einen kleinen Weg, deinen Weg, der dich zu deiner persönlichen Quelle führt. Auch dort hältst du inne und nimmst die Beschaffenheit dieses besonderen Ortes wahr. Da diese Quelle wandlungsfähig ist, entsteht jetzt aus ihr ein Sammelbecken, in dem du baden kannst. Du legst deine Kleider ab und tauchst hinein in dein persönliches Quellwasser. Dein Lichtkörper reinigt sich dabei, und Verschmutzungen werden in Form von Lichtschlacken vom frischen Wasser abgespült. Sie sinken auf den Grund der Quelle, Nährstoffe bereitend für die Unterwasserwelt. Immer wieder tauchst du unter und bemerkst dabei eine Art Erdröhre, aus der das Wasser empor sprudelt. Die Röhre ist gerade so groß, dass dein Lichtkörper hineinpasst. In dieser Röhre ist genug Sauerstoff vorhanden, du kannst beruhigt weiteratmen. Spiralförmig fällst du nun langsam in die Erde hinein, der Quellröhre folgend. Bei jeder Umdrehung bemerkst du, wie du jünger wirst. Allmählich bekommst du eine Ahnung, du bist auf dem Weg zu dem Ort, an dem sich alle Mütter dieser Erde versammelt haben und wo sie ihren Weisheitserfahrungsschatz teilen. Du kannst diesen Ort nun klar erkennen, während du jünger und jünger wirst. Wie du dich dem Babyalter annäherst, bemerkst du, dass die Mütter schon einen besonderen Platz für dich vorbereitet haben, um dich willkommen zu heißen. Dort lässt du dich nieder und spürst dem Gefühl nach, vollkommen willkommen geheißen zu werden, angenommen zu sein vom Kreis dieser Mütter. Eine löst sich heraus, eine Art Patin und übergibt dir ein Lichtgeschenk. Dieses gehört an eine bestimmte Stelle in deinen Babykörper. Dort ist es gut aufgehoben und in Sicherheit. Während du das Lichtgeschenk aufnimmst, formuliert sich auch in dir, welche besondere Fähigkeit es dir verleiht. Du beschließt, diese Fähigkeit in der nahen Zukunft zu kultivieren und mit deiner Aufmerksamkeit zu nähren. Jetzt singen oder murmeln oder summen die Frauen dir ein Willkommenslied. Deine Patin trägt dich dabei liebevoll umher und zeigt dich den anderen. Nach einer Weile bringt sie dich wieder zu deinem empor sprudelnden Quellwasser. Du siehst jetzt auch, dass ganz viele Wasserströmungen zu dem Mutterort führen und von dort aus nach oben steigen. Alle haben hier ihre Wurzeln. Während du nun von den Wassertropfen deiner Quelle berührt wirst, merkst du, dass du ein bisschen älter wirst, so dass du dich von deiner Patin lösen und dich von ihr und vom Ort verabschieden kannst. Du weißt, dass du jederzeit zurückkehren kannst und immer willkommen sein wirst. Spiralförmig steigst du, langsam älter werdend, durch den Kanal wieder nach oben und spürst den Sog, der auch das Wasser auf die Erdoberfläche leitet. Dich diesem anvertrauend, erreichst du dein jetziges Alter. Du spürst nun, wo in deinem Körper Raum für die Erinnerung an das Lichtbaby und das Lichtgeschenk ist. Dort ist ausreichender Schutz für sein Gedeihen geboten. Dann tauchst du wieder auf, aus der Quelle an die Erdoberfläche und begibst dich zu deinen Kleidern. Dich schüttelnd und trocknend ziehst du sie wieder an und kehrst zurück zum Ort des Aufbruchs. Auch diesen verlässt du und kehrst in deinen Körper zurück. Wenn du soweit bist, komme wieder im Raum an.

Male dein Lichtgeschenk im Baby innerhalb deines Körpers und versprich dir, die Fähigkeit des Lichtgeschenks zu entwickeln.

Die plutonische Erfahrung bezeichnet den ewigen Kreislauf von Sterben und einer Neugeburt, die sich anschließt. Willkommen sind wir vor allem im Reich dazwischen, denn da liegt das Zuhause der Seele.

Plutos Rhythmus*

Als (Klein-)Planet, der am weitesten von der Sonne entfernt ist, braucht Pluto auch am längsten, um sie zu umrunden. Er braucht 248 Jahre. Das bedeutet, dass uns Plutotransite vergleichsweise lange begleiten. Da Plutos Bahn aber elliptisch ist (seine Bahn schneidet sogar die Neptunbahn und er ist zeitweilig sonnennäher als Neptun) - das unterscheidet ihn sehr von den anderen „richtigen" Planeten -, ist er in verschiedenen Abschnitten des Tierkreises verschieden lange zu finden. Durch den Stier läuft er in ca. 33 Jahren, durch den Skorpion eilt er in nur ca. 12/13 Jahren.

Wir haben also bei Pluto keinen für alle Generationen gleich bleibenden Rhythmus. Das Plutoquadrat kann einen mit 35 erwischen oder mit 60 und mehr.

---

* P.N.

Da wir in einer schnellen Plutophase leben, erwischt es uns früh. Ich, 1954 geboren, war schon 1992, mit 38 Jahren, dran.

Generell kann man sagen, dass die Zeit des Plutoquadrats dafür bereit steht, sich mit seinen alten Lasten, Zwängen und Negativ-Bindungen auseinanderzusetzen, mit dem, was sich in unserem jeweiligen Pluto-Pool angesammelt hat. Dass wir das heute schon sehr früh tun können, ist vielleicht eine Begünstigung durch das Schicksal, sicher ist es hier und da auch eine Überforderung, weil wir uns mit Mitte/Ende dreißig einfach nicht gerne von unseren Obsessionen trennen, da wir oft noch dem Glauben anhängen, diese wären das Salz in der Suppe unseres Lebens. Das mit Pluto einhergehende intensive Lebensgefühl ist, selbst wenn es schmerzhaft ist, eben doch intensiv und verführt zu weiterer Anhaftung.

Nichtsdestotrotz werden aber Teile des Plutoprogramms bearbeitet bzw. bearbeitbar. Im Plutopool sind die Überforderungen unseres Lebens. Hier sind die seelischen Zwangsjacken, in die wir hineingezwängt wurden, die wir uns anzogen. Die familiären Bindungen sind voll von bewussten und unbewussten Zwängen. Was Eltern in ihren Kindern sehen, was sie auf sie projizieren und was sie von ihnen erwarten, schafft die viel zitierten Charaktermasken, die wir uns zulegen, um geliebt zu werden, dazu zu gehören, nicht aus der Bindung heraus zu fallen. Hinter der Maske wartet dann das wahre Ich auf Befreiung. Die Zeit des Plutoquadrats kann hier hilfreich sein.

Ich persönlich erlebte es als eine Zeit, die mir ermöglicht hat, aufzuhören, gut und edel sein zu müssen. Der Stress, ein gutes Mädchen, ein guter Mensch sein zu müssen, konnte sich lösen unter der unendlich erleichternden Erkenntnis, dass auch ich bloß ein Mensch bin, Mensch unter Menschen, und dass auch ich ein Schwein sein kann, überhaupt nicht edel, überhaupt nicht gut und schon gar nicht perfekt.

Nun können die Integrationsleistungen unter dem Plutoquadrat verschieden sein, aber was immer Schatten war, will angesehen, akzeptiert und zurückgenommen werden. Als hätte man einstmals Geister ausgesandt und wäre nun endlich bereit, diese wieder zu sich nach Hause zu holen.*

---

* P.N.

Plutotransite
Zeiten der Heimkehr und der seelischen Erneuerung
Erlebnisberichte

„Spring - und das Netz wird sich auftun."

Pluto ist die seelische Erneuerung, die einem Loslösungsprozess folgt. Besonders zu Beginn eines Plutotransits bietet es sich an, durch Traumreisen oder ähnliche Methoden das Unterbewusste zu fragen, in welche Richtung die Entwicklung drängt bzw. auf welche Art der Glanz wieder die Augen der Robbenfrau erfüllen kann. Man spart sich dadurch die Zeiten des Fischens im Trüben und das Reden über „Unerklärliches". Auch spendet man den negativen Gedankenmustern, die ja ebenfalls während der anfänglichen plutonischen Phasen sehr stark wirken, erst mal keine Aufmerksamkeit. Normalerweise ist der Intellekt relativ ohnmächtig gegenüber der tiefen Bewusstseinschicht, die von Plutotransiten berührt wird, deshalb bietet es sich an, ihn erst einmal zu umgehen.

Ich möchte hier an dieser Stelle die Traumreise einer Klientin zu Beginn des Transites Pluto Opposition Merkur beschreiben. (Der Transit dauert noch bis November 2004 an):

Ihre Lebenssituation braut sich so zusammen, dass sie unzufrieden mit gewissen Gegebenheiten in der Ehe ist. Sie wünscht sich dringend eine neue Ebene der Kommunikation und des Miteinanders. Der Partner spielt jedoch zunächst nicht mit. Ihr Augenmerk ist vor allem auf das gerichtet, was nicht stimmt. Lösungen gibt es noch keine. Die Angst heißt: Wenn alles so bleibt, muss ich gehen - aber kann ich mir das überhaupt zutrauen? Zwei Kinder sind an der Entscheidung beteiligt.

Die Traumreise zu den Merkurwesen

Fühle, wie du bei jedem Atemzug von smaragdgrünem Licht erfüllt wirst. Stell dir vor, du begibst dich von einer grünen Wiese aus auf eine Reise. Diesmal brichst du innerlich auf zu einem Ort, wo sich all deine geistigen Freunde versammelt haben. Sieh dich um, wie ist die Atmosphäre dieses Ortes beschaffen? Welches gemeinsame Interesse verbindet diese Wesen? Was tun sie? Wie arbeiten sie zusammen? Eine Person löst sich aus der Gruppe heraus und heißt dich willkommen. Sie übernimmt für eine Weile deine geistige Führung. Dieses Wesen übergibt dir ein Buch, darauf steht dein Name. Der Inhalt dieses Buches berichtet über Themen, über die du Bescheid weißt, etwas, das du anderen mit Leichtigkeit vermitteln kannst. Blättere in diesem Buch und erkenne dich dafür an. Dann gibt die Person dir ein zweites Buch, darin ist alles festgehalten, was du auch weißt, aber nicht mitzuteilen wagst. Auch dieses Buch hat einen Titel. Schau ihn dir genau an. Öffne es und blättere um, bis du eine besonders wichtige Stelle findest. Lies dir ihren Inhalt kurz durch. Du kannst jetzt beschließen, dass du dein zweites Buch auch der Allgemeinheit zur Verfügung stellen wirst. Du kannst es wagen, es schrittweise zu veröffentlichen, denn es wird gut tun, mit diesem Thema in Austausch zu treten, um es zu heilen. Dann führt dich die Person in einen runden Raum, der leer ist. In seiner Mitte ist ein Springbrunnen. In diesen Springbrunnen stellst du dich. Du merkst, wie das Wasser deine Gedanken erfrischt und deine Mitteilungsbereitschaft verbessert. Sprich einen Wunsch aus, ich möchte lernen .... mitzuteilen. Du erhältst nun von dem dich beschützenden und führenden Wesen einen Schlüssel, der diesen Bereich in deinem Körper aufschließen kann. Nimm wahr, wo sich dieser bisher verschlossene Bereich in dir befindet. Stell dir vor, in diesem Bereich erscheint eine Farbe in Form von Licht, welche die Essenz seiner Eigenschaft ausdrückt. Bitte um ein Wort, das den Eindruck zusammenfasst. Bitte um ein Symbol, was dir helfen wird, diesen bisher vernachlässigten Bereich zu erschließen. Vielleicht entsteht auch eine Erlaubnis in Form eines Satzes, die du nun dir selbst gegenüber aussprechen kannst. Fühle die Erleichterung, die sich einstellen könnte, wenn du diesen Bereich stärker in dein Leben integrieren würdest.

Bedanke dich bei deinem dich freundschaftlich führenden Wesen und komme zurück.

So ungefähr waren die Anweisungen während der Traumreise. Susanne schlug von der grünen Wiese aus einen Waldweg ein, der sie in einen lichteren Wald brachte. Dort hatten sich allerlei gläserne, durchscheinende, klare, bewegliche Wesen versammelt. Die Sonne schien und ließ das Glas glitzern. Die Wesen lebten draußen. Sie erzählten leise miteinander und waren durch Freundlichkeit verbunden. Selbst wenn sie wollten, könnten sie nicht schreien, bemerkte Susanne. Deren Einstellung lautete: Das Hier und Jetzt ist ok, wir brauchen darüber hinaus keine gemeinsamen Ziele und Aufgaben. Es genügte den freundlichen Glaswesen, spazieren zu gehen, zu erzählen, zweckfrei miteinander die Zeit zu verbringen. Ihre Kommunikation gestaltete sich einfach, denn Freundlichkeit war die Basis. Ein Glasmann löste sich aus der Gruppe und übergab Susanne ein rehbraunes, in Leder eingebundenes Buch. Es war nicht besonders alt. Auf dem Einband stand schlicht „Susanne" und das Kapitel „Sprache" öffnete sich. Es war in Schwarzweiß gehalten, etwas nüchtern und faktisch aufgebaut.

(Damit konnte sich Susanne unter ein wenig bedauerndem Schmunzeln gut identifizieren.) Das noch nicht veröffentlichte Buch war ebenfalls in rehbraunes Leder eingebunden. Es trug den Titel: „Liebe". Es öffnete sich eine Seite mit dem Thema Güte. Susanne erkannte hier ihren Wunsch, warmherziges, verstehendes, wohlwollendes Betrachten in den Alltag mit einfließen zu lassen. Der gläserne Begleiter überreichte ihr den passenden Schlüssel, um den Bereich ihres Körpers zu öffnen, in den das Thema gehörte. Sie empfing einen silbernen, neuen Schlüssel, der in eine alte, verschnörkelte Form gegossen war. Dieser öffnete den Brustkorb. Darin entstand die Farbe orange und es zeigte sich als Symbol ein großes orangefarbenes Sitzkissen, das von Trotteln gesäumt war im indischen Stil. Es war von einem weichen, dicken Bezug ummantelt.

Susanne beschloss im Nachhinein, sich ein solches Kissen zuzulegen, um sich in der kommenden Zeit des Plutotransits an das Thema des unveröffentlichten Buches zu erinnern und vielleicht auch hin und wieder einige Zeit darauf zu verbringen, um mit dem Thema zu sein. Zunächst einmal staunte sie über die Bilder, die sich gezeigt hatten. So einfach hatte sie sich das Ganze nicht vorgestellt. Natürlich ist damit noch keine Alltagslösung gefunden, aber eine Richtung vorgegeben, die sich gut anfühlt.

Lernt man, konsequent bei seinen inneren Bildern zu bleiben und diese beharrlich ins Leben zu integrieren, fällt der Loslösungsprozess aus dem für die Seele unerträglichen Zustand leichter. Das Bewusstsein lernt so schneller, zwischen wahr und unwahr zu unterscheiden, denn es kann mit den Bildern des Unterbewusstseins zusammen arbeiten, weil sie ihm bekannt sind. Die Angst verliert allmählich ihre Bedrohlichkeit, denn es gibt schon so etwas wie einen gesunden Ausblick, worauf sich die Gesamtpersönlichkeit einstellen kann. Plutos Ansinnen drückte sich im Bild des unveröffentlichten Buches aus. Der Weg dahin wird sich in den kommenden Monaten bahnen.

Die Botschaft der Robbenfrau hat nichts Beängstigendes an sich, wie wir erfahren können. Im Gegenteil, die freundlichen Merkurwesen wollen stärker in das Leben eingebunden werden. Natürlich sind sie sehr anfällig für die Spiegelungen der Umwelteinflüsse. Denn ihr gläsernes Glitzern wird sich unter einer schwarzen Wolke schnell verlieren. Für Susanne stellt sich nun die Aufgabe, sich Lebensumstände zu schaffen, die fördernde Bedingungen für die Wesen bereitstellen. Es mag sein, dass dazu verschiedene Talfahrten beitragen werden. Fortsetzung folgt im Dezember.

—*Susanne 01. 07. 1956, Hannover, 11h36m MEZ*

Erlebnisbericht
Pluto Trigon Pluto im siebten Haus

WANDEL EINES BEZIEHUNGSMUSTERS

„Wer frei ist von Fehlern, werfe den ersten Stein"

Pluto-Transite leiten tief greifende Transformationsprozesse ein. Dass auch ein Trigon es in sich haben kann, zeigt die folgende Geschichte:

RAUS AUS DEM LEID!

Stefanie ist Malerin, seit 29 Jahren verheiratet und hat zwei mittlerweile erwachsene Kinder. Im Februar 2002, zur ersten Annäherung des Pluto-Trigons auf ihren Radixpluto im siebten Haus beschließt sie, sich von ihrem Mann zu trennen. Sie merkt, dass sie mit den ständigen Nebenbeziehungen, die sie seit Jahren duldet, nicht mehr länger umgehen kann. Der Entschluss bewirkte zunächst den Ausbruch einer großen Panik. Sie beschreibt den Ausgangszustand der verwandelnden Lebensphase in eigenen Worten folgendermaßen:

IM ALBTRAUM ERWACHEN - ANGST

Eine übermächtige Angst begann, sich in mir auszubreiten. Ich fürchtete den Sprung ins kalte Wasser, hatte Angst vor dem Alleinsein und wehrte mich gegen die immer stärker werdende Erkenntnis, auf das falsche Pferd gesetzt zu haben. Ich sah plötzlich ganz deutlich, dass meine Liebe nicht erwidert, sondern missbraucht wurde. In mir blieben Demütigung, Enttäuschung und Verletzungen zurück, starke Gefühle, die ich nicht mehr verdrängen konnte. Etwas zwang mich, hinzuschauen, mich meiner Wirklichkeit zu stellen. Dazu gesellte sich die Angst vor dem Wagnis, möglicherweise einen finanziellen Ruin in Kauf nehmen zu müssen.

Das erste Trigon von Pluto zu Pluto bringt Stefanie mit ihrer Situation in Kontakt. Die plutonische Energie macht auf seelische Verletzungen (in der partnerschaftlichen Ebene, 7. Haus) aufmerksam, die schon lange ungeheilt im Verborgenen liegen. Sie lassen sich nicht mehr länger bei Seite schieben, sondern zeigen sich durch das schmerzhafte Erwachen in der Wirklichkeit. Damit verbunden ist häufig das wachsende Bewusstsein darüber, wie viel Energie der Gesamtpersönlichkeit verloren geht, wenn sie sich weiterhin mit den unpassenden Gegebenheiten arrangiert. Man möchte die Situation zwingend verändern, da man bemerkt, dass ein innerlicher oder äußerlicher „Energieräuber" am Werk ist: Ein zentraler Konflikt, der das Leben in seiner fühlbaren Tiefe enorm beeinschränkt. So ist das erste Gefühl während des sich nähernden Plutos oft, „raus zu wollen". Dazu gesellt sich das unangenehme Gefühl, dass das eigene Leben bedroht sein könnte ohne die bekannte Bindungsstruktur (Angst vor dem Ruin).

DAS HINDERNIS ANTREFFEN

Gleichzeitig entwickelte sich - anfänglich noch sehr schwach - eine Bereitschaft, eben trotzdem ins kalte Wasser zu springen, den Weg aus der Angst und Unterdrückung zu suchen, in der ich mich befand. Mein Mann wehrte sich gegen meine anfängliche Entscheidung mit Druck und Manipulation, ich fühlte mich nach jedem Versuch der Aussprache mit ihm wie nach einer Gehirnwäsche.

Zunächst änderten wir die Wohnsituation. Ich zog eine Etage höher in eigene Räumlichkeiten. So waren wir zwar getrennt, blieben aber in Kontakt.

Die plutonischen Kräfte sind sowohl zerstörerisch als auch stark bindend. Stefanie bemerkt zwar die Bereitschaft, ein großes Risiko einzugehen, „ins kalte Wasser zu springen". Doch sie kennt die Lösung nicht. Sie fühlt, dass sie leidet, abhängig ist und sich manipulieren lässt. Jedoch muss sie erst das innere Muster kennen lernen, das sie in untragbaren Umständen festhält, und lernen, sich davon zu lösen. Im Außen manifesteren sich alle ihre Bedenken durch den Druck, den sie erfährt. Druck erzeugt Gegendruck, und so toben erst einmal die Kräfte im Streit um das Festhalten am Bekannten.

DEM SCHRECKEN BEGEGNEN

In meiner neuen eigenen Wohnung begann ich vorsichtig zeitweise wieder zu malen. Dennoch breitete sich eine tiefe Depression in mir aus, ein Loch, das mich das kommende halbe Jahr begleiten sollte. Der erste Schritt zu mir selbst war, es anzunehmen. Es verlor seinen unbenennbaren Schrecken, als ich es auf seinen Inhalt untersuchte. Es bestand aus den vielen Demütigungen, die ich durch Lügen und Betrogen werden als Verrat an mir selbst empfand. Darunter lag Verzweiflung und Hoffnungslosigkeit.

KÄMPFE, MANIPULATION UND FESTHALTEN

Das Phantom bekommt ein Gesicht. Durch die räumliche Trennung kann die Wendung nach innen geschehen. Der Schmerz wird stärker, kann aber dadurch auch genauer benannt werden. Nun tobt ein innerer Kampf, der sich aus der Hoffnung, etwas ändern zu können und dem Wunsch nach Heilung ergibt. Stefanie lernt, sich selbst und ihre Verzweiflung anzunehmen, nutzt allerdings die ersten sich regenden Plutokräfte so, dass sie versucht, die Beziehung zu ändern. Auch diese Reaktion ist relativ typisch für Pluto. Bevor eine Loslösung, ein sich Lösen geschieht, versucht man selbst, die Schmerzen über den drohenden Verlust zu umgehen, indem man mit aller Kraft festhält und die Situation mit allen erdenklichen Methoden manipuliert.

DIE ROLLE ZEIGT SICH

Zunächst versuchte ich noch, im Außen etwas zu ändern. Alle Mittel, die ich kannte, setzte ich ein, um das Blatt doch noch zu wenden. Ich konnte meine „gute Rolle", die ich spielte, jetzt klar erkennen. Demütig und devot versuchte ich mich so zu verhalten, dass es allen anderen Beteiligten gut ging - ohne Erfolg. Die Beziehung änderte sich nicht, mein Mann behielt seine Verhältnisse, und ich bekam nicht, was ich wollte... Bis ich in einer plötzlichen Eingebung die Ausweglosigkeit in der Situation sah - und die Scheidung einreichte. Nun entbrannte ein heftiger Kampf zwischen meinem Mann und mir: Ich sollte die Scheidung zurückziehen, da mir sonst der Unterhalt gekürzt würde. Aus Angst zog ich sie auch tatsächlich zurück - mir ging es deshalb nicht besser.

Im nächsten Schritt begegnet Stefanie der Rolle, mit der sie schon immer versucht hat, Beziehungen zu retten. Aber eine Rolle ist eine Rolle, man gibt, ohne zu empfangen und erschöpft sich im Gefecht. Auch dies macht Pluto deutlich. Als Stefanie das Unabänderliche erkennt, beginnt sie zu handeln und erst einmal ein Ende in Betracht zu ziehen. Mit dieser Entscheidung hat sich auch die Rolle überlebt.

2. AUSLÖSUNG PLUTO TRIGON PLUTO
DER SCHATTEN ZEIGT SICH

Glücklicherweise entschloss sich mein Mann zu diesem Zeitpunkt, seinen Wohnort in eine andere Stadt zu verlegen, um dort eine neue Beziehung zu etablieren. Durch die räumliche Distanz entstand zunächst eine gewisse Erleichterung. Aber meine Verlustängste holten mich schnell ein. Ich lernte meine Schattenseite näher kennen, die von Eifersucht, Neid, Hass und Missgunst geprägt war. Ich malte mir in meinen Fantasien Dinge aus, denen ich gefühlsmäßig nicht begegnen konnte. Als ich einsah, dass dieser Weg auch zu nichts führte, suchte ich erneut die Anwältin auf und beschloss, mich meiner inneren Wirklichkeit zu stellen und Heilungsschritte einzuleiten. Die Scheidung verfolgte ich bis zum Familiengericht und stieß erneut auf den gleichen Druck, die gleichen Drohungen von Seiten meines Mannes. Wieder gab ich der Angst nach und zog die Scheidung wieder zurück.

Jetzt begegnen Stefanie die verdrängten Schattenaspekte ihrer selbst mit ganzer Macht. Der „Feind" ist nicht mehr nur im Außen angesiedelt, sondern auch im eigenen Inneren anzutreffen. Pluto zeigt die dunkle Seite der „guten Rolle", die bisher zu verhindern wusste, dass die Schatten an die Oberfläche treten. Jetzt werden sie bewusst und kosten eine Menge Kraft. Stefanies derzeitige Lebensstärke ist nicht alleine in der Lage, ihnen zu begegnen. Weise sucht sie sich Begleitung, um sich selbst begegnen zu können. Die Schuldfrage ist jetzt an zweite Stelle gerückt, denn wenn die Seele sich für Heilung entscheidet, ist es überflüssig, einem anderen Menschen die Schuld zu geben. Nur durch das Erkennen und Annehmen der im Verborgenen liegenden Verletzungen kann die Verwandlung geschehen.

HEILUNGSSCHRITTE DURCH DEN BESUCH DER INNENWELTEN
LOSLASSEN

Während mehrerer begleiteter Innenreisen widmete ich mich meinen Verletzungen. Die große Erleichterung, die Wende kam, als sich in mir das Wort Friede in weißen Buchstaben formulierte, das sich in das schwarze Loch, die die Verletzungen gegraben hatten, einfügte. Kreisförmig waren die Buchstaben angeordnet und ihr helles Licht begann sich in mir auszubreiten. Jetzt empfing ich einen Schlüsselsatz: **Du brauchst nichts zu tun.** *Als ich diesen mehrmals wiederholt bekam, erlebte ich eine völlige Entspannung, und ein Wärmegefühl breitete sich in den Beinen und im Unterleib aus. Mit dieser Wärme verließen die negativen Gefühle der Eifersucht in Form von schwarzem Rauch meinen Körper durch den Solarplexus. Ich wurde augenblicklich frei, und meine Rivalinnen wurden zu Freundinnen. Aus dieser Perspektive erschien mir mein Mann als inneres Bild. Er zeigte sich 2-jährig, verlassen, seine Mutter suchend. Ich erkannte plötzlich, was er in seinen vielen Verhältnissen suchte und nicht fand. Ich bemerkte auch, dass ich bereit war, diese bedingungslose Mutterliebe zu geben - falls es jemals eine neue Ebene in unserer Beziehung geben sollte. Das war aber in diesem Moment nicht wichtig. Wichtiger war das Mitgefühl, das in mir entstand und die Eifersucht ersetzte. Ich fühlte mich frei in der erleichternden Gewissheit: Ich brauche nichts zu tun für die Liebe. Ich gebe es auf, mich dafür anzustrengen.*

Das Unbewusste entfaltet bei einiger Geduld und Zuwendung seine Selbstheilungskräfte. Die Vorschläge zur wirklichen Lösung des Konfliktes kommen von innen, aus einem fast tranceähnlichen Zustand. Nun zeigt sich auch das tiefe Gesicht der Plutoenergie - Stefanie kann über sich „hinaussehen", sobald sie weiß, welcher Weg der für sie passende zur Heilung ist. Ein solcher Prozess kann sich bei einem Plutotransit nur von innen her einleiten. Ratschläge helfen nichts, da sie nur die intellektuelle Ebene erreichen können. Plutonische Zeiten wirken aber auf die Tiefenschichten des Unbewussten. Die Feindinnen werden während der Innenreise zu Freundinnen, und mit ihrer Unterstützung kann Stefanie auch die nicht bewusste Verletzung ihres „Übeltäters" sehen und verstehen. Das Täter-Opfer-Verhältnis hat sich aufgelöst und kann so nicht länger aufrechterhalten werden. Tief greifende Heilung geschieht durch das Loslassen, durch die Erkenntnis, nichts tun zu müssen. Durch die damit verbundene Bereitschaft, anzunehmen, was ist. Ist dieser Zustand während eines Pluto-Transites erreicht, verwandelt sich die Situation, und tiefes Verständnis und Liebe entstehen, da die Grenzen unvereinbarer polarer Standpunkte überschritten werden. Es gelingt, sich im Anderen zu erkennen, und Gelassenheit ermöglicht den Raum zur Transformation. So können ungenutzte Kräfte mobilisiert werden, Regeneration setzt ein, die aus tiefer Eingebundenheit resultiert und Strukturen aufzubauen versteht, die weitaus weniger von Abhängigkeiten geprägt sind.

Aktivitäten der neugewonnenen Stärke
Unterscheidungsvermögen

Ich beschloss, mich weiterzubilden, um finanziell unabhängig zu werden. Nach drei Crashkursen an der VHS fand ich innerhalb kürzester Zeit zwei Jobs, die ich jedoch bald wieder verlor wegen Insolvenz der Geschäftsführer. Also berief ich mich auf meine ursprüngliche Begabung, die Malerei. Ich stellte mich auf eigene Beine, organisierte mehrere Ausstellungen und arbeitete mit aller Kraft an mir selbst. Ich setzte mich mit mir und meiner Beziehungsstruktur auseinander. Die innere begann sich zu verändern, die äußere blieb. Erneut beschloss ich, aus dem Teufelskreis auszubrechen. Jetzt half nur der Wille, frei und unabhängig zu werden. Ich setzte alles auf eine Karte und fand dadurch zu meiner Freiheit: Selbstbewusstsein ohne Schuldgefühle. Ich lernte, meinen eigenen Weg zu gehen, in vollem Vertrauen in mich selbst. Ich fand heraus, dass es unwichtig ist, was andere von mir denken.

Dabei half mir die Unterstützung von Freunden, die im rechten Moment auftauchten. Auch das regelmäßige Bibelstudium. Darüber lernte ich, mich auf mein Urvertrauen zurückzubesinnen. Ohne meinen Glauben und meine Gebete hätte ich diese Zeit nicht durchgestanden. Im Rahmen meiner therapeutischen Begleitungen lernte ich, dass ich nicht für die Fehler von anderen verantwortlich bin. Ich ziehe mir keine Schuldschuhe mehr an, sondern nehme andere in ihre Eigenverantwortung. Als ich gewiss war, dass ich so nicht mehr leben will und einen anderen Weg einschlagen MUSS, um nicht zu zerbrechen, hing mein Leben zwar an einem seidenen Faden, aber bald darauf stellte sich auch mein Kampfgeist und Lebenswille wieder ein. Der neue Weg hat mir Bewusstseinserweiterung und Selbsterkenntnis geschenkt: Ich gehe nur noch zu Menschen und trage meine Liebe dorthin, wo sie willkommen ist. So kann ich mich mit mir selbst aussöhnen.

Die Plutoenergie zeigt nun ihre positive Wirkung. Am Ende des Tunnels wartet das Licht. Stefanie ist sich in dieser Zeit sehr bewusst über sich selbst und findet ihr Vertrauen wieder. Aus diesem Vertrauen heraus ist es leichter, gesunde Beziehungen von denen zu unterscheiden, die unfrei und abhängig sind. Stefanie ist jetzt bereit, auch wieder zu empfangen, weil sie sich von der „guten Rolle" gelöst hat. So kann sie erkennen, wer ihr gut tut und wer nicht. Fruchtbare Begegnungen finden jetzt statt.

Abschied von der alten Struktur,
von überholten Glaubenssätzen

Den alten Weg habe ich verlassen. Wut, Neid, Hass, Missgunst und Rache waren schlechte Ratgeber, die zu nichts führten, aber an einer überholten schmerzhaften Situation festhielten. Der Schmerz in mir saß viel tiefer und war in meiner Kindheit begründet: Zu einem bestimmten Zeitpunkt hatte ich verinnerlicht, dass ich nichts bin, nichts habe und nichts kann - ein ewiger Loser sei. Daran hatte ich wohl bis zum jetzigen Zeitpunkt geglaubt und mir dies auch über die Außenwelt bestätigt. Entsprechend habe ich mich verhalten und den vielleicht größten Fehler begangen: Immer wieder vergab ich, um gut zu erscheinen und um die Beziehung zu retten. In Wirklichkeit wertete ich und verurteilte. Ich wollte für das Vergeben etwas bekommen, das mir nicht gegeben wurde. Also fühlte ich mich aufgrund dessen gedemütigt. Ich gab meine devote Rolle in Beziehungen auf.

Der Plutotransit macht Stefanie deutlich, welche Auswirkungen ein ungeheilter Kindheitsglaube auf ihr bisheriges Leben hatte. Das Erkennen reichte aus, um mit dem energieraubenden Verhaltensmuster abzuschließen.

3. Auslösung Pluto Trigon Pluto
Versöhnung mit der Wirklichkeit

Die innerliche Versöhnung und Loslösung bewirkt eine Versöhnungsbereitschaft mit dem „Täter", dem Menschen, der die Schmerzen durch seinen Entwicklungsweg ausgelöst hat. Damit erlischt auch das Interesse, weiterhin Einfluss zu nehmen.

Heute habe ich meinem Mann verziehen, weil ich ihn losgelassen habe und meinen Schmerz heilen konnte. Durch die Zuwendung zu mir selbst und die Erkenntnis, die daraus gewachsen ist, kann ich seinen Schmerz besser sehen. Er weiß in meinen Augen nicht, was er tut und findet aus diesem Grund auch keine wirkliche Befriedigung. Mir hilft die Erkenntnis, dass ein Mensch so ist, wie er ist - ich kann ihn nicht verändern, damit es mir gut geht. Ich habe darüber meine Opferrolle aufgeben können.

Mit der Verwandlung der Energien im siebten Haus geht auch eine äußerliche Verwandlung, ein anderer Partner einher:

Allmählich und sehr vorsichtig bemerke ich, dass ich auch bereit bin für meine neue Beziehung. Es lässt sich langsam an, denn ich möchte die Fehler der Vergangenheit nicht wiederholen. Diese ist über eine Interessengemeinschaft hinaus von einer großen Selbstverständlichkeit und Natürlichkeit geprägt. Jetzt bin ich dankbar für meine Selbsterkenntnis: Ich empfinde mich als große Seele mit vielen Qualitäten und Besonderheiten. Ich merke, zu welch tiefen Empfindungen ich fähig bin, vielleicht ist es nur wenigen Menschen beschieden, das zu sehen und zu fühlen, was ich derzeit empfinde.

Die Veränderung trägt Blüte

In meiner Malerei zeigt sich das neue Lebensgefühl. Die Farben sind sehr viel heller geworden, die Gefühlswelt drückt sich mit Lebensfreude, Witz und Humor aus. Ich nehme meine Bilder ernst, aber sie haben die Theatralik verloren. Neue, inspirierende Kontakte sind entstanden durch eine Künstlergemeinschaft, die mir mit Anerkennung, Respekt und Achtung vor meinem wirklichen Wesen begegnet. Ich habe mehr Erfolg als zuvor.

Pluto hütet in der Mythologie nicht umsonst auch den Reichtum. Sind Abhängigkeiten befreit und das Vertrauen gefunden, fühlt man sich reich. Der innere Reichtum trägt sich dann fast von selbst in die Welt und führt zu Erfolg. Ein Mensch, der seine Rollen ablegt, ist authentisch und kann daher andere mit den tieferen Schichten seines wahren Wesens beschenken. Ihm fällt es dann leichter, sich selbst in ihm wieder zu finden.

Ich habe gelernt, meine Gefühle viel tiefer auszudrücken und sichtbar zu machen. Ich habe keine Angst mehr, mich zu zeigen. Die Angst kommt zwar hin und wieder zurück, aber ich kann besser mit ihr umgehen. Sie geht nicht mehr mit mir um. Wille, Disziplin, Stärke, Kampfgeist und der Glaube an mich selbst - Geduld und Demut haben mich auf den Weg gebracht.

Die Nacht ist durchwandert und das Licht geboren. Stefanies Bilder berichten farbig über das reiche Innenleben und können so anderen das ihre erschließen und tief berühren. Wer selbst berührt worden ist, kann dies auch weitergeben.

AUSBLICK: NEPTUN KONJUNKTION ASZENDENT

Auf meinem neuen Lebensweg möchte ich die Malerei zusätzlich als therapeutischen Dienst anbieten. Die fast unerschütterliche positive Schwingung, die in mir entstanden ist, möchte ich weitergeben. Im Moment warte ich auf die Bestätigung meiner Bewerbung.

—*Stefanie 28. 03. 1951, Gießen, 04h35m MEZ*

Die verlorene und wiedergefundene Hälfte

Erlebnisbericht
Pluto Opposition Merkur im siebten Haus

STUFEN

Wie jede Blüte welkt und jede Jugend
Dem Alter weicht, blüht jede Lebensstufe,
Blüht jede Weisheit auch und jede Tugend
Zu ihrer Zeit und darf nicht ewig dauern.
Es muss das Herz bei jedem Lebensrufe
Bereit zum Abschied sein und Neubeginne,
Um sich in Tapferkeit und ohne Trauern
In andre, neue Bindungen zu geben.
Und jedem Anfang wohnt ein Zauber inne,
Der uns beschützt und der uns hilft, zu leben.

Wir sollen heiter Raum um Raum durchschreiten,
An keinem wie an einer Heimat hängen.
Der Weltgeist will nicht fesseln uns und engen.
Er will uns Stuf' um Stufe heben, weiten.
Kaum sind wir heimisch einem Lebenskreise
Und traulich eingewohnt, so droht Erschlaffen.
Nur wer bereit zu Aufbruch ist und Reise,
Mag lähmender Gewöhnung sich entraffen.

Es wird vielleicht auch noch die Todesstunde
Uns neuen Räumen jung entgegen senden,
Des Lebens Ruf an uns wird niemals enden ...
Wohlan denn, Herz, nimm Abschied und gesunde!

—Hermann Hesse

Dieses Gedicht begleitete mich durch einen meiner wichtigsten Lebensabschnitte. Als ich es das erste Mal las, lehnte ich es völlig ab, jetzt ist es eines meiner Lieblingsgedichte. Warum, das schildert die folgende Geschichte.

Der Anfang liegt im Dunkeln

Katharina erlebt im Jahr 2000 den Transit Pluto Opposition Merkur im siebten Haus. Der Zeitraum erstreckt sich von Februar bis November und führt, wie alle Plutotransite zu einer völligen Wandlung und einem Neubeginn. Nicht immer merkt man gleich, worum es geht. So kann sich Katharina auch an keine besonderen Ereignisse im Februar, zur ersten Transitauslösung erinnern.

Der große Verlust

Im Mai, zur zweiten Auslösung von Pluto Opposition Merkur, bei gleichzeitiger Saturn-Sonne-Konjunktion kam mein Mann, mit dem ich seit 23 Jahren glücklich verheiratet war, aufgrund einer lebensnotwendigen Operation ins Krankenhaus. Die Details möchte ich hier an dieser Stelle nicht schildern. Die Operation verlief nicht zufriedenstellend, denn gleichzeitig meldete sich eine Entzündung. Kurzum, die Medikamente, die er erhielt, vertrugen sich nicht mit den Medikamenten, die mein Mann regelmäßig einnehmen musste, und mehrere Krankenhausaufenthalte schlossen sich in den folgenden Monaten an. Zur dritten Auslösung von Pluto Opposition Merkur, im November, starb mein Mann dann.

Die Veränderung kommt von außen

Die plutonische Zeit der innerlichen Transformation wird hier zunächst von äußeren Ereignissen bestimmt. Katharina ist „machtlos" gegenüber den Geschehnissen, die sich im siebten Haus, dem Haus der Partnerschaft abspielen, und hat keinen Einfluss auf den Verlauf des Schicksals. Merkur steht im *siebten Haus*, d.h. ihre *Beziehungen* erfahren einen tiefen Verwandlungsprozess. In diesem Fall ist es der schwere Verlust einer glücklichen Beziehung, des besten Freundes, des Menschen, mit dem sie ihre „andere Hälfte" verbindet. Doch zum Zeitpunkt der zweiten Auslösung des Transits ist der Ausgang noch nicht klar. Zunächst entfremdet sie sich durch die Geschehnisse ganz von sich selbst und geht darin auf, das Bestehende bestmöglichst zu erhalten. Ihre Angst vor der sich anbahnenden Veränderung kann so unter Kontrolle gehalten werden, und das Leben funktioniert für eine Weile unter den bekannten Voraussetzungen weiter.

Hoffen und Bangen bestimmen das Leben

Die Zeit von Mai bis November verbrachte ich zwischen Hoffen und Bangen. Ich war nicht mehr ich selbst, ganz auf das pflichtgetreue Funktionieren reduziert. Ich pendelte zwischen Krankenhäusern, meinem Sohn und dem Haushalt hin und her und fühlte mich grauenhaft. Ich hatte schlichtweg keine Zeit - aber die ständige Angst saß mir im Nacken.

Zur dritten Auslösung von Pluto Opposition Merkur nimmt das Schicksal dann seinen Lauf. Katharina verliert den Menschen, mit dem sie einen Großteil ihres Lebens verbracht hat, und der Schmerz über den Verlust kontrolliert jetzt das Leben. Zum Glück ist Katharina weise genug, Schritte einzuleiden, um zu lernen, sich ihrer Situation zu stellen und sich bei ihrem Heilungsprozess Begleitung zu suchen.

UMGANG MIT DER LEERE, RESIGNATION

Nach dem Tod meines Mannes blieb nur eine große Leere. Ich schloss mich einer Trauergruppe an und knüpfte dort neue Kontakte. Das oben genannte Gedicht fiel mir in die Hände, und ich hasste es. Ich wollte und konnte mein Schicksal nicht annehmen. Das Leben war mir egal. Nur mein Pflichtbewusstsein hielt mich aufrecht. Äußerlich hielt ich alles in perfektem Zustand. Dies gab mir den notwendigen Halt, das Gerüst, an das ich mich klammerte. Ich pflegte den Haushalt und mich. Ich lebte ohne Freude, permanente Fragen, wie wozu, weshalb, quälten mich. Ganz düster und ohne Hoffnungsschimmer für mich war der Alltag geworden. Ich wusste überhaupt nicht, wie es weitergehen soll.

Pluto-Erfahrungen können oft nicht ohne Begleitung gelöst werden. (Besonders, wenn die Merkurenergie betroffen ist). Die schmerzhaften Erlebnisse möchten mitgeteilt werden, denn nur durch Akzeptanz und Bewusstheit kann der Reifungsprozess einsetzen, der zur Wandlung führt. Sobald sich der Blick für andere, die ähnlich fühlen, öffnet, können die tiefen Gefühle, die entstehen, über den Austausch Raum für den Ausdruck finden. In der Isolation des Alleinseins würden sie eher unterdrückt werden und sich dann möglicherweise auf zerstörerische Art nach innen richten.

HADERN MIT DEM SCHICKSAL

Ich suchte mir neben der Trauergruppe einen Therapeuten, der mich durch den Schmerz hindurch begleitete. Das Alleinsein war mir unerträglich. Immer wieder musste ich mich unter Anstrengung auf mich zurückbesinnen. Hilfreiche Sätze, wie „Das wahre Glück liegt nur in dir. Nur du kannst dein Leben lenken. So bist du frei. Denn dieses Glück verlierst du nie." (aus Dagmar Herzog, Kraft der Emotionen) begegneten mir zwar, aber mir fehlte aufgrund meiner Verzweiflung der Bezug zum Inhalt. Erst im Sommer des kommenden Jahres habe ich diesen in mich aufnehmen können. Alle Bücher über das Heilsame in Krisen u.ä. sagten mir nichts, ich lehnte sie ab. Ich haderte zu sehr mit meinem Schicksal. Die Resignation begann sich in Wut zu verwandeln. Das war der erste Schritt zur Besserung. Ich beschloss, mit dem Krankenhaus zu prozessieren, da mein Mann offensichtlich aufgrund der falschen Medikation gestorben war. Das gab mir ein wenig Auftrieb. Meine Lebensgeister begannen, zurückzukehren.

WUT

Katharina beschreibt nun die erste Phase der Veränderung, die sie noch einige Jahre begleitet. Pluto beinhaltet auch Hass und Wut, die jedoch als Antriebskraft im Leben ihren Platz haben und die Resignation der Verzweiflung ersetzen (müssen). In Katharinas Fall war es der verzweifelte Versuch, die „Schuldigen" zur Verantwortung zu ziehen. Für eine Weile wird der Schmerz erträglicher, wenn man das Gefühl hat, sich an „den Tätern" rächen zu können bzw. Gerechtigkeit einzuklagen. So richtet sich die Wut auf das Schicksal nicht nach innen, sondern nach außen. In Katharinas eigenen Worten war dies der erste Schritt zur Besserung. Der Lebenswille erwachte wieder durch den aktiven Ausdruck der Wut über das Geschehene.

Neue Freunde und Interessen begleiten die Verwandlung

Immer, wenn es mir ganz schlecht ging, erschienen, wie von Geisterhand gezaubert, Freunde, die mich zum Essen einluden oder mir Blumensträuße oder andere nette Überraschungen brachten. Erstaunlicherweise lernte ich in dieser für mich kaum zu bewältigenden Zeit viele neue Menschen kennen, die mir etwas geben konnten. Dafür fielen viele „alte" Freunde weg. Mit den neuen Bekannten konnte ich mich auf eine andere Ebene bewegen. Ich begann, mich für das Leben nach dem Tod zu interessieren. Dieses Interesse und die Antworten, die ich fand, halfen mir weiter. Auch Religion und Philosophie, fremden Kulturen, Astrologie räumte ich einen Stellenwert in meinem Leben ein. Diesen Themengebieten hatte ich mich zuvor nicht öffnen können. Die Welt neben uns, die unsichtbare, begann mich zu interessieren. Der Tod meines Mannes ist für mich das Tor in die andere Welt. Ich habe darüber hinaus gelernt, mehr über mich selbst und die Zusammenhänge nachzudenken. Ich habe durch die neue Sinnfindung eine Ruhe in mir selbst gefunden, die sich nicht abhängig macht von anderen Menschen. Ich verspüre schon das Bedürfnis, mich anzulehnen, aber ich falle nicht mehr um, wenn die Stütze nicht da ist.

Schon zeigt sich das erste Geschenk der Erkenntnis und der mutig gewonnenen Akzeptanz. Die Erfahrungen auf der Merkurebene verändern sich. Neue Freunde erscheinen in Zeiten der Not. Mit ihnen ist ein tiefer und wahrhaftiger Austausch möglich. Katharina erfährt, dass sie nicht alleine ist, sondern, dass sie zuverlässig auf ihrem neuen Weg begleitet wird. Sie begegnet aufgrund ihres Muts zur Veränderung Menschen, mit denen ein Neubeginn möglich ist. Dazu gesellt sich das Interesse an über den bisherigen Erfahrungshorizont hinausreichenden Themen, das Katharinas Sichtweise erweitert und größere Offenheit erzeugt. Merkur als „geflügelter Götterbote", der sich bereits in der Mythologie zwischen den Welten hin und her bewegt, ist jetzt zur aktiven Energie erwacht und versucht, die verlorene Verbindung wieder herzustellen. Dies beschreibt die innere Zerrissenheit und Suche in der nächsten Phase der Verwandlung.

DIE VERLORENE HÄLFTE WIEDER FINDEN

*Ich hatte das Gefühl, meine andere Hälfte verloren zu haben. Ein Teil von mir war nicht mehr greif-
bar, er war mit meinem Mann mitgegangen. Mir war klar, dass ich diese Hälfte wieder finden musste,
um „ganz" weiterleben zu können. Meine Trauer war für mich ein Weg über eine Brücke. Ich ging hin
und her und suchte in der anderen Welt meine verlorene Hälfte, so lange, bis ich sie wieder hatte. Eines
Tages, bei einem Spaziergang war es so weit. Ich stand an einem dunklen Tag im Herbst auf einer kleinen Brücke. Die Sonne kam heraus und der Himmel wurde heller. Ich fühlte die spontane Eingebung,
dass mein Leben jetzt wieder mehr Licht als Schatten erhalten würde und „wusste" gewiss, dass ich
meine andere Hälfte wieder bei mir hatte. Die Wiedervereinigung war mit dem Finden von meinem
verlorenen Selbstbewusstsein verbunden. Ich hatte das Gefühl, dass mich mein Mann bis zu diesem
Zeitpunkt begleitet hatte und mir half, mit der Veränderung fertig zu werden - jetzt brauchte ich ihn
plötzlich nicht mehr so stark.*

Katharina hat ihr Merkurreich geöffnet und zu sich selbst zurückgefunden. Jetzt ist sie reicher als zuvor, begleitet von dem Gefühl, nicht mehr abhängig zu sein, sondern frei. So kann
sie sich lösen, und ihre Bedürftigkeit verwandelt sich in neu gewonnene innere Stärke. Pluto
und Merkur haben ihre Tore geöffnet: Katharina konnte die Schwelle überschreiten und
zurückkehren, um dann in Verbindung zu treten.

WANDLUNGSSCHRITTE

Zusammenfassend lassen sich folgende Schritte des Pluto-Transites und des damit verbundenen Heilungsprozesses aufzeichnen:

*Das Loslassen war ein sehr langsamer Prozess. Der erste Schritt war Resignation und Trauer,
die vom Hadern mit dem Schicksal abgelöst wurden. Ich konnte in dieser Phase beispielsweise den
Anblick von Paaren kaum ertragen. Danach meldete sich die Wut, aber gleichzeitig erwachte mein
Lebenswille. Durch die Begleitung meines Therapeuten lernte ich, die Augen wieder zu öffnen. Ich
lernte, selbst zurecht zu kommen und mein Leben selbst zu gestalten. Im nächsten Schritt lernte ich
zu vertrauen. Tatsächlich war immer jemand für mich da, wenn ich Unterstützung brauchte. So er-
fuhren meine Freundschaften eine tiefe Wandlung. Durch das Vertrauen entstand eine neue Offenheit
und Neugier in mir. Ausgedehnte Spaziergänge in der Natur gaben mir das Gefühl der Eingebundenheit zurück.*

VERÄNDERUNGEN

*In der Beziehung mit meinem Mann war ich unselbstständiger als ich es heute bin. Ich war nur „eman-
zipiert", solange es bequem war. Tatsächlich war ich verwöhnt. Jetzt, heute bin ich erwachsen geworden, selbstständiger, selbstbewusst. An Stelle der Leere und des Gefühls des Verlustes ist eine tiefe
Dankbarkeit getreten, die ich gegenüber der Liebe meines Mannes empfinde. Er hat mir viel Positives*

mit in mein Leben gegeben, und ich spüre, dass dies bei mir bleibt. Meine Liebe hat sich gewandelt, sie bleibt mir über den Tod meines Mannes hinaus erhalten und hat immer in meinem Herzen Platz. Es ist eine Art allumfassende Liebe, die sogar Platz für mögliche andere Partner lässt. Mit Hilfe dieser Liebe habe ich gelernt, Frieden mit dem Schicksal zu schließen, und darauf verzichtet, den Prozess weiter zu verfolgen. Es würde an meinem Leben wenig ändern. In mir ist eine Offenheit entstanden, wie ich sie zuvor nicht hatte. So können sich die inneren Löcher allmählich mit Freude füllen. Ich bemerke auch weiterhin, dass ich tatsächlich nie alleine bin. Es ist einfach immer jemand da für mich. Ich musste es nur sehen lernen. Das Selbstmitleid, das ich hatte, ist durch mein gewachsenes Selbstbewusstsein ersetzt worden.

OPFER UND GESCHENK

Plutonische Erfahrungen „verlangen" häufig ein Opfer. Ist das geschehen, kann sich die dunkle Erfahrung, die einen in ihrem Bann hält, in Licht verwandeln und steht dann als frei fließende Energie dem Leben zur Verfügung. In Katharinas Fall sind gleich zwei Opfer involviert. Zum einen verzichtet sie auf den weiteren Kampf, indem sie, obwohl sie sich im Recht wähnt, auf die Verfolgung des Prozesses verzichtet. Symbolisch bedeutet das, auch innerlich nicht mehr gegen die Gegebenheiten anzukämpfen. Zum anderen hat sie gelernt, bewusst auf die Anwesenheit ihres Mannes zu verzichten. Sie hat sich stattdessen ihrer Situation auf positive Weise gestellt und ihren Trauerprozess in einen Heilungs- und Bewusstwerdungsprozess umgewandelt. So konnte sie Abschied nehmen, Frieden mit sich und der Lebenssituation schließen und dabei etwas dazugewinnen. Katharina fühlt Dankbarkeit, die sie nun als tragende Säule, als tiefes Gefühl der Verbundenheit über den Verlust hinaus von innen her stützt. Unzerstörbar ist das Gefühl der allumfassenden Liebe, das sie jetzt erfüllen kann. Diese Liebe engt nicht ein, da sie nicht an eine Projektion gebunden ist, sondern unabhängig wirkt. Sie ist ein reines Gefühl, das von innen heraus zuversichtlich das Leben ohne Angst neu gestalten kann. Die Plutoenergie, als „Lehrmeisterin" der wahren, tiefen Erfahrungen, die sich an einen Loslösungsprozess anschließen, fließt jetzt als Verbundenheit mit der Quelle und ermöglich das Gefühl der tiefen Eingebundenheit. Eine so gewonnene Stärke ist unzerstörbar, da die Angst vor dem Tod verloren ist. Nur, wer die Schwelle überschreitet und zurückkehrt, ist wirklich frei.

NEUER ANFANG

Mittlerweile arbeite ich in Teilzeit, was ich während meiner Ehe nicht getan habe. Dadurch lerne ich viel Neues. Dazu gesellt sich das befriedigende Gefühl, alles auch alleine zu können. Durch die tiefe Dankbarkeit über die vielen schönen Jahre in einer glücklichen Beziehung kann ich auch erkennen, dass mir mein Mann Selbstvertrauen mit auf den Weg gegeben hat. Ich habe mit den Ereignissen Frieden geschlossen und spüre die Gewissheit, dass ich mein Leben alleine meistern kann. Ich bin unabhängig, aber nicht alleine. Ich lebe alleine, bin aber nicht einsam. Ich habe gelernt, nur wenn man selbstständig ist, kann man eine gute Partnerschaft eingehen. Es macht mir Spaß, Entscheidungen alleine zu treffen oder die Freiheit zu haben, gute Ratschläge anzunehmen oder nicht. Im Moment bin ich neugierig auf das Leben, offen, möchte Wissen wie ein Schwamm aufsaugen. Ich komme mit meinem Leben gut zurecht und wage es bald, alleine auf eine größere Reise zu gehen. Das hätte ich mir vor ein paar Jahren nicht zugetraut. Ich bin ich, das genügt - auf meinen weiteren Lebensweg gespannt, gewiss dass dieser mehr Licht als Schatten enthalten wird. Bei mir hat sich eine positive Einstellung durchgesetzt. Ich weiß einfach, dass ich nicht mehr zu tief fallen kann. Ich habe genügend Licht in mir, um mich wieder fangen zu können. Heute liebe ich das Gedicht von Hermann Hesse, das mich durch diesen tiefen Prozess begleitet hat.

Anhand dieser Geschichte lässt sich viel über die Wirkweise von Pluto erfahren. Zum ersten sind die Transformationsprozesse sehr langsam. Während der Dauer des Transits geschah zu viel, um von Unterbewusstsein verarbeitet werden zu können. Eine tiefe Reise ins Innere, über die Schwelle des Lebens hinaus schloss sich an die realen Erfahrungen an. Es dauerte weitere 2 ½ Jahre, bis Katharina alle Schritte unternommen hatte, die sie zu ihrem inneren Frieden führen konnten. Die Verwandlung fand im siebten Haus auf der Merkurebene statt. Katharina hat gelernt, auf wesentlich tiefere Art und Weise Wissen zu sammeln, Beziehungen und Freundschaften einzugehen. Sie ist mit sich selbst in Kommunikation und Beziehung getreten. Das fühlt man, wenn man sie trifft.

Pluto fordert, wie keine andere Planetenenergie, mitten durch den Schmerz hindurch zu gehen. Im Zentrum des Schmerzes wohnt ein großes Geschenk, wenn man es fertig bringt, die meistgeliebte Gewohnheit, Sichtweise oder auch Verhaftung loszulassen und darüber hinaus zu opfern. Dann kann die mit der Erfahrung einhergehende Weisheit Plutos ans Licht treten. Es ist das Gefühl, dass die tiefe Liebe, die alles über den Tod hinaus verbindet, unzerstörbar ist. Bedingungslose oder allumfassende Liebe sind Begriffe, die sich nicht ohne weiteres bewusst leben lassen. Das irdische Leben ist von Verhaftungen und Abhängigkeiten geprägt, die sich aus den Erfahrungen des Egos zusammensetzen. Gelingt es einem Menschen, sich darüber hinaus zu bewegen, indem er es wagt, von seinen Vorstellungen loszulassen, kann er in die offene Weite der nicht an das Ego gebundenen Erfahrungen eintauchen. Diese Weite drückt sich immer durch das tiefe Gefühl der Liebe und des Mitgefühls aus. Grausam erscheinen bisweilen die „Lektionen" der plutonischen Energien, und doch können sie ganz tiefe, reine Bewusstseinschichten ins Bewusstsein rücken. Die „Weisen" alter Kulturen zeichnen sich durch ihr Wissen über den Tod hinaus aus. Freiwillig zurückgekehrt, lehren sie aus tiefer Eingebundenheit heraus, wie sich das Leben in Freiheit meistern lässt.

—*Katharina 11. 5. 1949, Nidda, 21h50m MEZ*

Erlebnisbericht
Pluto Konjunktion Mars - Opposition Jupiter

IM STRUDEL DER SCHATTEN - STIRB UND WERDE

Plutotransite bahnen sich langsam an. Häufig ist es schwierig für die Betroffenen, zu formulieren, was geschieht, und erst Monate später ist es dem Bewusstsein möglich, die tiefe Verwandlung zu verarbeiten. Der folgende Bericht ist ein Versuch, das Geschehen trotzdem nachvollziehbar auszudrücken.

VERLUSTE

Jakob ist Maler, der sich mit einer Synthese zwischen Farbe und Ton eingehend beschäftigt und dies in seinen Bildern zu realisieren sucht. Im Januar 2001 trat Pluto zum ersten Mal in Konjunktion zu Mars (im zweiten Feld). Die Sicherheit (des zweiten Hauses) wurde auf verschiedenen Ebenen bedroht:

Kurz vor Januar war es dann soweit. Ich verlor mein Bilderlager und musste in Windeseile eine neue Unterkunft für meine großen Bilder finden. Das war nicht einfach, denn nicht wenige erstrecken sich über mehrere Meter. Gleichzeitig musste ich feststellen, dass die Verkaufszahlen einbrachen, ich verkaufte kaum noch ein Bild. Mein geliebtes Auto war reparaturbedürftig, und ich konnte mir die teuren, notwendigen Veränderungen nicht leisten. So tauschte ich meinen schnellen Opel Tigra gegen einen alten VW Polo ein. Mir ging das Geld für Materialien aus, ich konnte keine Farben einkaufen, und mein Konto zeigte seinen Tiefstand durch ein dickes Minus auf. Ich hatte das Gefühl, mich weder vor noch zurück bewegen zu können. Ganz entgegen meiner Gewohnheit wandte ich mich an einen Bekannten und erhoffte mir eine finanzielle Hilfeleistung. Auch die wurde mir untersagt.

Ich fühlte mich alleine, einsam und steuerte auf einen Tiefpunkt zu, dessen Ausmaße ich mir allerdings zu diesem Zeitpunkt noch nicht träumen lassen konnte. Ich fühlte mich besonders verletzlich, bemerkte aber zu meinem Entsetzen, dass dies niemand außer mir wahrnahm.

Die erste Plutoauslösung bescherte Jakob starke Verluste und brachte ihn in eine Situation des Mangels auf allen Ebenen. Damit einher ging das Gefühl, alleine und ohne Unterstützung zu sein. Die plutonischen Kräfte warfen ihn ganz auf sich selbst zurück.

GEFANGENSEIN

Ich kann meine innere Situation nur als äußerste Zerrissenheit beschreiben. Zunehmend begleitete mich das Gefühl, dass mich „etwas" daran hindert, klar Schiff zu machen. Da ich eigentlich eine Kämpfernatur bin, wollte ich die Dinge schnell regeln - das wurde aber ständig verhindert. Ich fühlte mich in den kommenden Monaten zunehmend handlungsunfähig, schien mit unsichtbaren und sicht-baren Schatten zu boxen, wobei ich das Gefühl hatte, alles dreht sich im Kreis. Sobald ich ausbrach und den Weg heraus suchte, mit einem Schritt den Kreis verließ, schloss sich erneut der Kreis um mich, und ich fand mich zurück am Ausgangspunkt wieder.

Plutonische Zeiten bringen häufig das Gefühl einer zwingenden Aussichtslosigkeit mit sich. Der Weg geht mitten durch die Angst, Ausweichen ist unmöglich. Jakob erfährt dies zunächst als Gefühl, gegen Schatten anzukämpfen. Der „Wille" greift nicht, da das, was aus dem Unterbewusstsein an die Oberfläche drängt, einfach stärker ist. Solange die inneren Phantome nicht benannt werden können, wirken sie häufig wie eine unsichtbare Wand, die das Voranschreiten verhindert. Auch lässt sich nichts Neues beginnen, bevor der Angst begegnet wurde. Daher rührt das Gefühl des Eingeschlossenseins in sich wiederholende Kreisläufe. Pluto möchte verwandeln. Dazu gehört die furchterregende Erfahrung des Ich-Verlusts und der Identifikation. Der Kampf des Egos, das um seine Wahrnehmung fürchtet und die Dinge so, wie sie ihm vertraut sind, erhalten will, spiegelt dies wider.

INNERE KÄMPFE BRECHEN AUS

In mir begannen Kämpfe auszubrechen, die sich zunächst auf Äußerlichkeiten bezogen. Ich begann, mich zu verzetteln. Menschen, die scheinbar Hilfe suchten, tauchten in meinem Umfeld auf, und die Beschäftigung mit ihnen hielt mich von der Arbeit ab, entschied ich mich aber für die Einsamkeit und meine Arbeit, dann fühlte ich mich auch äußerst unwohl. Mir erschienen einige der Menschen in meinem direkten Umfeld als bösartige Neurotiker, die Intrigen spannen, die auch das soziale Zusam-menleben und meine Arbeit bedrohten. Ich wurde, ohne es zu wollen, in Machtkämpfe großen Ausma-ßes verwickelt - wurde zum Opfer der Projektionen diverser Menschen. Im anstrengenden Gespräch konnte ich das aber zum Glück aufdecken. In mir fand ein Kampf statt: Ich konnte emotional nicht angemessen reagieren, da es die Situation verschlimmert hätte, und musste doch eine Lösung finden. Gleichzeitig hatte ich Mitleid, und Schuldgefühle nahmen zu. Mein „Feind" war kein Gegner, sondern ein hilfloser Mensch, der selbst von irrationalen Impulsen getrieben war. Als vorübergehenden Schutz entwickelte ich eine innere Haltung, die sagte: „Ihr könnt mich alle mal.... Aber wir werden da wieder rauskommen, ich werde das regeln." Das gab mir ein wenig Aufwind.

Pluto Konjunktion Mars verändert die Wahrnehmung. Jakob wird mit den negativen psy-chischen Kräften eines schizophrenen, kranken Menschen konfrontiert und kämpft gegen den Schatten im Außen an, weil er sich eine Lösung erhofft. Jedoch verläuft diese nicht zufriedenstellend, da Plutos Auftrag ja beinhaltet, sich auch des inneren Schattens anzu-nehmen. Gleichzeitig fühlt er sich in gewisser Weise ohnmächtig, da er weiß, dass er den Projektionen begegnet, die eine Krankheit hervorrufen, die der Behandlung bedarf. So ist es schwer, mit den persönlichen Schuldgefühlen umzugehen, die seine eigenen Aggressionen in ihm hervorrufen.

DIE MACHT DES UNBEWUSSTEN - AUSGELIEFERTSEIN

Zu meinem nächsten Entsetzen begannen während meiner Arbeit an den laufenden Projekten, die hohe Konzentration erfordern und klare, leuchtende Farben beinhalten, innere Bilder aufzutauchen, die sich aus schmutzigen Erdfarben zusammensetzten und nach ganz anderen Materialien riefen, als ich sie bisher verwendete. Stahlwolle, Schafwolle und klebrige Farben u.ä. visualisierte ich, während ich die leuchtenden, reinen Farben auftrug. Ich ging in mich und beschloss, dass es nicht zu meiner Aufgabe gehörte, diese Bilder umzusetzen. Alleine die schmutzigen Farben verursachten mir Übelkeit. Es kam mir erst so vor, als hätten diese inneren Prozesse nichts mit mir und meiner Arbeit zu tun. Sie begannen, mir Angst zu machen, sie waren erdhaft, mystisch, für mich nicht wahr, zeigten eine magisch-archaische Ebene, die ich ablehnte. Sie enthielten auch eine gewisse Grausamkeit - kurz: braune gequirlte „Scheiße". Meine ganze Konzeption, die ich seit mehr als zehn Jahren pflegte, drehte sich - bis mir schwindlig wurde. Um mich zu retten, habe ich mich an kleine Arbeiten der Notwendigkeit gehalten, die Ausdauer, Geduld und Konzentration erforderten. Ich begann, mich zu verzetteln, arbeitete an vier Projekten gleichzeitig, um einen Ausweg zu finden und dieser Wirklichkeit nicht zu begegnen. Die 24 Stunden, die der Tag anbot, schienen viel zu kurz für all die Aufgaben, die ich mir stellte. Gleichzeitig musste ich die inneren Bilder erleiden, die sich nicht verdrängen ließen. Da sie mich so stark quälten, habe ich sie innerlich gemalt - während ich am Vertrauten weiterarbeitete. Eigentlich fühlte ich mich handlungsunfähig. Im Innen wie im Außen entstand nur noch Chaos. Schritt für Schritt suchte ich nach Klarheit und fand sie nicht.

Jetzt erfährt Jakob, durch den Transit begünstigt, etwas über einen Teil seines Innenlebens, was ihm Angst macht. Er bemüht sich, durch vermehrten Aktionismus (Mars erhält ja durch Pluto auch weitaus größere Energie), die Kräfte, die in seinem Inneren toben, zu kontrollieren. Jedoch ist der plutonische Energiezuwachs zu stark und drängt nach Auseinandersetzung.

RÜCKZUG - HINTER DIE KULISSEN BLICKEN

Um meine Klarheit zu finden, spürte ich, dass ich mich von bestimmten Menschen, Besuchern des Ateliers, zurückziehen musste. Sie gingen mir auf unerträgliche Weise auf die Nerven. Ich „sah" die Rollen, die sie spielten und vermisste das Authentische - sie schienen nur ihre bösartigen Neurosen auszuleben. Ich kam mir wie mit Röntgenaugen ausgestattet vor, sah, hörte, registrierte alles (vieles davon wollte ich eigentlich gar nicht sehen). Ich hielt nichts zurück, sondern sagte in der Begegnung offen, was ich wahrnahm - so waren die Kämpfe unvermeidbar.

Auch mein Traumleben intensivierte sich. Schreckliche Träume, die den Tod oder Tote, auch meinen toten Bruder enthielten, zeigten sich und riefen mich auf die andere Seite. Meine Aufgabe war es, Wege aus Höhlen zu finden, Treppen, ein Floß zu bauen und auf die andere Seite zu rudern; Angst zu besiegen, eine Wiedergeburt einzuleiten und ähnliches.

Mir wurde bewusst, dass es für mich wichtig war, mich aus Abhängigkeiten und von Schuldgefühlen zu lösen und mich nicht zu stark für das Leid anderer verantwortlich zu fühlen. Bloß war dies ein schwieriger, energieraubender Lernprozess.

Häufig ändert sich der Blick in plutonischen Zeiten. Jakob „sieht" die Rollen, das Maskenhafte in Anderen. Pluto möchte zur ungeschminkten Wahrheit führen. Dazu gehört auch, das Negative zu erkennen und nicht die Augen zu verschließen. Weil das Erkennen aber häufig das Gefühl von Bedrohlichkeit mit sich bringt, wehrt sich das Bewusstsein dagegen. Die Menschen werden Jakob unerträglich, er zieht sich (weise) zurück, um seine inneren Prozesse besser verstehen zu lernen. Seine plutonischen Träume deuten ihm an, dass er im Begriff ist, sich einer ganz neuen Erfahrungsebene anzunähern - über den Tod hinaus soll eine Wiedergeburt eingeleitet werden. Anscheinend ist er in der Lage, den Übergang zu finden, denn es gelingt ihm, im Traum Treppen und Wege zu bauen und zu finden.

KONTROLLE ÜBER DIE SCHATTEN GEWINNEN

Im Mai (zum Zeitpunkt der zweiten Auslösung des Transits) nahmen die Frustrationen und inneren Kämpfe zu. Immer, wenn ich dachte, schlimmer kann es nicht kommen, musste ich feststellen, dass der Tiefpunkt doch noch steigerungsfähig war. Fast wurde ich ruhig dabei, während die Kämpfe wüteten. Sie waren dunkel, aggressiv und zerstörerisch, drohten, mich zu zerreißen. So beschloss ich, einen Teil der Qualen an mein höheres Bewusstsein abzugeben und den Rest unter Kontrolle zu halten, indem ich mich meinem Unterbewusstsein zwar auslieferte, aber eben nicht ganz. Die negativen Gefühle betrachtete ich und ließ sie hochsteigen, jedoch nur bis zum Hals, und konzentrierte mich dann wieder auf meine Arbeit. Längst vergessene Erinnerungen und die damit verbundenen Gefühle aus meiner Kindheit tauchten auf. Ich erkannte, dass das Leben wirklich Leid ist - dass Leiden von den Menschen verursacht wird - und verzweifelte an der Unfähigkeit vieler, miteinander echt und authentisch umzugehen. Die mich umgebenden Masken spiegelten Egoismus und Selbstsucht. Jeder schien auf Rachefeldzügen zu sein, ohne es zu wissen. In konzentrierter Formation begegneten mir Menschen, die vordergründig litten - aber in Wirklichkeit nur ihre Neurosen auslebten, ohne zur Selbstreflexion bereit zu sein. Sie redeten und rationalisierten - mir wurde bewusst, dass ich meine Kräfte verschleuderte, wenn ich zuhörte.

Diese Erkenntnis war nicht unbedingt neu für mich, nur in dieser Phase konnte ich es deutlicher wahrnehmen - und es bereitete mir größere Schmerzen. Normalerweise bin ich bemüht, auch das Gute in jedem zu sehen - aber es war, als könne ich nun nicht mehr an den Schattenseiten vorbeisehen. Ich lernte, meine Grenzen früher zu setzen.

Jakob sieht. Das Sehen bereitet Schmerzen, aber er wehrt sich nicht dagegen und beschließt, das Sehen zuzulassen, die inneren Erfahrungen anzunehmen und einen Teil der Kontrolle „abzugeben". So entsteht eine Ruhe im Zentrum der Angst, die er jetzt wahrnehmen kann. Gleichzeitig gewinnt er Handlungsfreiraum. Es entsteht ein Gefühl der Wahl, er kann selbst festlegen, wie weit er geht, sei es in zwischenmenschlichen Beziehungen oder im bewussten Verarbeiten seiner inneren Erlebniswelt. So kann die plutonische Energie jetzt freier fließen. Gleichzeitig erinnert er sich an das höhere Bewusstsein, dem er sich anvertraut. Die Gewohnheiten des Egos brauchen sich nicht mehr im Kampf zu erschöpfen, sondern ein beginnender Erkenntnisprozess kann eingeleitet werden.

Das Wissen vertiefen (Pluto Opposition Jupiter)

Mein Zustand blieb gleich. Ich fühlte mich ausgebrannt, abgekämpft, im Chaos. Thema meiner
künstlerischen Arbeiten war, die westliche Musiktheorie zu be- und verarbeiten, nicht den in mir
aufsteigenden Schmutz zu malen. Dabei bin ich mir allerdings jetzt darüber bewusst, dass ich die
„schmutzigen“ Elemente später in der Verarbeitung der modernen Musik brauche.
Außerdem bemerkte ich, dass ich die Menschen mit meinen Erklärungen über Minimalmusik und
meinen Bildern überforderte. So entschloss ich mich, angeregt durch die vielen Fragen zum Thema,
die mir eine Besucherin zum Thema Musik stellte, da sie meine Bilder nicht verstand, und die ich ihr
(und mir) gerne beantworten wollte, Gasthörer für Musikwissenschaften und Musik an der Uni zu
werden. Dieses Studium nehme ich seitdem sehr ernst, und es eröffnen sich dadurch viele neue Sicht-
weisen und Möglichkeiten, die ich wiederum in meine Bilder trage. Es ist ein spannender Prozess, die
Entwicklung der Musikgeschichte einzusteigen. Er dient als weiteres Hilfsmittel, die Musik und die
Malerei miteinander zu verbinden

In Jakob entsteht durch die verwandelnde Kraft Plutos der Wunsch, sein Wissen zu vertiefen und einigen Ungereimtheiten auf den Grund zu gehen. Dazu nimmt er die Mühen
in Kauf, die mit einem späten Studium verbunden sind. Als angenehme Begleiterscheinung
entstehen neue Kontakte und Möglichkeiten, die allerdings erst Monate später Früchte tragen. Auch beginnt er bewusst zu begreifen, dass er die sich ihm zeigenden Schattenseiten für
seine spätere Arbeit noch brauchen wird.

Ziele und Ideale erfahren eine Reform

Ich bin seit Jahren auf „der Suche, nach dem, was die Welt zusammenhält“ (Goethe). Seit 20 Jahren
bin ich davon überzeugt, dass die Sprache der Kunst, sei es in Musik, Malerei oder Dichtung, in einer
einzigen Sprache spricht, die alles verbindet. Es ist eine elementare Sprache, die auch Empfindungen
beinhaltet, die Sprache des Kosmos. Ich suche das Wesen der Dinge zu erforschen - die Harmonie und
Ordnung, die sich in kosmischen Prinzipien und Gesetzmäßigkeiten ausdrückt. „Will man Malerei
und Musik begründet aufeinander beziehen“, hat Werner Hofmann schon 1969 im Anschluss an Ad-
orno betont, „so muss man den Modellcharakter ihrer Strukturen herausarbeiten.“

Einsicht

Februar, dritte Auslösung von Pluto Konjunktion Mars, gleichzeitig Annäherung an Pluto
Opposition Jupiter:

Mir geht es momentan noch nicht viel besser, die Krise liegt noch nicht hinter mir. Klar ist, dass das,
was geschehen ist und geschieht, einen Sinn hat. Harmonie ist für mich überlebenswichtig. Durch die
inneren Kämpfe, die Zerrissenheit, die ich gerade erleide, wird mir auch klar, dass die Spannung in
der Kunst, die seit der Romantik im Vordergrund steht, zur Sensationslust der meisten Menschen
passt (die mir derzeit wie lebende Leichen vorkommen). Seelisch, geistig und körperlich braucht der

Mensch die Harmonie - die Gesetzmäßigkeiten drücken sie aus - und zeigen, wie man mit dem Gött-
lichen Prinzip leben kann. Die eigentliche Sprache erscheint mir derzeit wortlos - denn Worte können
nur hinterfragen.

In einfachen Worten hat der Plutoprozess bisher meine Wahrnehmung geschärft. Ich erlebe, dass
ich loslassen kann von einem falschen Mitleid, das sich bei mir ausbildet, wenn Menschen jammern,
mich aber dann verstrickt und mir die Energie raubt. Auch sind mir viele Schuldgefühle bewusst
geworden und mein innerlicher Konflikt, der sich daraus ergibt, dass ich aus Gutgläubigkeit nicht
genau hinschauen will. Ich will mich nicht mehr einmischen. Sonst fehlt mir die Kraft für das wirklich
Wichtige. Ich lerne, zu hören, wann etwas mit Worten anders dargestellt wird, als es in Wirklichkeit
gefühlt wird. Ich habe gelernt, hinter die Kulissen zu schauen und meiner Wahrnehmung zu vertrau-
en. Ich kann jetzt, wenn ich will, in zwischenmenschlichen Beziehungen viel früher die Handbremse
ziehen.

Die plutonische Energie versorgt Jakob mit wichtigen Einsichten: Seine Wahrnehmungs-
ebene ist schärfer und tiefer geworden, die Akzeptanz gegenüber dem Unangenehmen
gewachsen. Er will sich nicht mehr einmischen, d.h. er hat gelernt, Dinge auch geschehen
zu lassen. Das Selbst vermag neue Grenzen zu setzen, weil es sich zum Teil über abhängige
Reaktionsmuster bewusst geworden ist. Auch kann sich das Lebensziel wieder klar formulieren und nun vom ganzen Menschen verfolgt werden - die Schatten sind integriert worden,
und dadurch entsteht ein Freiraum, der sich vom zwanghaften Verhalten unterscheidet, da
die Möglichkeit der Wahl gegeben ist.

SEHEN

Ich gehe weiter meinen Weg und verändere mich. Die Realität sehe ich, wie sie ist, ohne sie beschönigen
zu müssen. Die Gesellschaft zeigt sich mir als Maschinerie, die sich verselbständigt hat. Und doch
sind die Menschen unschuldig - und doch hat das, was passiert, nichts mit der kosmischen Harmonie
gemein. Die Menge lebt ihr eigenes Konstrukt und hält es aus Angst aufrecht. Viele lügen, betrügen,
stehlen. So ist ein Teil der Wirklichkeit innerhalb des „abhängigen Entstehens". In unserer Kultur
führt kriminelle Wirtschaft zum Erfolg. Kinder folgen Idealen, die aus dem Fernseher kommen. Das
zu sehen, bereitet mir Schmerzen. Aber es bildet sich auch eine innere Gewissheit für die Wahrheit. Ich
besitze ein eisenhartes Gottvertrauen. Ich weiß, dass „die Maschinerie" nicht mit der Schöpfung zu
tun hat. Es ist bloße Verwirrung, die sich zeigt und in Sackgassen führt. So kann ich optimistisch blei-
ben - es gibt immer wieder Menschen, die das auch sehen und aussprechen, die sich nicht das Rückgrat
brechen lassen und für einen sozialen Fortschritt eintreten.

Pluto hält auch hier wieder ein Geschenk bereit. Durch die Auseinandersetzung und Akzeptanz des „Unschönen" befreit sich auch eine innere unzerstörbare Gewissheit und Liebe
zur Wahrheit - „eisenhartes Gottvertrauen" -, das Jakob finden kann, weil er sich wagt,
durch das Vordergründige hindurchzusehen. Die kosmische Harmonie lässt sich nicht zerstören, aber hinter den Wolken der allgemeinen Verwirrung entdecken und wahrnehmen,
wenn man es gelernt hat, die Waffen zu strecken und den Kampf aufgibt. Nicht im Außen
lässt sich etwas verändern, sondern eher wird durch die Plutoenergie das innere Erleben
verwandelt. Auf eine Weise, die das Loslassen lehrt, das sich einstellen kann, nachdem die

Schmerzen der Wahrheitssuche und der Kampf dagegen durchlitten sind. „Schattenseiten" sind Persönlichkeitsanteile, die nach außen projiziert werden - der Kampf mit ihnen ist ermüdend. Durch Annehmen und sich der inneren Wirklichkeit zu stellen, kann Mitgefühl entstehen, das sich von Mitleid insofern unterscheidet, dass es die Wahrheit aufzeigt, ohne sich zu verstricken. So kann sich die innere Gewissheit über das Unzerstörbare ausbilden. Diese Gewissheit kann sich entwickeln, indem von der Macht der Gewohnheit losgelassen wird.

ANNEHMEN DER AUFGABE (PLUTO OPPOSITION JUPITER)

Ich nehme meine Aufgabe an und bemühe mich, die Wahrheit aufzuzeigen, auch wenn sie konfrontiert. Ich bin dankbar für den wichtigen Prozess, in dem ich stecke, zwar müde und abgekämpft - aber seit Neuestem dabei, Ordnung zu schaffen. Das Chaos kann jetzt wieder beseitigt werden. Ich komme mir vor wie nach dem Krieg in der Wiederaufbauphase. Ich habe auch meine eigene Unschuld erkannt. Meine Aufgabe ist es, zu versuchen, klarzumachen, was es heißt, Mensch zu sein auf ganz elementarer Basis. Vordergründig drückt sich das in Musik und Farbe aus, hintergründig durch das Sichtbarmachen der Frequenzen der Energiefelder, in denen wir leben. Durch Bewusstheit können wir lernen, frei mit ihnen umzugehen.

Im Moment habe ich mit meiner selbstgewählten Rolle wieder Frieden geschlossen. Ich habe es mir so ausgesucht: Ich bin ein Außenseiter. Ich habe gelernt, zu hören und zu reagieren - aber jetzt ist eine Distanz entstanden, die sich aus dem Verlust des verstrickenden falschen Mitleids ergibt. Meine Augen haben sich geöffnet. Ich sehe, dass Menschen sowohl Opfer als auch Täter sind, niemals nur auf einer Seite stehen. Ich handle nicht mehr entgegen meinem inneren Wissen. Ich habe das Recht auf Distanz. Ich werde weiterhin lernen, mich besser zu schützen, während ich mich bemühe, bei der Wahrheit zu bleiben.

—Jakob 13. 03. 1954, Worms, 22h40m MEZ

Erlebnisbericht
Pluto Opposition Jupiter Quadrat Pluto

„Meine Seele trägt wie mein Körper das Geheimnis von Wandel und Wachstum in sich."

„Zu oft verunsichert uns die Veränderung so stark, dass wir den Blick für den Menschen verlieren,
der wir im Begriff sind zu werden. Hast du dir jemals ausgemalt, eine Larve zu sein
und dich plötzlich in ein Flügeltier zu verwandeln? Phasen der Depression können wir besser durchstehen,
wenn wir uns klarmachen, dass ein neuer Lebensabschnitt vor uns liegt, in dessen Verlauf
wir unser altes Ich womöglich so weit hinter uns lassen, wie die Libelle ihre Puppe.
Mit zunehmender Erfahrung und Weisheit kommen wir zu der Erkenntnis,
dass Wachstum immer mit einem gewissen Schmerz verbunden ist.
Diesen Schmerz werden wir eher in Kauf nehmen, wenn wir uns bewusst machen,
dass wir gerade eine neue Seite in unserem Leben aufschlagen. Wir sind vorbereitet für sie."

—Aus: „Jeder Morgen bringt neue Hoffnung. Meditationen für jeden Tag",
Karen Casey und Martha Vanceburg. Heyne-Verlag, 1989

Oben beschriebene Zeilen scheinen mir auf wunderbare Weise die während plutonischen Zeiten eingeläuteten Veränderungen zu beschreiben. Es folgt ein kurzer Erfahrungsbericht (von wem? Den anderen Erfahrungsberichten waren stets der Name und eine kurze Situationsbeschreibung vorangestellt):

Es begann im Dezember 2000, als mir bewusst wurde, dass ich zu großer Eifersucht fähig war. Mein damaliger Freund, mit dem ich bereits 4 Jahre zusammen war, hatte eine andere Freundin. Hinzu kam, dass ich mir den Fuß verknackste und vor Schmerzen kaum laufen konnte. Beruflich hatte ich auf einer Messe für Komplementär-Medizin zu tun. Mir fiel es schwer, mich dort fortzubewegen. Eine meiner Kundinnen erzählte mir von einem Stand für Magnetfeldtherapie, und ich ließ mich dort behandeln. Ein anwesender Kinesiologe testete mich am Stand aus, und verblüfft stellte ich fest, dass mein verknackster Fuß mit der Eifersuchtsgeschichte in Zusammenhang stand. Zunächst reagierte ich auf den Kinesiologen und die Wahrheit über mich aggressiv und wurde sauer. Ein wunder Punkt in mir war getroffen worden. Dann aber fesselte und faszinierte mich die neue Erkenntnis zu stark, so dass ich begann, mich für die Kinesiologie zu begeistern. Eine Freundin fragte mich kurz darauf, ob ich nicht gemeinsam mit ihr an einem Seminar teilnehmen wolle. Erst lehnte ich ab, aber da es zu wenige Teilnehmer gab und das Seminar fast ausgefallen wäre, stimmte ich doch zu. Ich traf an jenem Wochenende eine Kursteilnehmerin, die mir von einer Bernd Hellinger-Ausbildung erzählte, die im Juli beginnen sollte. Auch hiervon fühlte ich mich stark angezogen, und ich zog in Erwägung, auch daran teilzunehmen.

Im Allgemeinen war mir im Monat der ersten Auslösung des Transits mehr als sonst bewusst, dass mich mein bisher eher ignoriertes Alkoholproblem stark belastete. Ich wollte wirklich herausfinden, welche tiefen unaufgelösten Muster sich dahinter verbargen. Ich verspürte den starken Wunsch, diese verborgenen Muster aufzulösen.

Hier, zum Zeitpunkt der ersten Auslösung von Pluto Opposition Jupiter, wird Carmel auf schmerzhafte Weise auf den Zusammenhang zwischen einer psychischen und körperlichen Problematik aufmerksam gemacht. Pluto, die Energie der Transformation, bringt zunächst einen inneren Konflikt zum Vorschein. Damit verbunden entsteht der tiefe Wunsch, mehr über verborgene Muster und deren Auslösung zu erfahren. Dies soll auf einer möglichst professionellen Ebene geschehen, in Form einer Ausbildung (Jupiterebene), die Carmel in diesem Zusammenhang beginnen möchte. Da gleichzeitig das Pluto Quadrat Pluto ausgelöst wird, genügt es ihr nicht, das aktuelle Problem zu lösen. Sie möchte wirklich zu den geheimen Tiefen und verborgenen Ängsten ihres subtileren Selbst aufbrechen. Auch hat sie jetzt durch die aktivierten Plutokräfte den Mut, die dem Alkoholproblem zugrunde liegenden Muster anzuschauen. Ein starker Entschluss ist gereift.

Zum Zeitpunkt der zweiten Transitauslösung im Juni war es dann soweit. Ich nahm sowohl an einer kinesiologischen als auch an einer Bernd Hellinger-Ausbildung teil und besuchte regelmäßig die Seminare. Gleichzeitig trennte ich mich aus der 4jährigen Beziehung, die mir mittlerweile fast grauenhaft erschien. Mir wurde bewusst: Mein Partner war verschlossen, er konnte keine Nähe zulassen - ein Egoist, der für meine Bedürfnisse kein Auge hatte. Die Beziehung erschien mir unpassend, anstrengend, ganz von meiner Initiative abhängig. Auch war meine Weiblichkeit in dieser Beziehung in Frage gestellt. Es fehlte die Achtung, der Respekt. Ich traf in meinem Partner auf einen harten, lieblosen Kritiker, der nicht an andere denken wollte oder konnte. Ich hatte das Gefühl, von ihm immer wieder im Regen stehen gelassen zu werden. Als er mich sogar an meinem Geburtstag versetzte, konnte ich mich endlich von ihm trennen. Im Nachhinein denke ich, dass ich allmählich durch die beginnenden Seminare zu lernen begann, mich selbst mehr zu achten. Plötzlich hatte ich einen Blick dafür, was eigentlich geschah. Kurze Zeit darauf wiederholte ich das bekannte Beziehungsmuster noch einmal, nur sehr viel schneller, so dass ich mich schon nach einigen Wochen daraus lösen konnte. Es endete in einem mittleren Drama.

Zum Zeitpunkt der zweiten Transitauslösung ist Carmel einen kleinen Schritt weiter. Durch die begonnene innere Arbeit kann sie nun ihre Wirklichkeit klarer wahrnehmen und besser einschätzen. Eine beginnende heilsame Beziehung zu sich selbst bringt oft mit sich, dass sich unbefriedigende Beziehungen und Verhältnisse lösen. Besonders, wenn keine Aussicht auf Veränderung besteht, der Beziehungspartner nicht bereit ist, an dem einsetzenden Entwicklungsprozess teilzunehmen. Die alte Beziehung war zu unerfüllend. Die plutonische Energie des Transits verhilft mit einem sich in kurzem Zeitraum wiederholenden Drama nach. Die Außenwelt spiegelt Carmel ihre innere Erlebnisebene. Es ist wichtig, bedeutet Pluto ihr hier, dass sie ihre verlorene Selbstachtung zurückgewinnt und sich der Respekt, den sie vermisst, von innen heraus entwickelt. Die Familienaufstellungen decken eine aus mehreren Generationen stammende übernommene Lebensschuld auf, die Carmel anscheinend als ungelöstes Familienmuster in ihrer Psyche weiter ausagiert. Sie entdeckt in sich einen tiefsitzenden Todeswunsch, der verhindert, dass sie ohne Schuldgefühle leben kann. Diese lebensfeindliche, unbewusste Einstellung entpuppt sich als Teilfacette ihres Alkoholproblems. Sie beschließt, weiter daran zu arbeiten. Hier wirkt sich nun das Pluto Quadrat Pluto auf kreative Weise aus. Häufig wird man bei diesem Transit mit weit zurückreichenden Erfahrungen in Kontakt gebracht (manchmal reichen sie auch bis in andere Leben zurück), die so schmerzhaft waren, dass sie nicht verarbeitet werden konnten. Sie sind der Ursprung tiefsitzender Ängste, die sich wiederholende Blockaden im derzeitigen Leben hervorrufen. Es scheint eine starke Magie am Werk zu sein, die einen gegen unsichtbare Schatten anrennen lässt. Obwohl das Problem vielleicht auf der mentalen Ebene sogar schon gelöst ist, scheint sich trotz allem nichts zu verändern. Ein deutlicher Hinweis auf eine „uralte" verborgene „plutonische Verletzung". Da die plutonische Energie andererseits vermag, in die Tiefe zu gehen und sich „phönixhaft" verwandelt aus den Trümmern der Zerstörung des Alten zu erheben, besitzt man zu solchen Zeiten genügend Ausdauer und auch Kraft, durchzuhalten, bis die Verwandlung geschehen ist. Hierbei ist das Geschenk Plutos eine stark erhöhte Regenerationskraft, die sich bemerkbar macht, sobald wirkliche Begegnung mit dem Inneren stattfindet.

Ich fuhr mit den beiden Ausbildungen fort und konnte darüber tiefere Einsichten gewinnen, die ich als wirklich hilfreich empfinde. Es ist, als ob sich allmählich die Zwiebelschichten ablösen. Zuerst gewann ich eine gewisse Akzeptanz für meine Person. Ich konnte erkennen, in welch starkem Selbsthass ich gefangen war, wie ich mich selbst niedermachte und traf auch auf einen verborgenen Suizidwunsch und heftige Aggressionen. Normalerweise kamen diese Gefühle beim Trinken zum Vorschein, und ich lernte und lerne nun, mich langsam schrittweise aus dem Muster zu lösen. Mir ist so bewusst wie nie zuvor, dass ich erst nach der Lösung der „alten" Geschichten neue Schritte unternehmen kann. Mein ganzes Selbst sucht nach einer tiefen Lösung, und ich verspüre sogar so eine Art Geduld, diese auch stetig zu suchen. Obwohl es mir schwer fällt, dabeizubleiben, weiß ich eigentlich, dass das Schälen der Zwiebelschichten unvermeidbar ist. Ich bin allmählich mit mir einverstanden - deshalb konnte ich mich auch aus der Beziehung, die mir nicht gut tat, letztendlich losen, denn ich merkte, je bewusster ich wurde, wie wenig mein Partner mit mir einverstanden war.

Ich fühle mich noch immer auf der Suche, wobei ich allerdings den Weg nicht mehr zu suchen brauche, sondern dem eingeschlagenen beruhigt folgen kann. Die Heilung hat begonnen, ohne dass ich weiß, wohin sie mich führen wird.

Ich fühle, dass ich mich inmitten eines tiefen seelischen Reinigungsprozess befinde, bei dem uralte Geschichten gelöst werden, die bis weit in andere Leben hineinreichen. Bei den Familienaufstellung lernte ich, eine von meinem Großvater übernommene Schuld loszulassen, die bisher erfolgreich verhinderte, dass ich wirklich leben wollte - ich bin nicht schuld, weil ich lebe, und ich habe auch keinen damit verbundenen Todeswunsch mehr. Gleichzeitig merke ich, dass ich mich wesentlich weniger unter Druck setze. Ich bin wie von einer ständig auf mich einwirkenden Klammer befreit.

Hier zeigt sich, dass Carmel - durch Pluto initiiert - erfolgreich aufgebrochen ist, ihre verlorene Ganzheit wieder zu finden. Pluto führt sie sogar in noch tiefere Zusammenhänge ein. Sie entdeckt bei einer durch die Kinesiologie entstandenen Rückführung eine starke Verletzung ihres Herzbereichs, die ihr in einer Epoche, die noch vor Atlantis stattgefunden haben soll, zugefügt wurde und bisher noch keine Heilung erfahren hatte. Als sie beginnt, sich mit diesem Thema auseinander zu setzen, kann man die innerliche Veränderung stark spüren. Ihre gesamte Ausstrahlung ist heller, leichter, fröhlicher und strahlender geworden. Ihr fällt es auch momentan relativ leicht, ihren Alkoholkonsum zu regulieren.

Bei den weiteren kinesiologischen Sitzungen lernte ich bisher, mich von dem Weltbild, das ich von meiner Mutter übernommen habe, zu befreien und es durch eigene Werte zu ersetzen. Das Leben ist kein Kampf, keine Belastung, kein Stress - ich kann es ruhig leichter nehmen.
  Derzeit ist mein ideales Weltbild von dem Wunsch getragen, vollständig und mit mir im Einklang zu sein. Das gelingt mir immer besser.

In naher Zukunft wartet noch der letzte Plutotransit des halben Karmaquadrats, nämlich Pluto Quadrat Mond. Kürzlich versuchten wir bei einer Sitzung, die vom Transit betroffenen Planeten aufzustellen. Dabei wurde deutlich, dass der Mondbereich im Moment noch nicht in die Gesamtpersönlichkeit eingegliedert ist, was aber dringend ansteht. Die Mondenergie „machte einfach nicht mit", sie führte eine Art Eigenleben, unbeteiligt und uninteressiert an den Erfahrungen der anderen Teilenergien der Persönlichkeit. Erst, als am Ende der Aufstellung die Mondenergie eingebunden war, fühlte sich Carmel gut. Es stellte sich heraus, dass es sogar für sie aktuell wichtig war, sich von ihrem Mondgefühl leiten zu lassen und darauf zu vertrauen, damit die Entwicklung weiterhin heilsam verlaufen kann.

Eine Woche später, bei der Arbeit mit inneren Bildern, meldete sich noch einmal das Klammergefühl und suchte nach Wegen der Heilung. Die Klammer entpuppte sich als „Krone der Sklaven", schien aus dem ägyptischen Kulturraum zu stammen und konnte gelöst werden, indem Carmel sich bewegte und grünes strahlendes Licht atmete. Während des Atemprozesses manifestierte sich der Satz: *Ich bin gereinigt, gesund und vollständig.* Dieser konnte, in eine kleine grüne Lichtkugel gepackt, an der Stelle, da schon einmal ein Aterienverschluss stattgefunden hatte, im Körper aufbewahrt werden. Derzeit beschreibt Carmel, dass sie, sobald sie ihre Mitte verliert, versucht, an grünes Licht zu denken. Dann öffnet sich die Kugel, und der heilende Satz fließt durch die Blutbahnen. Damit geht es ihr dann unvermittelt besser.

Plutoenenergie stellt auch den Zugang zu den Bildern des Tiefenselbst her. Sind diese erweckt, können sie ihre Heilkraft entfalten und vor allem mit Abhängigkeit gepaartes Erleben transformieren. Es erfordert eine Menge Mut, sich den verborgenen Ängsten zu stellen. Während eines Pluto-Transites bleibt einem oft gar keine Wahl. Man „muss" durch die Schattenwelten reisen und hat man sich dazu noch, wie Carmel, bewusst dafür entschieden, folgt man dem Fluss ins Ungewisse mit ganzer Kraft. Versucht man hingegen, dagegen anzukämpfen, dann kämpfen „die Mächte" mit einem und Energieverlust ist die Folge. Typisch für die plutonische Zeit scheinen mir die Unsicherheit, die diese begleitet, und das Unvermögen, wirklich in Worte kleiden zu können, was geschieht. Denn die Verwandlung findet auf einer wesentlich tieferen als der abstrakten Ebene statt. Dafür benötigt man auch ungewöhnliche Wege, die einen auf diese Initiationsreise führen. Häufig kann man erst Monate später formulieren, was wirklich geschah.

Pluto zerstört alte Muster, indem er sie ins Bewusstsein trägt, so dass sie verarbeitet und losgelassen werden können. Erst, wenn das Ego keinerlei Kontrolle mehr ausübt und „aufgibt", findet die Verwandlung statt. Der Weg dahin ist eine der schwersten Übungen, denn gefürchtet ist der Ich-Verlust, der sich dabei einstellt. Andererseits bewirkt jener Prozess, dass Öffnung geschieht und Intuition und tiefes Vertrauen wachsen. Die unsichtbare Anziehung Plutos ist eine starke Kraft, und sobald sie von den sie bindenden Erinnerungen befreit ist, kann sie zur Transformation ins Licht führen. Macht entspricht dann der Erfahrung des inneren Lichts, das gereinigt nach außen strahlt und mühelos seine Kraft entfaltet. Sie ist nicht mehr damit beschäftigt, zu dominieren, Abhängigkeiten zu schaffen oder andere zu beherrschen - gereinigt und befreit kann das innere Gefühl der Fülle nach außen getragen werden. Je stärker die „Verhaftungen", die jene Befreiung verhindern, desto heftiger empfindet die betroffene Person die Loslösungsprozesse.

—*Carmel 21. 06. 1965, Rastatt, 13h57 MEZ*

Erlebnisbericht
Pluto in Konjunktion zu MC im Schützen

GEBURT EINES NEUEN NAMENS

„Pluto ist die Kraft, die zur Verwandlung führt.
Wenn wir in unserer Entwicklung an den Punkt kommen,
wo uns Verhaltensmuster klar sind, wir aber trotzdem das Gefühl haben,
zu stagnieren und im wahrsten Sinne des Wortes nicht mehr weiter wissen,
dann ruft Pluto, die Energie der Unterwelt."

VORGESCHICHTE

Im Januar 2003 war ich neben meiner Kursleiterinnen-Tätigkeit (Tanz und Körpererfahrung) selbständig im Musikmanagement für zwei Sänger tätig. Dabei galt mein Hauptaugenmerk dem marokkanischen Sänger. Ich hatte bis dato trotz vieler Schwierigkeiten bereits ein Jahr für ihn gearbeitet, war von seiner Stimme grenzenlos überzeugt. Nach diesem ersten Jahr fand ich mich in der Rolle als Managerin, Mutter, große Schwester und Therapeutin wieder. Die Zusammenarbeit gestaltete sich zum damaligen Zeitpunkt äußerst emotional und finanziell sehr schwierig. Im Winter 2003 verschärfte die für Künstler allgemein spürbare Flaute seine und damit auch meine eigene finanzielle Lage.

PLUTO KONJUNKTION MC - DAS ERSTE ERDBEBEN

Im Februar kam es zu einer für mich völlig überraschenden Wende: Besagter Sänger ließ mich ohne Vorwarnung nach einem Arbeitsgespräch wissen, dass er auf die weitere Zusammenarbeit mit mir keinen Wert mehr lege und diese damit für ihn beendet sei.

Damit schien für mich eine Welt zusammenzubrechen. Ich bekam keine Luft mehr, mein Gefühl war: **Er entzieht mir alles.** Ich hatte große Hoffnungen gehabt und neben allem beruflichen und persönlichen Engagement eine Menge Geld in dieses Projekt investiert. Vorwarnungen in Form von Intrigen sowie Kritik aus den eigenen Reihen hatte ich jedoch in den Monaten zuvor ignoriert.

ABHÄNGIG

Ich wachte am nächsten Tag auf und konnte kaum sprechen, hatte Atembeschwerden, war wie gelähmt. Schock. Es folgte in den Tagen danach ein Gefühl, im Niemandsland zu sein. Ich hatte von einer Minute auf die andere meinen Lebensinhalt verloren. Mir wurde zum damaligen Zeitpunkt klar, dass ich ihm die absolute Macht über mich eingeräumt hatte. Seine Willkür-Entscheidung stieß mich zunächst ins Nichts.

PANISCHE SUCHE

In den Wochen danach begann ich gezwungenermaßen nach neuen Projekten zu suchen, war aber innerlich noch keineswegs losgelöst. So haben auch die Bewerbungen und neuen Kontaktaufnahmen nicht gefruchtet. Es war, als ob mich eine höhere Macht davon abhielt, zu agieren. Das Bild für mein damaliges Gefühl war, dass ich in einer Badewanne sitze, aus der ganz langsam das Wasser, meine Lebensfreude hinausrinnt. Schleichende Kälte, Leere breiteten sich aus. Im realen Leben kamen finanzielle Einbußen hinzu. Die allgemeine Depression wirkte sich arbeitshemmend auf meine beiden anderen Projekte (die Betreuung des anderen Sängers und Lunaria) aus.

NACHGEBEN UND FESTGEHALTEN WERDEN

Anfang April hatte ich mich mit der Situation abgefunden, war bereit, ganz neue Ideen zu finden. Leichte Erholung zeichnete sich ab. Da kam es plötzlich wieder zu ersten Kontaktaufnahmen von Seiten des marokkanischen Sängers. Wir trafen uns wieder. Er bat mich um Wiederaufnahme der Zusammenarbeit mit festerer Bindung an seine Person, was de facto einer völligen Auslieferung an ihn bedeutete. Aber ich willigte ein.

DER KAMPF UMS ÜBERLEBEN - DAS HERZENSPROJEKT RUHEN LASSEN

In den Wochen danach empfand ich Erleichterung, wenn ich auch merkte, dass die Arbeit nur zähflüssig voranging. Um in dieser neuen Phase der Zusammenarbeit allen zu beweisen, dass ich durch nichts umzubringen sei, wollte ich mich zeitlich noch mehr als bisher auf das Musik-Management konzentrieren und entschied mich, mit meinen mir bis dato sehr wichtigen, weil spürbar kraftspendenden und heilsamen Tanzstunden ab Herbst zu pausieren. Ich hatte im Frühjahr nicht mehr wirklich die volle Konzentration für meine Schülerinnen und wollte ohnedies mein Lunaria-Konzept überarbeiten.

Das Neue kommt fast unbemerkt

Während einer Konzertreise Anfang Juni findet eine erste Begegnung mit unserem Tonmeister statt, womit eine nicht ganz einfache Liebesgeschichte beginnt, die bis heute nicht zu Ende ist. Aber ich bemerke es kaum.

Existenzangst

Gegen den Sommer machten sich zunehmende Existenzängste breit. Ich merkte, dass ich alleine vom Musikmanagement nicht leben konnte und entschloss mich, eine Halbtagsstelle zu suchen. Ende Juni entdeckte ich eine für mich sehr interessante Stelle, die allerdings ganztägig war, bei einer Fernseh-firma, wo ich mich sofort als Journalistin bewarb und tatsächlich zu einem Vorstellungsgespräch eingeladen wurde. Damit war ich vor die Wahl gestellt, meinen bisherigen Weg (Musikmanagement, LUNARIA) völlig zu verlassen und in ein absolut neues, geregeltes Arbeitsumfeld zu springen oder so weiterzumachen wie bisher. Dieser innere Konflikt verschärfte sich zu Sommerbeginn.

Streit und Schulden

Es kam erneut zu einer explosionsartigen Auseinandersetzung mit dem marokkanischen Sänger. Er forderte massiv die Auszahlung der von mir verwalteten Gelder ein, die für seine Mitmusiker be-stimmt waren. Ein heftiger Streit, im Zuge dessen ich meine absolute Ohnmacht spürte, endete damit, dass ich das Geld um des lieben Friedens Willen auszahlte. Ein äußerst schlechtes Gefühl machte sich breit. In den Tagen danach wird mir klar, dass ich mit ihm auf dieser Ebene nicht mehr zusammen-arbeiten kann. Ich beschließe, für ein paar Tage an meinen Kraftort Traunsee in Oberösterreich zu fahren und über alles nachzudenken.

Eingebungen mit Störung

Am Traunsee, losgelöst von Zeit und Raum, erscheint mir in den frühen Morgenstunden in einem intensiven Traum der Tonmeister, den ich zum damaligen Zeitpunkt noch nicht deuten kann. Deshalb lasse ich den Traum los, übergebe ihn den Wassergöttinnen, genieße die Natur und finde erneut mei-nen inneren Frieden. Ich spüre meine Verantwortung den beiden Sängern gegenüber und beschließe, die Entscheidung bezüglich der Anstellung beim Fernsehen den Göttinnen zu überlassen.

Während dieser Urlaubstage erreicht mich die Nachricht, dass der marokkanische Sänger aufgrund eines unerwarteten Einreiseverbots in Israel, wo er in Bethlehem zu einem Friedenskonzert eingela-den war, an der Grenze festgehalten und für zwei Tage in Gefangenschaft genommen wurde. Ich überlege, ob ich den Urlaub vorzeitig abbrechen soll, um von Wien aus zu intervenieren. Beschließe aber dann, doch „bei mir" zu bleiben.

Wenige Tage nach meiner Rückkehr vom Traunsee verläuft das erste Konzert mühsam. Trotz guter Vorbereitungen haben wir wenig Besucher, damit wenig Einnahmen. Es folgt erneuter finanzieller Druck, der mich sehr belastet.

Zugleich taucht an diesem Abend völlig überraschend der Tonmeister auf und sucht meine Nähe. Ich spüre Herzenswärme. Weil wir in der gleichen Richtung wohnen, spazieren wir nachts zu Fuß nach Hause. Während ich neben ihm auf der Straße gehe, muss ich an meinen Traum vom Traunsee denken, verliere aber kein Wort darüber. Der Traum bleibt mein Geheimnis.

ABSAGEN – VERMEINTLICHES VERLIEREN

Zwei Tage später fällt die Entscheidung der Göttinnen. Mit dem Argument, dass ich ohnedies schon zu sehr einen selbständigen beruflichen Weg gehe und innerlich möglicherweise nicht frei sei für einen neuen Job, erhalte ich eine Absage von der Fernsehfirma. Obwohl ich zugegebenermaßen innerlich erleichtert bin, fühle ich mich frustriert. Weder gelingt es mir, aus dem Musikmanagement auszusteigen noch davon zu leben. Eine ausweglose Situation. Erneute Depression braut sich in mir zusammen. Aus Mangel an Alternativen halte ich an den beiden Sängern fest und ahne bereits, dass es sinnlos ist.

SCHULDEN, PANIK UND HAUSBRAND

Anfang September meldet sich meine Bank und macht Druck wegen meiner Schulden. Ich gerate in Panik. Woher das Geld nehmen, das ich mit dem Musikmanagement leider nicht wie geplant verdient hatte und aus Mangel an Alternativen auf anderen Wegen nicht verdienen kann? Dieses psychische wie physische Burn-Out manifestiert sich auch im Außen: Eine von mir vergessene Kerze brennt durch das Tischtuch meines Hausaltars, versengt die Tischplatte und wird wie durch ein Wunder durch eine dicke Korallenkette, ein Geschenk meiner Mutter gehalten, die ich dekorativ um diese Kerze herum gelegt hatte. Der materielle Schaden wurde dadurch begrenzt. Die um die Kerze umliegenden getrockneten Blumen, Bilder und Strohsterne blieben unversehrt. Der Schock aber ist tief. Ich musste etwas ändern. Aber wie?

Mein Vater hilft mir in finanzieller Hinsicht. Er zahlt einen Teil meiner Schulden, rät mir, die Bank zu wechseln und eine fixe Anstellung zu suchen. Der Bankwechsel geschieht. Ich bewerbe mich erneut bei einigen Stellen. Aber eine Anstellung lässt sich nicht finden.

STILLSTAND

Ab Oktober wird meine Lebensenergie zunehmend weniger. Verzweiflung macht sich breit. Ich habe den Eindruck, in allen Lebensbereichen an einem Nullpunkt angelangt zu sein. Mein Gefühl: Ich bin in einem dunklen Vorzimmer eingesperrt, klopfe heftig an alle Türen. Aber sie bleiben mir verschlossen. Ich stelle mir die Frage nach meinem Lebensziel. Ich weiß es nicht. Die große Hoffnung, mit dem marokkanischen Sänger an die Spitze zu gehen, habe ich aufgrund der schwierigen Erfahrungen mit ihm mittlerweile verloren. Dennoch spüre ich eine starke Kraft in mir, ähnlich einem Mercedes, der auf der Autobahn statt mit 250km/h leider nur mit 10km/h im Schneckentempo fahren kann und langsam zum völligen Stillstand kommt. Ist das mein Lebensschicksal?

VERGIFTUNG

Anfang November 2003 manifestiert sich das „Stillstands-Gefühl" in meinem Alltag: Ein PC-Virus lähmt meine Arbeit von Tag zu Tag mehr. Da ich keinerlei Kopie, weder von meinen 4000 Email-adressen noch vom Bild- und Textmaterial der Musiker habe, lasse ich meine ganze Arbeit der letzten 4 Jahre los und übergebe sie einem Software-Händler, dem ich vertraue.

Abends besuche ich mit dem Tontechniker ein Konzert, tanze ausgelassen und wild, bestaune die Mondfinsternis und schicke alle meine Wünsche zum Himmel. Bezüglich meines Computers habe ich ein komisches Gefühl, genieße aber auch diese „verrückte" Freiheit.

Als ich den Computer zu Hause wieder installieren will, beginnt eine Kette von Katastrophen. Erstens gingen beim Überspielen der Programme tatsächlich eine Menge Daten verloren. Zweitens fange ich mir in den ersten Augenblicken, wo ich unvorsichtigerweise ohne Virus-Schutz online ging, einen noch viel gefährlicheren Virus ein, der (weil unentdeckt) meine Arbeit für Wochen erneut blockiert. Das Drama ist, dass keiner der von mir gerufenen Software-Spezialisten die Ursache dieses Fehlers finden kann. Ich bin nahe der absoluten Verzweiflung. Ist das Schicksal gegen mich? Da der PC für mehrere Tage nicht funktioniert, kann ich auch keine Bewerbungsschreiben für neue Anstellungen verfassen. Darüber hinaus kostet die PC-Katastrophe unvorhergesehenes Geld, das ich nicht eingeplant hatte. Ich sitze in einer absoluten Dunkelkammer meines Lebens. Mir wird langsam klar, was die Göttinnen mir sagen wollen. Aber wie soll es weitergehen?

UNTERSTÜTZUNG UND HILFE

Zufällig erfahre ich in diesen Tagen von einer Psychotherapeutin, die mir schon vor zwei Jahren empfohlen wurde. Ich beschließe, das Problem bei der Wurzel zu packen und beginne eine Therapie.

Zur gleichen Zeit melden sich im Herbst LUNARIA-Frauen, schreiben mir, wie sehr ihnen die Kurse mit mir fehlen und wann sie wieder weitergehen. Ich spüre, dass LUNARIA in veränderter Form wieder weitergehen wird, habe aber noch keine Idee, geschweige denn die Zeit und Kraft, das Konzept zu überarbeiten.

Anfang Dezember weist mich eine befreundete Astrologin erstmals auf meinen Pluto-Transit hin. Sie erklärt mir den Ernst der Situation und gibt mir den weisen Rat, nicht mehr gegen verschlossene Türen zu dreschen, sondern von meinen bisherigen Projekten loszulassen und mich in Geduld zu üben. Zugleich rät sie mir, meinen Namen zu ändern, da ihrer Ansicht nach meine ganze Identität von diesem Transit betroffen sei. Tod und Neugeburt in radikaler Form.

Verlust

Pluto greift konkret in mein Leben ein: Während einer einzigen Station, die ich mit der Autobuslinie fahre, stiehlt man mir meine Geldbörse samt Bankkarte und allen Ausweisen. Mit diesem Verlust gehe ich also identitäts- und mittellos in die Weihnachtsfeiertage. Mir bleibt nichts mehr außer der Ruhe der Weihnachtsfeiertage, um zu atmen, Luna Yoga zu machen, zu tanzen, zu rasseln, Tarotkarten zu legen, die Wohnung zu räuchern, Tagebuch zu schreiben, in die Vergangenheit zu schauen und innezuhalten.

Die Nacht durchwandern

Im Dunkeln dieser Nächte wird mir klar, dass ich nach diesen „Tagen zwischen den Jahren" in veränderter Form wieder auftauchen werde. Um diese Energie nach außen zu manifestieren, beschließe ich, an meinem 35. Geburtstag meinen Vornamen zu ändern. Mit „Amadea", der, die die Göttin liebt, erhält das kleine verletzte Mädchen, dem ich tief in mir begegne, eine große Schwester, eine Heilerin nach innen, Priesterin nach außen. „Amadea", die, die zwischen den Welten wandert, zwischen Orient und Okzident, zwischen Musikmanagement und Tanz, zwischen Sonne und Mond, hier und da, Diesseits und Jenseits. Es gibt kein Entweder-Oder. Das eine bedingt das andere. Die Lösung liegt in der Synthese und das Ziel heißt LUNARIA.

Die Neugeburt

Mit diesen Erkenntnissen tauche ich eine Woche später wieder auf. Der neue Name wirkt Wunder. Nicht nur, dass ich Zwiegespräche zwischen der alten Susanne und der neuen Amadea halte, völlig neue Räume eröffne, Kontakte schließe, Bücher entdecke und Ideen spinne, an der Reaktion auf die neue Identität lassen sich auch alle unterstützenden von behindernden Kräften leicht unterscheiden. Ich genieße den Zustand der veränderten Wahrnehmung, tauche noch tiefer ein in die Welt der Sufi-Meditation, Luna Yoga, Therapie, Astrologie, mache eine Familienaufstellung und lasse mehr und mehr meine innere Stimme in den Alltag einfließen. Viele Liebesgedichte, „Mondgebete" fließen aus mir, der Wunsch nach einer Luna Yoga-Ausbildung zeichnet sich ab und das Bedürfnis, vom marokkanischen Sänger zunächst einmal Abstand zu nehmen.

Am 2. Februar 2004 (Lichtmess, Brighid's Feiertag) lasse ich mir meinen neuen Vornamen von der Behörde genehmigen (was problemlos funktioniert hat). Damit rufe ich erneut lichtbringende, inspirative und heilende Energien in mein neues Leben. Wenige Tage danach ergibt sich die Zusammenarbeit mit einer zypriotischen Sängerin namens Loukia Agapiou. Ihr Name heißt auf Deutsch tatsächlich „Licht der Liebe". Auch die Arbeit mit ihr bringt neue Kontakte, setzt Energie in Bewegung. Erste Engagement-Anfragen und ein Interview für einen Berliner Radiosender folgen. Ein Fenster öffnet sich nach Deutschland. Ich bin guter Hoffnung. Mit Loukia erfülle ich mir den Wunsch, mehr für Frauen zu arbeiten. Zugleich wünsche ich mir, die Idee von LUNARIA auch schriftlich zu verbreiten.

Damit hat sich das Gefühl vom dunklen Vorzimmer jetzt, in diesen letzten Februar-Tagen, zur Gewissheit gewandelt, auf dem richtigen Weg zu sein. Je weiter ich in meinen Abgrund geblickt habe, je tiefer ich mich auf alle Ängste, unerlösten Sehnsüchte und Verletzungen eingelassen habe, umso klarer wurde auch der Blick nach vorn.

DRITTE AUSLÖSUNG PLUTO KONJUNKTION MC

Im Juli ist es dann soweit. Ich habe mich von dem marokkanischen Sänger getrennt und die wohl sehr tiefe karmische Verbindung gelöst. Ich habe anscheinend meine Schuldigkeit getan, und das auf Abhängigkeit gegründete Verhältnis ist beendet. Ich fühle mich nicht mehr verantwortlich für ihn. Lunaria ist neu begonnen. Es gibt ein neues Programm, und die ersten Klassen beginnen. Der Weg hat sich herauskristallisiert, aus der Dunkelheit ist „mein Eigenes" wieder ans Licht getreten. Die weibliche Energie steht mir selbst und meinen Projekten wieder zur Verfügung, sie ist nicht mehr an andere gebunden. Indem ich mich von dem Sänger befreite, habe ich mich auch selbst wieder gewonnen. Die Frau in mir scheint zu reifen. Das spiegelt auch die gesunde Beziehung zu dem Tontechniker wider.

—Amadea 01. 01. 1969, Vorau/A , 10h30m MEZ

Literaturhinweise

Pinkola-Estes, Clarissa: *Die Wolfsfrau*, Heyne Verlag, München, 1993

Das Wissen vom Heilen, G. Choedrak, Dokumentarfilm von Franz Reichler, 1996, Film-ID-Nummer 396779.

Hirsch, Angelika-Benedicta: *An den Schwellen des Lebens*, Atmosphären Verlag, München, 2004

Kuhn, Eckhard, W.: *Krisenkompetenz, kreative Lösungen in der Psychotherapie*, Borgmann Verlag, Dortmund, 2002

Leibl, Gislind: *Projekt Selbstfindung, neun Schritte zur persönlichen Neuorientierung*, Pfeiffer bei Klett-Cotta, Stuttgart, 2003

Schultz von Thun, Friedemann: *Miteinander reden, Bd. 3, Das innere Team*, rororo, Hamburg, 2004

Niehaus, Petra: *Das Handbuch der astrologischen Biografiearbeit*, Ebertin Verlag, Freiburg im Breisgau, 1998

Niehaus, Petra: *Astrokalender Sternenlichter*, Simon und Leuchner

Gendlin, Eugene, T., Wilschko, Johannes: *Focusing in der Praxis*, Pfeiffer bei Klett-Cotta, Stuttgart, 1999

Reddemann, Luise: *Imagination als heilsame Kraft, zur Behandlung von Traumafolgen mit ressourcenorientierten Verfahren*, Pfeiffer bei Klett-Cotta, Stuttgart, 2001

Ringwelski, Beate: *Focusing - ein integrativer Weg der Psychosomatik*, Pfeiffer bei Klett-Cotta, Stuttgart, 2003

Jones, Linda B.: *Das kleine Handbuch der Traumabewältigung*, Arbor Verlag, Freiamt, 2003

Rothschild, Babette: *Der Körper erinnert sich, die Psychologie des Traumas und der Traumabehandlung*, Synthesis Verlag, Essen, 2002

Bradshaw, John: *Das Kind in uns, wie ich zu mir selbst finde*, Knaur Verlag, München, 2000

Pollock, Maud Nordwald: *Vom Herzen durch die Hände*, Lüchow Verlag, Stuttgart, 2004

Janascheck, Ulla: *Erlebnisraum Astrologie, mit Fantasie durch den Tierkreis reisen*, Chiron Verlag, 2000

Janascheck, Ulla: *Göttin der Gezeiten, Die weibliche Kraft in Mond, Mythen und Märchen*, Arun Verlag, Engerda, 2004

Janascheck, Ulla, Cambra Skadé: *Göttinnenzyklus, von weisen Frauen, ihren Künsten und Wirkstätten*, Arun Verlag, Engerda, 2003

Skadé, Cambra: *Töchter der Mondin*, Arun-Verlag, 2002

Skadé, Cambra: *Verwurzelt fliegen*, Arun Verlag, Engerda, 2004

Tracy Marks: *Dein verborgenes Selbst*, Verlag Hier und Jetzt, Hamburg, 1995

Sogyal Rinpoche: *Das tibetische Buch vom Leben und Sterben*, Scherz bei O.W. Barth Verlag, Bern, 20003

Meridian, Jehle & Garms oHG, Lenzkirchen

Astrolog, Adliswill, CH

Astrologie Heute, Zürich, CH

Kontaktadressen

DAF
Deutsches Ausbildungsinstitut
für Focusing-Therapie
Ludwigstr. 8a
97070 Würzburg
Tel. 0931 - 416283
www.focusing-daf.de

Claudia Bernhardt
Praxis für klassische Homöopathie
Schirngasse 2
61169 Friedberg
Tel.: 06031/ 1 82 82

Petra Niehaus, Ingrid Werner
Gartenstr. 48
52064 Aachen
Tel.: 0241-872453
www.Petra-Niehaus.de

Ulla Janascheck
Klosterstr. 10
55270 Klein-Winternheim
Tel.: 06136-997689
ulla.janascheck@gmx.de

Harald Lebherz
Brucker Weg 13
91054 Erlangen-Buckenhof
Tel.: 0175-9017324
www.cosmologix.de

Astrologie Zentrum Berlin
Möckernstr. 68
Aufgang A
10965 Berlin
Tel.: 030-7858459
www.astrologie-zentrum-berlin.de

API
Postfach 614
CH-8134 Adliswil
Tel.: 0041-01-7103776
www.Astro-API.ch

Astronova und Chironverlag
Postfach 1250
72002 Tübingen
www.chironverlag.com
www.astronova.de

Dank

Danke an all meine unterstützenden Freundinnen, besonders Jutta Damm, Ute Rumpel, Ursula Kiki Hahn, Cambra Skadé, Gisela MacAulay und Anne Hone. Ohne sie wäre ich wahrscheinlich nicht erkenntnisfähig. Danke an meine hilfreichen Freunde. Ganz herzlichen Dank an alle, die so offen und ehrlich ihre Lebenserfahrungen zur Verfügung gestellt haben. Dank dem Arun-Verlag, dem Chiron-Verlag, den Zeitschriften Meridian und Astrolog für die vielen Veröffentlichungen und liebevolle Begleitung in vielen Jahren.

Mein besonderer Dank gilt meinen buddhistischen Lehrern, Ven. Tenga Rinpoche und Sogyal Rinpoche. Ohne sie hätte mein Leben nicht in eine immer erträglicher werdende Mitte gefunden. Ihnen verdanke ich die Einführung in die Natur des Geistes, und durch ihr selbstloses Beispiel inspirieren sie mich immer weiter, zu den Urgründen des Seins vordringen zu wollen. Danke an die geistigen Führungskräfte, die Dakinis, Taras und alle anderen weiblichen Weisheitsaspekte, deren Mysterien mich faszinieren, lehren und leiten.

In diesem Sinne: Glück allen, die sich dafür entschieden haben, das innere Labyrinth zu durchqueren. Freude und Spaß an den inneren Kindern, die jedem von uns innewohnen. Zeit und Muse zur Reflexion und Bereitschaft, sich auf das Abenteuer „Innenleben" einzulassen. Ich wünsche dir den Mut, es mit dir selbst zu versuchen, und die Ausdauer, bei dir selbst zu bleiben. Licht und Liebe warten am Ende jeden Tunnels. Das ist gewiss.

„Wer spricht den Klang eines Echos?
Wer malt das Bild in einem Spiegel?
Wo befindet sich das Spektakel eines Traums?
Nirgends -
Das ist die Natur unseres Geistes!"

Lied der Frau „Drei Blätter" (Miranda Shaw, Frauen, Tantra und Buddhismus)

Frauenspiritualität bei ARUN

Ulla Janascheck

Göttin der Gezeiten

Die weibliche Kraft in Mond, Mythen und Märchen

Mondenergie fasziniert die Menschen schon seit Urzeiten. Als magisches Bindeglied zwischen den Welten des Bekannten und des Unbekannten ist die Mondin Hüterin der Schwelle und gewährt Einblick in das, was hinter der sichtbaren Welt verborgen liegt, in die Sehnsüchte und Hoffnungen, Visionen und Wünsche des Menschen.

Das silberne Mondlicht ruft uns zur Reise ins Ungewisse, Unsichtbare, in die Welt der Seele. Mit Mythen und Märchen aus aller Welt führt Ulla Janascheck in die geheimnisvolle Welt der Mondgöttin ein.

Sie erläutert ihre uralte Sprache und Symbolik, ihre Tänze, Lieder und die astrologischen Aspekte. Zahlreiche Meditationen, Übungen und Anregungen für die konkrete Arbeit mit der Mondenergie ermöglichen einen persönlichen Zugang zur Kraft der Mondin.

160 S., 12 Abb., Broschur, 17 x 24
ISBN 3-935581-44-0
€ 14,95 / 26,90 SFR

Elizabeth Davis & Carol Leonard

Im Kreis des Lebens

Die dreizehn Archetypen der Frauen

Die Autorinnen beleuchten die verschiedenen Phasen im Leben einer Frau. Jeder Phase stellen sie einen Archetyp zur Seite, entsprechend den dreizehn Mondphasen, unterteilt in vier Gruppen. Dabei fügen sie der dreifachen Göttin noch einen vierten, bislang unbeachteten Aspekt hinzu: die Matriarchin, die Phase der weiblichen Reife und Stärke. Daraus ergibt sich ein Lebenskreis parallel zum Kreis der Jahreszeiten, in dem einzelne Phasen ineinander übergehen, aufeinander folgen, aber auch durch den dreizehnten Archetyp, den der Verwandlerin, übersprungen und/oder wiederholt werden können.

Durch unzählige Erfahrungsberichte und Zitate von Frauen aus allen Altersgruppen wird das Ganze zu einem lebendigen Spiegel von Raum und Zeit im weiblichen Bewußtsein.

224 S., 17 x 24 cm, Broschur
ISBN 3-935581-75-0
€ 16,00 / 28,60 SFR

Ulla Janaschek & Cambra Maria Skade

Göttinnenzyklus
von weisen Frauen, ihren Künsten und Wirkstätten

Göttinnenzyklus ist ein außergewöhnliches Orakelspiel und lädt dazu ein, auf den Spuren der Göttinnen zu wandeln. Basierend auf astrologischen Tierkreissystem, ist ein Spiel entstanden, das Ausdrucksformen der Göttinnen aus verschiedenen Kulturräumen beeinhaltet (die Planeten), Künste der Weisen Frauen vorstellt (die Zeichen) und ihre Wirkstätten beschreibt (die Häuser). Ihre Weisheiten, Künste und Wirkstätten erschließen Zeiträume, inspirieren Innenräume und öffnen den Raum zur Vision.

Das Orakelspiel gliedert sich in 36 Karten, die sich mit den Mysterien und dem Alltäglichen des Weiblichen Erlebens beschäftigen. Auf jeweils drei Deutungsebenen erfahren Ratsuchende Anregungen und Begleitung beim Lebenswandel.

Göttinnenzyklus verbindet die alte mit der neuen Welt und sucht besonders Frauen das überlieferte Wissen Ihrer Ahninnen so zu erhellen, dass es durch sie in die Gegenwart getragen werden kann.

Das 272 seitige Begleitbuch erläutert in einfachen Worten die Bedeutung jeder Karte und enthält Spielvorschläge zur Arbeit mit den Karten.

272 Seiten, ca. 40 Abb., 17,0 x 24,0 cm,
Broschur & 36 Karten im Schuber,
ISBN 3-935581-35-1
€ 34,95 / 60,40 SFR

Frauenspiritualität bei ARUN

Cambra Maria Skadé
verwurzelt fliegen

Von Wurzelkraft und Ahninnen erzählt das vorliegende Buch - poetisch, wissens- und bilderreich, spielerisch und gleichzeitig tief in die Materie eintauchend. Fragen werden gestellt: nach den Wurzeln und dem, was uns ausmacht.

Wo komme ich her? In welche Tiefen reichen meine Wurzeln? Was gibt mir Halt? Wo ist meine Seelenheimat? Wo fühle ich mich verwurzelt? Cambra Skadé macht mit uns eine weite Wurzelreise, auf den Spuren der eigenen Geschichte, weiblicher Geschichte, unseres Wissens, unserer tiefen Erinnerungen, unserer Ahninnen, unserer Kraft und Kreativität.

Dabei findet sich ein reicher Nährboden, finden sich starke Wurzeln, die Flügel wachsen lassen. Weibliche Spiritualität entfaltet sich in Worten und außergewöhnlichen Bildern, die über dreizehn Monde hinweg entstanden sind.

208 S., durchg. 4farbig, 24 x 30 cm, HC,
ISBN 3-935581-41-6
€ 29,95 / 52,30 SFR

Cambra Maria Skadé
Töchter der Mondin

In diesem Buch wird mit Gedichten, mythischen Geschichten, Bildern, Fundstücken und Objekten vom Lebenszyklus erzählt, der Weißen, der Roten, der weisen Alten in uns, von den Jahresfesten, den Elementen und ihrer Energie. Die weibliche Potenz bekommt eine phantasievolle Gestalt verliehen.

Es sind sinnlich-magische Geschichten und Bilder, die den Weg zu Ahninnen, Begleiterinnen, Patinnen, zur Eigen-Macht, zur Schöpferinnenkraft zeigen, dazu, wie eine selbstbestimmt, lustvoll, einfallsreich ihr Leben leben kann.

Ritualideen tauchen auf, als Anregung, den eigenen Weg, die eigene Form spielerisch zu finden, sich auf die Wurzeln zu besinnen und etwas Eigenes daraus weiterzuspinnen und die uns innewohnende Möglichkeit zur kreativen Lebensgestaltung zu entfalten.

Es eignet sich hervorragend als Geschenkbuch. Aber eigentlich ist es ein mytho-poetisches Gesamtkunstwerk!

160 S., durchg. 4-farbig, Broschur, A4,
ISBN 3-935581-19-X
€ 25,50 / 44,70 SFR

Frauenspiritualität bei ARUN

Barbara G. Walker
Das geheime Wissen der Frauen

Wer kennt heutzutage noch die ursprünglich herrschende Rolle der Frau in Mythologie, Religion und Geschichte, in Sprache, Kunst und Kultur? Die Antworten darauf hat Barbara G. Walker in 25 Jahren tiefgründig recherchiert.

Was einst durch das Patriarchat verfälscht und unterdrückt wurde oder gar in Vergessenheit geraten ist, wird von der Autorin mit diesem Werk aufgearbeitet und ins rechte Licht gerückt. Das uralte Wissen der Frauen, das früher als normal und selbstverständlich galt, wird hier wieder belebt.

Und sie verspricht nicht zu viel. Wer einmal angefangen hat, dieses (uralte) Wissen zu ergründen, der wird sobald nicht wieder davon loskommen.

Eine einzigartige Enzyklopädie mit altem Wissen und neuen Erkenntnissen - nicht nur für Frauen! Ein Lexikon, ja ein Standardwerk, das in keinem Bücherregal fehlen darf!

1232 S., viele Abb., 15,1 x 22,8 cm, geb. mit Schutzumschlag,
ISBN 3-935581-26-2
€ 29,95 / 52,30 SFR

Les femmes mystiques
Hexen- und Zauberlieder
Das Geheimnis bleibt – der Zauber wirkt!

Faszination und Abwehr, uralte Sehnsüchte und Ängste, Bewunderung, Verurteilung und magische Anziehungskraft mischen sich auf dieser CD.

„Aus uralten und neuen Zeiten, aus weiten Fernen und dichter Heimat kamen diese Lieder zu uns. Wir haben sie ausgesucht, weil sie uns selbst in ihren Bann ziehen. Manche kamen auf Reisen zu uns geflogen, andere versteckten sich in alten Liederbüchern, wollten aus Archiven ausgegraben oder, längst schon gesungen, neu entdeckt werden." – Und so finden sich auf dieser CD 17 bunt gemischte Stücke über Hexen und ihr geheimnisvolles Treiben, über alte Zeiten und heißen Liebeszauber, süditalienische Heilriten (Tarantella) und Quellnymphen, Märchen und magische Bilderwelten wieder, aber auch bekanntes Musikwerk wie *Scarborough fair* bekommt der Zuhörer geboten.

Die beiden Frauen spielen auf Akustikgitarren, die mit vielfältiger Percussion wie Regenmacher oder Trommel unterlegt sind.

Musik-CD in Digibook,
14,5 x 20,8 cm, 17 Lieder, 65 min.,
Beiheft in drei Sprachen (D, Eng, FR),
ISBN 3-935581-61-0
€ 19,95 / 36,80 SFR